Norbert Elias:
A Política e a História

Coleção Estudos
Dirigida por J. Guinsburg

Equipe de realização – Tradução: Maria Lúcia Pereira; Revisão: Geraldo Gerson de Souza; Produção: Ricardo W. Neves e Raquel Fernandes Abranches.

Alain Garrigou e
Bernard Lacroix (orgs.)

**NORBERT ELIAS:
A POLÍTICA E A HISTÓRIA**

 PERSPECTIVA

Título do original francês
Norbert Elias: La politique et l'histoire

Copyright © by Éditions La Découverte et Syros, Paris, 1997.

CIP-BRASIL. CATALOGAÇÃO-NA-FONTE
SINDICATO NACIONAL DOS EDITORES DE LIVROS, RJ

N751

Norbert Elias : a política e a história / Alain Garrigou e
Bernard Lacroix (orgs.). - São Paulo : Perspectiva, 2010.
(Estudos ; 167)

Tradução de: Norbert Elias: la politique et l'histoire
Versões de trabalhos do Colóquio, realizado em Paris nos
dias 7 e 8 de abril de 1994, sobre Norbert Elias e a análise
política.
ISBN 978-85-273-0236-4

1. Elias, Norbert, 1897-1990 - Crítica e interpretação
- Congressos. 2. Sociologia - Filosofia - Congressos. 3.
Civilização - Filosofia - Congressos. I. Garrigou, Alain, 1949-.
II. Lacroix, Bernard, 1947-. III. Título: A política e a história.
IV. Série.

10-1790.   CDD: 301.01
                                                             CDU: 316

26.04.10   03.05.10   018733

Direitos reservados em língua portuguesa à
EDITORA PERSPECTIVA S.A.

Av. Brigadeiro Luís Antônio, 3025
01401-000 – São Paulo – SP – Brasil
Telefax: (0--11) 3885-8388
www.editoraperspectiva.com.br

2010

Sumário

AGRADECIMENTOS XI

INTRODUÇÃO: NORBERT ELIAS: O TRABALHO
DE UMA OBRA – *Alain Garrigou e Bernard Lacroix* XIII
   Biografia e Gênese da Obra XVII
   Acolhida da Obra e Lutas Competitivas pela Apropriação XXI
   Norbert Elias na França XXIV
   Norbert Elias e a Análise Política................. XXVII

Parte I: ELIAS E SEU TEMPO

1. RETRATO SOCIOLÓGICO DO AUTOR – *Bernard Lacroix*   3
   Ser e Não Ser, uma Experiência Recorrente 5
   As Ambições do Espírito 7
   As Feridas da História.......................... 10
   O Torno da Dupla Coerção 15

2. O CONCEITO DE RACIONALIZAÇÃO: DE MAX WEBER
   A NORBERT ELIAS – *Catherine Colliot-Thélène*...... 23

3. ENCADEAMENTOS E REGULARIDADES NAS "CIÊNCIAS
   DA CULTURA": SEGUINDO FRIEDRICH NIETZSCHE,
   MAX WEBER, NORBERT ELIAS – *Jacqueline Blondel*. 43
   *A Inadequação do Modelo Mecanicista
   para as Ciências da Cultura* 46

*O Obstáculo das Metafísicas Recorrentes nas
Ciências da Cultura* 54

4. O "GRANDE JOGO" DA SOCIEDADE – *Alain Garrigou* ... 65
   A Society *e a Sociogênese do Esporte* 68
   *De uma Atividade Social à Construção Sociológica
   da Sociedade* 75
   O Jogo e o Distanciamento 81

Parte II: HABITUS E PROCESSO

1. CIVILIZAÇÃO, FORMAÇÃO DO ESTADO E PRIMEIRO
   DESENVOLVIMENTO DO ESPORTE MODERNO –
   Eric Dunning 91

2. PROCESSO DE CIVILIZAÇÃO E PROCESSO NACIONAL
   EM NORBERT ELIAS – *André Burguière* 103
   Autocoerção e Racionalidade 105
   A Cultura do "Burguês Fidalgo" 107
   O Homem de Letras, o Universal e o Político 109
   Civilização Conjugal e Controle dos Nascimentos 111

3. NORBERT ELIAS E A CONSTRUÇÃO DOS GRUPOS
   SOCIAIS: DA ECONOMIA PSÍQUICA À ARTE
   DE REAGRUPAR-SE – *Guillaume Coury* 123
   *A Economia Psíquica ou o Anti-*Homo clausus 125
   A Arte de Reagrupar-se 131
   A Era dos Grupos Sociais 139

4. ELEMENTOS PARA UMA TEORIA DA INDIVIDUALI-
   ZAÇÃO. QUANDO O CRIADO MOZART SE ACHAVA
   UM LIVRE ARTISTA – *Charles Henry* 145
   A Tentação de uma Leitura Biográfica 146
   Um Algoritmo Naturalizado 150
   Para um Historicismo Sociológico 152
   O Alongamento das Cadeias de Interdependência 156
   Efeitos de Trava e Efeitos de Remanência 159

5. O REVERSO DA MOEDA: OS PROCESSOS
   DE DESCIVILIZAÇÃO – *Stephen Mennell* 163
   O Holocausto 165
   *A Sociedade Contemporânea Está se Tornando
   mais Violenta?* 174
   A "Sociedade Permissiva" 176
   Os Processos de Descivilização através das Gerações 179

Parte III: PERSPECTIVAS CONTEMPORÂNEAS

SUMÁRIO

1. SOCIOGÊNESE DA PROFISSÃO POLÍTICA –
   Eric Phélippeau 185
   Notáveis e Partidários 185
   Rivalidades Sociais e Carreiras Eletivas 193
   A Política Contra o Amadorismo 200

2. O PRESIDENTE DA REPÚBLICA: CONFIGURAÇÃO E
   POSIÇÃO PREEMINENTE – *Delphine Dulong* 209
   *O Advento da V República, ou o Aparecimento
   de uma Tensão em Torno dos Modos de
   Legitimação da Ação Pública* 210
   De Gaulle Estrategista? 213
   Uma Configuração Incerta de Jogo 215
   *A Definição do Papel Presidencial como Objeto
   das Lutas em Torno dos Modos de Legitimação
   da Ação Pública* 219

3. O GOSTO PELA VIOLÊNCIA – *Jacques Defrance* 231
   O Paradoxo dos Ginastas 232
   O Grupo e seus Interesses 233
   Elias e o Modelo da Consciência Desdobrada 234
   Conclusão 239

4. PENSAR COM ELIAS – *Johan Goudsblom* 241

Agradecimentos

Os textos aqui reunidos são as versões retrabalhadas do colóquio, realizado em Paris nos dias 7 e 8 de abril de 1994, sobre Norbert Elias e a análise política.

Este colóquio, bem como a execução deste livro, foram possíveis graças a diversas colaborações.

Queremos agradecer a todos aqueles que gentilmente nos auxiliaram: Thierry Teboul, Anne Girard, Karl Boudjema, Eva Baronnet, Joëlle Bentayeb, Julie Proust e os alunos do DEA de Política Comparada e Sociologia Política, os membros dos Laboratórios de Ciência Política da Universidade Paris-X-Nanterre (o Grupo de Análise Política, o Laboratório de Análise de Sistemas Políticos), o Conselho Científico da Universidade, a Escola de Doutores, o Instituto Internacional de Defesa, a Fundação Norbert Elias, assim como a Guillaume Devin, Moncef Djaziri, Anne Montoya, Claudine Haroche, Frédéric Neyrat, Philippe Chailan, Michel Dobry, Paul Conte, Roland Feredj do CIVB, François Gouverneur da Sociedade Rank Xerox, e, finalmente, a Richard Brousse, na realização deste manuscrito.

Introdução
Norbert Elias: O Trabalho de uma Obra

ALAIN GARRIGOU E BERNARD LACROIX

Não deveria ser preciso justificar o fato de querer entender Norbert Elias. Uma razão mais que suficiente poderia ser o radicalismo de seu compromisso científico. No entanto, é de recear que, apesar de sua evidência acadêmica, o estudo das suas obras seja prejudicado por sua imagem. Para muitos esse estudo parece sem importância. Há quem ache que ele alimenta aquele culto esotérico que leva a rediscutir e a questionar os textos e os autores. Gera a suspeita imediata de que aqueles que se dedicam a ele tenham inclinações, ambições ou pretensões pouco confessáveis. Numa concepção positivista da ciência, muito difundida, segundo a qual a pesquisa vale apenas por seus resultados e por sua acumulação, o retorno ao estudo dos antepassados e dos programas fundadores parece desmentir o *status* científico da reflexão. A complacência com o passado não se harmonizaria com a intenção científica. Ela remeteria à literatura e à filosofia, que, como se sabe, não podem ser concebidas sem escritos oferecidos e reoferecidos à exegese, à crítica e à reinterpretação. Assim, será mister nos abrigarmos por trás de algumas observações muito simples. As ciências sociais lidam com os agentes e os produtos de atividades que não comunicam espontaneamente suas razões e suas verdades. Não têm nenhum privilégio *a priori* que as proteja contra sua opacidade. Nesse campo como em outros, a compreensão imediata não é menos uma ilusão. Se o trabalho das obras em ciências sociais nem sempre escapa ao "fetichismo do nome do dono" (Walter Benjamin), ele se impõe antes de tudo como uma exigência dessas disciplinas: longe de ser a manifestação de algum narcisismo culpado, ele procede do imperativo próprio a cada empreitada científica. Pode-se dizer que essa reflexão sobre o passado constitui um aspecto da postura reflexiva que as ciências sociais impõem a si mesmas, do mesmo modo que essa postura se impõe a toda atividade social.

O que se faz ao certo quando se acrescenta uma voz à palavra imobilizada em escritos, quando se empreende sua leitura, quando se pretende extrair-lhes o sentido e assim propor alguma coisa que acabará por parecer um comentário? Será que, quando sacrificamos ao ritual acadêmico que transformou uma forma elementar de aprendizagem escolar em gênero letrado, não corremos o risco de nos contentar apenas com palavras? Talvez seja o caso, nesses tempos de retorno à exegese e de juramento de fidelidade à hermenêutica, de começarmos a nos regozijar porque Norbert Elias não é um autor encoberto pela abundância de uma paráfrase cuja retomada seria uma figura imposta. Esse prazer não nos exime absolutamente de explicitar o que nos atrai no sociólogo da civilização e nos prende a seus métodos. Norbert Elias nasceu há exatamente um século, e esse trabalho acaba tomando facilmente ares de comemoração. É inútil resistir a isso, mesmo que a coincidência seja em grande parte fortuita. Afinal, ao contrário do que Sartre acreditava, não se entra num autor "como num moinho". Não se começa, portanto, de forma totalmente inocente refletir sobre Norbert Elias e do mesmo modo que ele. Sabemos muito bem, para não estarmos prevenidos, o quanto se comprazem e recomprazem, ao longo de colóquios, comentadores cujo principal título é definir-se como especialista num autor. A vacuidade arquivística da noção de obra é por si só indicação suficiente. A questão geral é determinar uma ordem de valor: será que os livros, os rascunhos, os manuscritos, os fragmentos merecem ter acesso a essa dignidade? Poucas análises participam, assim, de uma intenção laudatória que é tramada na conivência cúmplice entre o compositor e seu intérprete. Não existe nenhuma que escape totalmente à tentação que tem o crítico de se afirmar afirmando a importância do trabalho evocado. Os autores desta obra não crêem, portanto, que precisem esconder seu respeito por aquele que é tema de sua curiosidade, o acentuado interesse que compartilham por sua obra, quando não as afinidades que sentem por seu destino intelectual. Essa admiração tem como base uma inquietude e uma desconfiança diante de outras figuras do século XX hoje festejadas (Martin Heidegger, Carl Schmitt ou Ernst Junger), ao mesmo tempo em que se alimenta da surpresa, ou mesmo do sobressalto, que sua estima e sua veneração suscitam em círculos que gostaríamos que estivessem mais bem informados sobre sua afinidade política e intelectual com o nazismo. Diante de um destino que seu encontro com o hitlerismo e as dificuldades do exílio tornam dramático, Norbert Elias nunca cedeu, mesmo nas circunstâncias em que foi obrigado a pôr à prova seus limites e sua impotência. Ele foi, *avant la lettre*, um europeu da cultura pela força das coisas. Continuou a ser, sobretudo, o resistente da razão, sem jamais ceder, ou fazendo-o muito pouco, às razões do ressentimento.

Dar a entender que uma obra, além do mais científica, não é transparente a si mesma é algo de inevitavelmente provocador. O que se pode aceitar em certas formas de expressão parece contradizer o caráter científico de trabalhos que visam a explicar. Explicariam eles tão pouco ou tão mal que seja preciso, por sua vez, explicá-los? Interrogado sobre os vínculos de sua reflexão do período entre as duas guerras com a situação política da Alemanha, Norbert Elias admitia prazerosamente que respondia às preocupações do tempo, mas lembrava logo em seguida que a ambição científica exigia que se ultrapassassem os limites de uma situação: "Eu teria traído minha missão científica se não tivesse apresentado as coisas de uma maneira totalmente distanciada. Eu queria desenvolver uma teoria cujo alcance ultrapassasse a simples explicação dos acontecimentos da época"[1]. Mas ater-se ao sentido literal das palavras acabaria por ignorar que a realização de um trabalho compromete seu autor e encerra-o numa lógica específica de eufemização e de sublimação: procurando alcançar a cientificidade, este tende, pelo menos em parte, a libertar-se das condições nas quais ele viu a luz. Não se pode entender *a posteriori* o que se poderia chamar fenomenologicamente "o projeto criador do autor"[2] sem uma passagem pelo mundo universitário alemão da época, sem uma reflexão sobre a afirmação da sociologia nas suas relações com outras maneiras de ver e, finalmente, sem um exame do conjunto das referências eruditas, disponíveis e utilizadas nesse mundo. Tomar o autor ao pé da letra seria também esquecer, apesar de tudo o que ele pensava dever a Freud, que o mais avisado dos psicólogos não possui todas as chaves do auto-entendimento: quantos elementos ficam escondidos no inconsciente, quantos acontecimentos são condenados a desaparecer, nem que seja porque a vida impõe esquecê-los!

Alguns dirão, sem dúvida, que, nas reflexões provocadas e espontâneas que foram reunidas sob o título *Norbert Elias par lui-même*[3], o sociólogo já nos comunicou inúmeros elementos biográficos. No entanto, nenhuma autobiografia, mesmo a de um sociólogo!, dá respostas imediatas às interrogações suscitadas por uma bibliografia descontínua e espaçada. Sobretudo se essa reflexão autobiográfica for menos uma investigação sobre as relações entre uma vida e uma obra[4] do que uma reflexão sobre as condições de produção das idéias. O que dizer

1. *Norbert Elias par lui-même*, Paris, Fayard, 1991, p. 76.
2. P. Bourdieu, "Champ intellectuel et projet créateuf", *Les Temps Modernes*, n. 246, novembre 1966; P. Bourdieu, "Contribution à une économie des biens symboliques", *Actes de la Recherche en Sciences Sociales*, n. 13, février 1977.
3. *Norbert Elias par lui-même, op. cit.*
4. Podemos encontrar outros elementos biográficos em: P. Gleichman, J. Goudsblom & H. Korte (eds.), *Human Figuration: Essays for Norbert Elias*,

então se, ao ampliarmos o questionamento, estendermo-lo à acolhida dada às "descobertas"? Norbert Elias, como se sabe, viveu tempo suficiente para vê-la. Ela foi diferida e ambígua: o suficiente para não lhe ter parecido automática. Aceitou, sempre a acreditarmos nisso, entregar-se, especialmente para explicar-se o surpreendente destino no qual se viu que o trabalho é que estava em jogo, ou, melhor, é que era o joguete. Suas confidências, sem dúvida nenhuma, abrem um caminho; mas convidam sobretudo a prosseguir nele. Continua sendo verdade que nenhuma obra se impõe por si mesma por uma espécie de força de persuasão que emanaria de seu conteúdo. A história da acolhida dada aos produtos intelectuais prolonga, em princípio, a de sua produção. Mas nesse aspecto Norbert Elias é um caso particular, uma vez que alguns trabalhos continuam inéditos e que seu conjunto ainda não está cristalizado num *corpus*. Ele não teve o destino daquele autor cujas obras eram publicadas à medida que eram pensadas, e lidas à medida que eram publicadas. No curso de sua vida profissional, editou praticamente apenas um livro em dois volumes, por conta própria, e alguns raros artigos. Às vezes, a publicação acontece muito tempo depois da gestação e, freqüentemente, no final de uma carreira universitária. Trabalhos antigos, abandonados provisoriamente, ficaram confinados a um círculo de confidencialidade antes de serem ressuscitados, refeitos e associados a outros mais recentes. Isso dá ao conjunto uma complexidade particular. A bibliografia está longe de ajustar-se às etapas da vida. Assim, a acolhida é indissociável das condições de uma criação à qual está ligada por fios sutis e tênues dos quais devemos descobrir os mais escondidos. De qualquer modo, deixamo-nos convencer aos poucos, do ponto de vista da produção do trabalho até a recepção das idéias, de que a pesquisa se justifica tanto mais e tanto melhor quanto ela pode apelar para as análises do próprio autor.

A exigência da reflexividade em ciências sociais encontra, nesse terreno, o comprometimento científico do nosso "modelo". A questão não é afirmar, mesmo que cada um seja às vezes levado a pensar assim, que simpatias políticas suspeitas invalidam decisivamente um esforço de pensamento e dão àqueles que se mantêm à parte desses desgarres uma forma particular de lucidez. Trata-se apenas de reconhecer que, contrariamente aos preconceitos tenazes da crença intelectual no pensamento puro, não existe nenhuma afirmação que não se ligue intimamente ao universo no qual ela toma forma, ou, se preferirem, segundo

---

Amsterdam, Amsterdam Sociologisch Tidjschrift, 1977; P. Gleichman, J. Goudsblom & H. Korte (eds.), *Macht und Zivilisation. Materialen zu Norbert Elias' Zivilisation Theorie 2*, Frankfurt, 1984; *Theory, Culture and Society*, t. 4, n. 2-3, juin 1987; H. Korte, *Über Norbert Elias: Von Werden eines Menschenwissenschaftlers*, Frankfurt, Suhrkamp, 1988 e S. Mennell, *Norbert Elias: An Introduction*. Oxford, Blackwell, 1989, 1992.

uma expressão semiológica muito em voga, não existe texto sem contexto. Com efeito, para nós não basta que Norbert Flias tenha sido preservado de certos comprometimentos porque era judeu. O que também é importante para nós é que ele não tenha sido atraído por uma ou por outra daquelas mitologias que ele denominava "ilusões ideológicas". Nesse sentido, ele é o exemplo da vigilância em face de toda heteronomia dos saberes, isto é, em face de todos os falsos saberes ligados à preservação das crenças sociais. Norbert Elias fazia do distanciamento uma condição social do conhecimento científico e prolongava essa atestação por um dever de autodistanciamento. Ele convidava a fazê-lo para todo objeto, mesmo que fosse ele esse objeto. Com isso ele formulava o programa de uma sociologia do conhecimento da qual a sociologia das obras é um aspecto. Essa prevenção evita a tentação hagiográfica que espreita a investigação sobre textos e sobre autores. Longe de violentar a obra, explicitar o programa definido até voltá-lo "contra" seu autor nos parece ainda ser a melhor maneira de não trair nem a um nem ao outro.

BIOGRAFIA E GÊNESE DA OBRA

Norbert Elias nasceu em 1897, em Breslau, cidade então alemã e hoje polonesa. Filho único de um casal da burguesia judaica abastada, teve, segundo parece, uma juventude comum, uma juventude alemã, a ponto de haver percebido tardiamente que não era totalmente um alemão como os outros. Após estudos secundários aparentemente sem grandes histórias, foi um soldado alemão na Primeira Guerra Mundial, ferido gravemente na frente ocidental. Esse ex-combatente começa em seguida estudos superiores de medicina que abandona pelo curso de filosofia levado adiante até a defesa de tese. Como aconteceu com os jovens de sua geração, a guerra atrasou seus estudos. A crise econômica do pós-guerra interrompe-os novamente. Orientando-se em seguida para a sociologia e estabelecendo-se em seu reduto de Heidelberg, é recebido nos círculos weberianos, notadamente no de Marianne Weber, a viúva do grande sociólogo falecido em 1920, e de Alfred Weber, seu irmão. Conhece então as primícias de uma carreira universitária, tornando-se em Frankfurt, em 1930, assistente de Karl Mannheim, o sociólogo de origem húngara. A ascensão dos nazistas ao poder interrompe sua trajetória. A partir de 1933, Norbert Elias é forçado a exilar-se depois de haver destruído os arquivos comprometedores de seu departamento no recinto do Institut für Sozialforschung, que abrigava o que mais tarde se chamará a "escola de Frankfurt". Essa ruptura histórica rompe o fio da trajetória de Norbert Elias, bem como de outros intelectuais de confissão judaica. Não o faz, porém, num momento qualquer, a julgar por suas conseqüências.

Norbert Elias não era daqueles intelectuais internacionais renomados que podiam esperar encontrar facilmente um emprego no exterior. Também não era um jovem para quem o futuro se abria como um amplo leque de possibilidades. Ainda no limiar da carreira universitária, carregava na bagagem o texto de sua tese de mestrado sobre a sociedade cortesã. Essa pesquisa manifestava, com um domínio do tema que ainda hoje faz empalidecer de inveja, o saber consumado do ofício de sociólogo, sem conferir a seu autor a reputação intelectual nem a atestação institucional. Aos 36 anos, Norbert Elias não é mais um jovem espírito a formar. De certa maneira e invertendo a ordem espontânea dos termos da relação entre história e biografia, o exílio sobrevém "tarde demais ou cedo demais". Está velho demais mas não é muito conhecido, é jovem demais mas não tem maleabilidade suficiente para fazer parte daqueles judeus alemães intelectuais que são acolhidos pelas universidades inglesas ou norte-americanas. Essa espécie de meio-termo o impede de encontrar um lugar nos países de acolhida, mas também o impede de encontrar seu lugar, aquele que uma consciência apropriada de seu valor lhe designará mais tarde como amplamente merecido.

Após uma tentativa de conseguir um posto na Suíça, Norbert Elias tenta a sorte na França. Esse destino vai ao encontro de seu gosto pela cultura francesa, de seu trabalho sobre a história da França, e apóia-se no conhecimento da língua, que ele falava "correntemente e quase sem sotaque". Freqüenta alternadamente algumas figuras intelectuais francesas e seus compatriotas imigrados. Ao mesmo tempo em que tenta viver da fabricação e do comércio de brinquedos, luta em vão, principalmente junto a Célestine Bouglé, para encontrar um posto universitário. Em desespero de causa e à beira da miséria, a única saída é embarcar para a Inglaterra. Ele ainda não sabe que este país já não será acolhedor. É verdade que desconhece a língua e que a sociologia inglesa, ofuscada pela antropologia, está amplamente ausente das universidades.

Norbert Elias viu-se, portanto, privado por muito tempo da situação estável a que aspirava. De 1937 a 1939, dedica-se, apesar de tudo, à elaboração daquele que será considerado seu principal livro, *Über den Prozess der Zivilisation*, graças a uma bolsa concedida por uma fundação judaica de emigrados. Norbert Elias explica haver persuadido seus interlocutores a financiar seu projeto pela obrigação em que se achava de publicar um livro para obter um posto universitário. Essa bolsa era reduzida, acrescente-se logo. O episódio parece muito misterioso em meio às urgências políticas da época. Em plena escalada dos perigos, uma fundação de exilados tinha recursos e generosidade suficientes, além da evidente solidariedade entre correligionários expatriados, para financiar um puro trabalho de erudição sem qualquer relação com o drama que se estava vivendo? E o candidato podia abstrair-se dos problemas coletivos quando já sofria em sua existência alguns de seus efeitos? Se nos ativermos apenas a *A Sociedade Cortesã*, que prefigura para nós o trabalho anunciado, e se ficarmos numa leitura descontextualizada do resultado da pesquisa feita, a situação desse intelectual, ansioso por um posto mas fechando-se de bom grado na erudição, tem algo de irreal. Uma leitura atenta de *Über den Prozess der Zivilisation* corrige essa impressão. Sem dúvida, o propósito de Elias não diz respeito diretamente à atualidade ou ao passado recente, mas procede de um esforço para dominá-lo. É difícil entender de outra forma o capítulo que introduz a obra, sobre "a sociogênese da diferença entre *Kultur* e *Zivilisation* no uso alemão". A definição de uma acepção de "cultura" forjada na Alemanha contra a concepção francesa de "civilização" faz parte de uma reflexão sobre a especificidade alemã, e o estudo da construção de um *habitus* nacional deve explicar o presente de um país às voltas com o nazismo. Norbert Elias opera, em suma, de acordo com a resolução sistemática de explorar a longa duração de ontem para entender o hoje. Avaro em concepções e referências, ele se explicou a respeito quando retomou o mesmo método no último livro que publicou em vida sobre os alemães[5]. A tese é conhecida: a monopolização da violência física vem acompanhada de estágios de autocoerção e caracteriza a "civilização" nos Estados. Sem se referir de propósito à França, onde o processo é antigo, essa tese é interpretada hoje como o contraponto da história alemã: aqui a unificação veio tarde, a tendência à monopolização foi incompleta até abrir caminho para retrocessos de que a República de Weimar é um exemplo. Em suas observações de conclusão, Norbert Elias se compromete e se filia ao partido dos chamados "civilizacionistas", embora sua definição do termo o distinga deles. Dando provas de um sólido otimismo racionalista um pouco antes do conflito mundial, não se enganou quando se colocou numa perspectiva a longo prazo e sublinhou a fragilidade de um processo de civilização que nunca foi concluído totalmente e sempre esteve ameaçado.

A leitura descontextualizada e descontextualizante mascara *a posteriori* o quanto a reflexão de Norbert Elias procede dos debates sobre cultura e civilização que ocupavam o cenário intelectual do entre-guerras. Para todo homem envolvido nesses debates, a ressonância deles devia ser clara. Lido ulteriormente, o capítulo perde sua transparência imediata e pode surpreender o leitor. Norbert Elias lembrou sua origem quando evocou sua primeira exposição no seminário de Karl Jaspers: "Jaspers, então ainda relativamente jovem, me havia encorajado a seguir minha própria inclinação e a fazer da querela entre Thomas Mann e os escritores defensores da civilização, aqueles que

---

5. N. Elias, *Studien über die Deutschen*, Frankfurt, Suhrkamp Verlag, 1989.

ele chamava com desprezo os "civilizacionistas", o tema de longa exposição"[6]. O interesse existencial alimentava e reforçava o interesse intelectual. Colocado essencialmente em termos de oposição entre a França e a Alemanha, com suas ressonâncias simétricas do outro lado do Reno[7], o debate dividia o jovem alemão judeu e francófilo todo impregnado de cultura alemã que o autor era na época. A definição de uma especificidade da cultura alemã oposta à ambição universalizante da civilização o deixava de fora da opinião geral. Ele escolhe não ser uma voz a mais acrescentada ao concerto mas quer traçar-lhe a história ou, em outras palavras, entendê-lo mais do que engajar-se nele. Mostra que o debate contemporâneo continuava a oposição iniciada já no século XVIII entre cultura e civilização no seio de uma burguesia dominada pela aristocracia em quase todos os Estados alemães divididos. Mostra também que o debate do entre-guerras é uma ressurreição dos confrontos em torno da definição de uma especificidade alemã nos círculos da burguesia intelectual animados novamente pela questão da identidade nacional após a derrota da Alemanha unificada.

Compreende-se – porque essa querela de alemães interessava pouco os britânicos – que seu aguardo de uma situação universitária estável só tenha sido recompensado em 1954. Por proposta de seu amigo e colega de exílio, Ilia Neustadt, Norbert Elias ingressava como *lecturer* no jovem Departamento de Sociologia da universidade de Leicester. Eis que, dois anos depois, tornou-se enfim professor. Tem então 59 anos de idade. Os esforços de integração não foram inúteis. São vistos, por exemplo, no investimento na profissão naval ou no esporte, que lhe parecem caminhos para entender seu país de adoção. Quando soa a hora da aposentadoria, adiada por uma prorrogação de carreira em Gana de 1962 a 1964, Norbert Elias desfruta da reputação de "grande sábio alemão" junto a alguns colegas universitários ingleses[8]: uma forma de reconhecimento distante e confidencial. Mesmo que as conversas ordinárias sejam a ressonância da envergadura do sociólogo, falta-lhes a base que uma bibliografia conseqüente fornece. É oportu-

---

6. *Norbert Elias par lui-même*, op. cit., p. 119. Anteriormente, Norbert Elias evocava o passeio com Jaspers que se seguiu a essa exposição e durante o qual este lhe falou de "Max Weber, a quem ele admirava muito" (p. 105).

7. Reportar-nos-emos, por exemplo, a algumas publicações de Lucien Febvre e precisamente a uma ressonância direta na resenha "Psychologie et psychologies nationales. Les Français vus par André Siegfried ou par Siegburg" (*Annales d'histoire économique et sociale*, n. IV, 1932), reproduzido em *Combats pour l'histoire* (Paris, A. Colin, 1992), que faz referência principalmente ao livro de Curtius & Bergstrasser, *Frankreich*, citando essa frase de Curtius, professor de literatura européia na universidade de Heidelberg: "Não é o caso de fazer como se não houvesse nenhuma real diferença entre a idéia alemã de cultura e a idéia francesa de civilização. É o caso de deixar de imaginar que são duas potências hostis, condenadas a uma guerra sem trégua e sem mercê" (pp. 240-241).

8. Testemunho de Jack Goody, que conheceu Norbert Elias em Gana.

no acrescentar que *Über den Prozess der Zivilisation* nem sempre é traduzido e tornou-se inencontrável, sem que se possa imputar esse destino apenas à aventura material do livro. Elias alegava que, abrigando-se por trás de sua vontade de melhorar, se recusara por muito tempo a publicá-lo em inglês. Criticava com agrado as traduções que circulavam por baixo do pano, mesmo e sobretudo se fossem feitas por pessoas próximas. Esse estranho perfeccionismo tão pouco oportunista é, doravante, a marca de um ponto de honra propriamente intelectual, o do estranho à competição acadêmica e, mais amplamente, o do estranho à comédia do reconhecimento social.

ACOLHIDA DA OBRA E LUTAS COMPETITIVAS PELA APROPRIAÇÃO

Julgando ter sido um "personagem de terceiro escalão", quando a consideração da qual daí por diante ele é cercado encorajou-o a entregar-se, a distância irônica *a posteriori* corre o risco de mascarar a decepção que passou. Dizem que o sucesso muitas vezes se faz esperar. Essa idéia comum é ainda mais estranha aos caminhos do reconhecimento social porque ela combina com a idéia, também comum e, no entanto, contrária, de que esse reconhecimento está de acordo, naturalmente, com o valor das coisas. É muito mais confortável acreditar que a qualidade das obras é devida à sua substância e que o interesse que lhes dedicamos apenas registra essa qualidade intrínseca. No entanto, os trabalhos de Norbert Elias permaneceram durante muito tempo confidenciais, e suas idéias tiveram pouca ressonância. E seria um pouco cruel lembrar os nomes daqueles com quem esteve lado a lado nos encontros internacionais e cuja autoridade era na época muito superior à sua; hoje eles estão esquecidos, mesmo que se continue a honrá-los por dever de memória. Poderiam, portanto, existir algumas razões de fundo, inerentes aos modos de análise propostos, que fazem com que Norbert Elias não tenha sido entendido, a exemplo de outros grandes desbravadores. Para explicar essa indiferença, diz-se que o homem está "na contracorrente". Ele mesmo descreveu sua posição nos termos aparentemente exclusivos da escolha e da necessidade: "Eu poderia ter tido uma vida muito mais fácil na Inglaterra se tivesse aceito as idéias dominantes, mas nunca me deixei levar por compromissos. Isso era uma coisa impossível para mim"[9]. Como para todo mundo, era fazer da necessidade virtude, transformando em obrigação íntima de conservar a cabeça o que dependia em certo sentido da impossibilidade objetiva. Ajustar-se ao que precisava escrever daí por diante para

---

9. *Norbert Elias par lui-même, op. cit.*, p. 96.

ser aceito tinha chance de dar certo? Como, sobretudo, ele poderia ter renegado o que escrevera e, renegando o que nunca deixara de ser, renegar-se a si mesmo?

O espetáculo de todos aqueles, próximos ou menos próximos, que lhe pareciam, de seu ponto de vista, ter-se "comprometido" e talvez, em certo sentido, ter-se perdido, confirma-o em sua resolução. É significativo que Norbert Elias tenha, por exemplo, discordado, por várias vezes com meias palavras, de seu ex-amigo Karl Mannheim, quatro anos mais velho do que ele, duas vezes exilado, mas capaz em todas as circunstâncias de retomar sua carreira com felicidade: isso, diz seu antigo assistente, só pode ter acontecido às custas de abandonos intelectuais, ou pelo menos de compromissos que marcam os limites científicos de um esforço de pensamento. Alguns podem dizer que Mannheim e Elias são daqueles próximos que não podem ser confundidos, pois o primeiro, ao chegar à Inglaterra, já gozava de uma forma de notoriedade. Mas a atitude de Elias com relação a Karl Popper não deixa de provir da mesma lógica, sem que essa diferença possa ser invocada agora. Norbert Elias relatou as reações indignadas de estudantes que suas críticas, às vezes sarcásticas, de um espírito também notável provocaram, quando ele mesmo não valia grande coisa na bolsa dos valores intelectuais. Recusando-se a curvar-se, com uma pontinha de altivez, ao que ele denominava "modas" ou ainda as "idéias dominantes" do momento, ele investia evidentemente contra idéias cujos limites sua maneira de pensar lhe fazia perceber, mas igualmente contra maneiras de ver que, no seu entender, deviam seu sucesso a razões ideológicas. Não esqueçamos que o panfleto de Karl Popper, *Miséria do Historicismo*, nas antípodas do pensamento dinâmico de Elias, era também (e talvez antes de tudo) uma crítica ao marxismo segundo as visões liberais da época. Servir à causa do "mundo livre" não parecia a Elias a tarefa primeira do cientista. Fazer da necessidade virtude? O consentimento ao inevitável impunha também resistir a todas as boas causas do momento, a da social-democracia que Mannheim esposara por um instante, a da democracia liberal à qual Popper servia, sobretudo quando estava claro que servir a essas causas era uma maneira habilmente disfarçada de cada um deles se servir delas. Semelhante recusa, quase jansenista, de exploração das circunstâncias para sua vantagem nunca reuniu as multidões: no contexto do pós-guerra depois da guerra fria, a recusa apoiada de toda facilidade militante – que ainda não se chamava engajamento –, mais a defesa intratável de posições materialistas e historicistas, nada tinha de muito atraente. Tudo isso colocava Norbert Elias no lado errado, ou, melhor, afastava-o de todos os lados.

O tempo não é um juiz de paz que decide natural e definitivamente sobre o valor das coisas em geral e dos produtos intelectuais em particular. Tudo depende, na verdade, das relações de força, das formas organizadas ou não da concorrência, das relações estruturais e das ações de uns e outros: somente a análise completa dessas transformações pode reconstituir os processos em ação nessas subversões das hierarquias de valores como o tempo próprio a essas reviravoltas. Evidentemente, é fazer pouco caso dessas condições, das particularidades nacionais e das tradições intelectuais, raciocinar em termos globais e abrigar-se por trás de uma representação polêmica muito praticada pelos franceses da "sociologia norte-americana". É bem verdade que, no contexto dos anos 60, a simpatia ia para as problemáticas, os métodos e os autores de além-Atlântico: um obscuro sociólogo alemão, conhecido por seu rigor e sua intransigência, tinha poucas chances de ser ouvido. Ele não estava estabelecido nos Estados Unidos. Recusava-se obstinadamente a acompanhar a crítica de um certo tipo de trabalho filosófico: não podia beneficiar-se da aura ainda que relativa de outros compatriotas marginais, aqueles que logo seriam englobados sob o respeitado qualificativo de "escola de Frankfurt". Representante de um historicismo que abarca questões desmesuradas a respeito de um positivismo de ambições teóricas rasas, adepto de um realismo científico desqualificado pelo "empirismo abstrato" de uma "quantofrenia" gulosa que supostamente garantia a neutralidade axiológica (C. Wright Mills), Norbert Elias nada mais podia ser que o herdeiro de um estado anterior e superado da sociologia. Não encontrava favor nem mesmo junto aos defensores da abordagem desenvolvimentalista e comparativa que pareciam ir de vento em popa.

O que aconteceu para que ele saísse, aparentemente são e salvo, de seu purgatório? Ainda não existem análises que permitam conhecer todas as circunstâncias que envolveram esse fato. É verossímil que para isso tenham contribuído razões exatamente simétricas às do fato de ser desconhecido: o final da guerra fria, o declínio do marxismo, a contestação da sociologia positivista norte-americana. Seja como for, a publicação de sua obra inicial e o sucesso de uma obra descoberta por muitos como se se tratasse de um livro novo balizam as etapas do que parece uma redenção. Depois de várias tentativas infrutíferas de reeditar *Über den Prozess der Zivilisation* em seu país de adoção, o livro é lançado na Alemanha Oriental em 1969. Tem a seu favor o ter sido escrito originariamente em alemão, mas é lançado agora num país fustigado por uma interrogação coletiva sobre seu próprio passado depois de anos de amnésia e de censuras. Norbert Elias pode ser colocado por vários motivos no rol dos homens de exceção que salvaram a honra perdida da nação, e seus leitores podem reencontrar as raízes de uma cultura esquecida. Terá ainda de esperar dez anos, o prazo indispensável aos raros alunos do velho professor para impor-se num mundo refratário, para que apareça, em 1978, uma tradução inglesa. Será preciso que os contatos e as amizades que o marginal de Leicester fizera na vida profissional e, depois, numa aposentadoria estudiosa façam a sua parte. Esses fiéis contribuíam para tornar conhecida a obra quando lhe davam um primeiro crédito na medida de suas respectivas trajetórias universitárias. Assim, a promoção é amplamente européia e favorecida por intercâmbios intereuropeus. Será um acaso o fato de esses intercessores serem muitas vezes avessos às verdades de além-Atlântico? Seja como for, a modesta empreitada eliasiana se apropria então dos caminhos cheios de desvios de cenáculos reunidos pelo interconhecimento e se apóia na irradiação de um mestre infatigável. Na França, porém, a "descoberta" de Norbert Elias assume uma forma particular, ao chegar por uma via diferente e junto a um público mais amplo.

NORBERT ELIAS NA FRANÇA

A acolhida de Norbert Elias na França pressupõe invocar uma continuidade esquecida mas que não deixa de ter conseqüências, se admitirmos a autoridade de um primeiro patrocínio. Tudo começa, na verdade, com a resenha do primeiro volume de *Über den Prozess der Zivilisation*, assinada por Raymond Aron e publicada em 1941 no *Année sociologique*. A abortada tentativa de Norbert Elias de instalar-se na França, mas igualmente a obrigação para Raymond Aron de defender seu título de intérprete autorizado da sociologia alemã contemporânea nada têm a ver com isso. Sucinta, a crítica era prudente mas amplamente favorável: "É impossível fazer um julgamento justo dessa obra antes de conhecer seu conjunto. Mas o primeiro tomo apresenta um interesse e uma originalidade tão indiscutíveis que nos pareceu necessário assinalar isso desde já". Foi preciso, pois, esperar os anos 70 para ver a obra enfim nas livrarias: as edições Calmann-Lévy publicam, respectivamente em 1973 e em 1975, os dois tomos na coleção "Archives des sciences sociales", dirigida por Jean Baechler, um bom conhecedor da edição alemã de 1969. Baechler falou de seu projeto a Raymond Aron e recebeu um parecer favorável. Estaríamos equivocados, portanto, se acreditássemos que a acolhida dada ao *Procès de Civilisation* seja totalmente desvinculada do primeiro episódio evocado. A fama do livro precede, é verdade, a do autor, naquele momento muito mal identificado. A nota biográfica apresenta-o como tendo feito estudos "de medicina, de filosofia e de psicologia em várias universidades alemãs". Diz dele que é um estudioso de "Hoenigswald, Rickert, Husserl, Jaspers, [que defendeu] sua tese em Heidelberg sob a orientação de Alfred Weber". Tudo se encaixa então rapidamente. A edição francesa de *La Civilisation des Moeurs* é sucesso de vendas a ponto de aparecer rapidamente na lista dos *best-sellers*. Aproveitando essa receptividade, *La Société de Cour* é publicada pouco depois e apresentada como sendo uma continuação.

Deve-se imputar o sucesso da obra ao objeto, já que a França estava no centro da pesquisa? Deve-se concordar com Johan Goudsblom, que acredita ver num traço cultural francês ("a sensibilidade francesa particular à observação das maneiras e sutilezas psicológicas"[10]) a explicação da repercussão favorável às análises de Elias? Não completamente. A promoção de nosso autor é inseparável do trabalho de intercessores exercido na época pelos historiadores junto ao grande público num contexto que vê a ascensão da história ao poder em detrimento, sobretudo, da sociologia com várias conseqüências paradoxais, como se imagina. A época, devemos lembrar, era a do grande sucesso de livros de história cujo exemplo foi *Montaillou, village occitan de 1294 à 1324*, de Emmanuel Le Roy Ladurie. E é digno de nota que os artigos de François Furet em *Le Nouvel Observateur* (26 de novembro de 1973) e de Emmanuel Le Roy Ladurie em *Le Monde* (27 de dezembro de 1973) é que tenham dado o tom às outras críticas. Norbert Elias vem assim, aparentemente na hora certa, servir à causa da história, ao dar seu aval de estrangeiro isento, além do mais sociólogo, à "nova história" que devia ser a história das mentalidades. Várias resenhas evocam, aliás, explicitamente a "psicologia histórica" à qual Norbert Elias supostamente fizera votos, quando viu nela um restabelecimento do programa dos *Annales* formulado no entre-guerras. Mas pode-se também levantar a hipótese de que essa atração repentina não é totalmente estranha aos conflitos que dividem os historiadores que, por outro lado, desde a aposentadoria de Ferdinand Braudel, em 1972, estão envolvidos numa querela sucessória. A longa vida de Elias fornece armas a todos aqueles que precisam fazer votos de fidelidade ao herdeiro de Lucien Febvre, sobretudo contra todos aqueles que podem passar por terem, tanto quanto o primeiro sucessor, renovado e realizado o programa dos *Annales*, como, por exemplo, Philippe Ariès.

Norbert Elias não se reduz a essa propriedade ambivalente de reconduzir por um instante às origens dos *Annales* e de servir ao mesmo tempo à causa dos historiadores críticos da linha estabelecida. A um prazo mais longo e com mais importância do que um efêmero sucesso de livraria, *La Civilisation des Moeurs* tem lugar no programa de história moderna da *agrégation* de história dos anos de 1974 e 1975. A revista *Historiens et Géographes* cita-o em seu guia bibliográfico para o concurso. Ao se tornar um autor "didático" e gozando da receptividade de gerações de estudantes, seu nome passa a ser referência. Todavia, a apropriação do autor pela história, ou, se preferirem, a tentativa muito próxima do êxito de transformar um francófilo esclarecido em defensor da história à moda francesa, não deixa de ter conseqüências ou mesmo de provocar danos à imagem pública do solitário de Amsterdam. Ela

---

10. *Human Figuration, op. cit.*, p. 71.

propõe ao consumo erudito e à celebração reverente um Elias historiador, ignorando a acerba distância com relação ao trabalho histórico que estava no princípio de seu engajamento intelectual inicial. Ao acusar a supremacia da história, ela contribui ao mesmo tempo para relegar a investigação sociológica à insignificância, quando toda a empreitada de um adversário declarado de todos os patriotismos o converte também num adversário ferrenho de todas as querelas de campanário que opõem as disciplinas entre si. Uma das mais surpreendentes manifestações desse uso acanhado podia ser vista na utilização da referência Elias contra o trabalho de Pierre Bourdieu. Pretendia-se opor, sobre o modelo de todas as querelas teológicas, o *habitus* do primogênito ao *habitus* do caçula. Seja como for, apesar da presença do termo no texto de todos os grandes sociólogos, não era instaurado nenhum estranho processo de paternidade. Não há interesse em abrir um novo processo para acabar com um processo falso, mas seria preciso ter lido mal os dois sociólogos, ou não ter lido nenhum deles, para opor uma noção substancial (que denota um caráter) a um conceito estrutural (que conota o efeito de relações).

Assim, pode-se lamentar que a compreensão inaugural de Elias na França tenha dado muito valor a suas contribuições empíricas, à sua análise da evolução dos costumes, em detrimento de sua teoria das configurações sociais, do equilíbrio das tensões ou da monopolização da violência física. É sintomático que o segundo volume do *Procès de Civilisation*, aquele que encerraria o "esboço de uma teoria da civilização", tenha tido uma repercussão mais discreta. *La Société de Cour* era da mesma maneira expurgada de seu prefácio dedicado às relações entre a história e a sociologia e muito crítico das fórmulas da empreitada histórica. A reedição em livro de bolso era a oportunidade de devolver o prefácio à sua obra. Talvez por saber o que ele devia de seu conhecimento sobre o mundo dos livros à pesquisa, Roger Chartier[11] devolvia ao trabalho de Norbert Elias a dimensão sociológica e tentava desculpar a cegueira corporativa de seus antecessores. Esse escrúpulo tardio infelizmente permaneceu isolado até dar a sensação de uma oportunidade perdida. Será o efeito das sereias do sucesso que atrai então um grande número de historiadores para um trabalho de "antiquário" (Nietzsche), mais preocupados com o surpreender, a curiosidade e a fantasia do que com a construção do objeto? É o efeito da reflexão mais recente de uma inquietude do historiador com ela mesma e com a verdade? Elias parece ainda mais reverenciado porque está menos concretamente mobilizado quando seus livros são lançados

---

11. "Pode parecer paradoxal que tenha sido entregue a um historiador a tarefa de apresentar essa reedição do livro de Norbert Elias que começa com uma crítica radical do modo histórico de analisar os fatos", *La Société de cour*, Paris, Flammarion, 1985, p. 1.

num ritmo acelerado. A partir de 1991, apesar de tudo, ele deve a essa posição ambígua o fato de ser considerado um "clássico".

NORBERT ELIAS E A ANÁLISE POLÍTICA

A consagração de um autor – gostaríamos de convencê-los disso como nós estamos convencidos – é, em última análise, o resultado de processos longos, heterogêneos e enredados que não encontram seu princípio e suas razões apenas nos "textos" ou no "pensamento" de seu autor. O investimento editorial e a exploração comercial constituem apenas uma manifestação desse resultado, mesmo que a um espectador menos avisado ambos pareçam, através da retórica promocional das quartas de capa, como que uma realização decisiva. Na verdade ela envolve, antes que a obra adquira aquela transcendência que a faz escapar de cada um e tornar-se o bem comum de vários, todo um trabalho simbólico que a antecede e a acompanha: todo um conjunto de operações de crédito que, pressupondo o crédito dos intérpretes, aumenta o crédito do autor de acordo com uma lógica da circulação circular várias vezes recomeçada e ignorada como tal. Foi evocado o uso de Elias na escola. Foi sugerido o trabalho anódino e aparentemente sem efeito de todos os apresentadores, comentadores, introdutores, prefaciadores que põem em jogo sua autoridade e que, por não conseguirem impor sua maneira de ver a obra, concorrem para assinalar e encorajar sua eminência social. É tornando-se ponto central e objeto de lutas – Norbert Elias não é exceção – que um nome chega a impor-se, é tornando-se, contra a vontade de todos os celebrantes, um ponto de coordenação implícita de comprometimentos múltiplos estranhos uns aos outros que o *corpus* associado a um nome próprio se transforma em recurso do trabalho intelectual. Talvez assim se entenda melhor, a partir de toda essa rede de engajamentos interdependentes submetidos a necessidades votadas ao esquecimento, o único efeito válido desse jogo sem inventor e sem condutor: a elevação de Norbert Elias ao *status* de referência provisoriamente insuperável de um conjunto de debates recorrentes. A realização, em suma, da esperança do autor: atingir "um nível no qual o que procuro fazer não mais corra o risco de perder-se"[12]. Isso não quer dizer que ele se tivesse reconhecido naquilo que se diz sobre ele. Lembramo-nos que ele viveu tempo demais para não se sentir em parte desapossado, isto é, parcialmente incompreendido. Diante de interlocutores que se espantavam, por ocasião da entrega do prêmio Adorno, por não vê-lo mais satisfeito quando esse prêmio lhes parecia a mais bela das recompensas, entende-se, portan-

---

12. *Norbert Elias par lui-même, op. cit.*, p. 92.

to, também sua ansiosa maneira de confessar: "Ainda tenho um fantasma que alimento há muito tempo: estou falando ao telefone e a voz, na outra ponta do fio, me diz: 'O senhor pode falar um pouco mais alto, não estou conseguindo ouvi-lo'. Eu me ponho então a gritar, e a voz repete constantemente: 'Queira falar mais alto, não estou conseguindo ouvi-lo'".

A presente obra se insere na dinâmica assim descrita com a única perspectiva de compreender como Elias trabalhou para fazer uso das ferramentas que nos legou.. A inquietação final que ele manifestava permite, na verdade, a audácia de acreditar que sua obra ainda não nos ensinou tudo o que ele acreditava dever nos transmitir. Se é verdade, contrariamente ao humor relativista e desiludido do momento, que todas as interpretações não são igualmente pertinentes, esse *parti pris* abre, apesar de tudo, um vasto espaço à pesquisa e à avaliação. Analisemos, por exemplo, a freqüente leitura imediatamente evolucionista da obra. A análise da gênese de sua construção sugere prudência e contribui para desmenti-la. Basta perceber o vínculo estreito que existe entre o contexto político e as teses do sociólogo, e exatamente o sentido da oposição entre cultura e civilização, para não imputar a este uma visão ingenuamente progressista da civilização. Seria preciso também que ele pensasse um momento de descivilização, isto é, uma encarnação nacional singular de enfraquecimento do monopólio da violência física legítima. A explicitação deve permitir, nesse sentido, evitar os mal-entendidos. Não se trata de afirmar, contra a letra explícita dos textos, que Norbert Elias não recorre a um ponto de vista evolucionista, mas de especificar o que pode constituir problema para não se encerrar num falso problema. Pois bem, a objeção de evolucionismo não tem sentido em princípio, porque não existe sociologia sem análise definida em relação com a temporalidade própria do objeto estudado (ainda que secular) ou mesmo, já que Elias reivindicou claramente a ambição de estabelecer "leis" (por exemplo, a lei de monopolização), sem a identificação dos mecanismos genéricos de mudança. A objeção também não tem sentido se não se sabe ver que a reivindicação da evolução pelo autor procede da crítica de todas as reconstruções teleológicas no coração de filosofias da história que não passam de construções metafísicas. Não se deve, pois, equivocar-se diante do recurso aos sociólogos historicistas do século XIX ou mesmo diante da invocação de Auguste Comte como um retorno às fontes. Em parte por convicção, em parte por provocação, na verdade por estratégia polêmica, Norbert Elias pretende primeiramente afirmar sua concordância com o programa da sociologia clássica contra a falsa modéstia de uma sociologia que limita suas perspectivas teóricas e seus campos de investigação. E, ao denunciar a "aposentadoria dos sociólogos no presente", ele visava ao mesmo tempo uma retirada e um recuo indefensáveis intelectualmente. Contra a insipidez que se liga inevitavelmente ao comentário, propusemo-nos antes de tudo reencontrar a força e a capacidade de estimulação de um homem que não cessa de aparecer como um inspirador.

É possível, porque a empresa é a de politistas, que nos censurem, sobretudo depois de ter ridicularizado essa ou aquela tentativa de apropriação, por termos desejado, por nossa vez, anexar o sociólogo alemão, ou que suspeitem que, sob a capa da interpretação, estamos tentando uma retificação do autor. Ainda neste terreno, o jogo não acabou. Norbert Elias, repetimos, não disse qualquer coisa nem tudo ao mesmo tempo, e ele se explicou com bastante freqüência e muito claramente sobre o que pretendia fazer. Dizer que ele fez uma obra de análise política ou que o trabalho dessa obra é uma contribuição para a análise política nada tem de incongruente, desde o instante em que é possível recomendar o ponto de vista de uma espécie de fidelidade. "Tentei desenvolver uma teoria sociológica do poder"[13], explicava ele com uma clareza que poderia evitar qualquer discussão complementar. Precisar não é, porém, totalmente supérfluo, uma vez que esse projeto nem sempre foi compreendido, sem dúvida porque não se harmonizava muito com as classificações admitidas nas faculdades. Com efeito, diante dessa obra, pode-se afirmar que ela tem um objeto, se não exclusivo, pelo menos central: a história; uma problemática: a sociologia; e uma orientação: uma teoria da política. Assim, a história dos Estados nasce imediatamente da pesquisa histórica mas é analisada segundo uma teoria da monopolização da violência física que ela ajuda a construir, como esta ajuda a compreender as histórias singulares. Ou ainda, a história das maneiras traz à luz fatos e mudanças, mas é analisada como os elementos de uma economia psíquica cujas transformações são produzidas pela instauração de monopólios estatais. Do mesmo modo, a sociologia das configurações concebe os grupos como relações sociais, mas também como relações políticas, visto que os grupos sociais se definem como redes de interdependência e as relações que as constituem como sistemas de equilíbrio das tensões. Assim, o poder está no centro das relações sociais, e Norbert Elias se explicou exatamente a esse respeito quando se afastou de Max Weber e de sua teoria da dominação. O poder nada tem de um conceito "sociologicamente amorfo", essa potência (*Macht*) ou simples capacidade cuja autenticidade bastaria constatar e que, por conseguinte, Max Weber ignorava quanto ao essencial ao se interrogar sobre sua legitimidade. Existe uma relação sempre ambivalente entre os grupos so-ciais e dentro deles, quer se trate de classes sociais, de nações ou de um simples jogo de baralho. Como os leitores deverão ter compreendido, não é por causa de uma definição prévia e substancial da política que as idéias de

---

13. *Norbert Elias par lui-même, op. cit.*, p. 172.

Norbert Elias provêm da análise política mas devido a uma ampla acepção que compreende todas as formas de relações de poder.

Nada teria menos justificação, finalmente, do que um comprometimento "disciplinar" de Norbert Elias: seus trabalhos subvertem os recortes institucionais e suas posições são decididamente hostis aos efeitos perversos de toda especialização estreita. A esse respeito, a obra eliasiana propõe menos um reforço para alguns do que um programa para todos: a análise social da política. A solução menos ruim para prevenir todo fechamento e todo encadeamento disciplinar pareceu-nos ser reunir intervenientes de origens diferentes propondo-lhes vincular-se à obra de Norbert Elias mais sob o ângulo da análise política do que em nome de uma ciência que teria o monopólio de seu objeto. Que importa então se deixar prender na engrenagem da indústria interpretativa, já que, permanecendo realista, tem-se a certeza de estar contribuindo para ela sem querer? O essencial seria pôr a obra no trabalho trabalhando numa perspectiva eliasiana para explorar suas forças e explorar seus novos desdobramentos. Já que o trabalho dos textos não consiste numa ação própria dos textos, resta fazê-los viver ouvindo aqueles que os fazem viver aqui. O exame da contribuição de Norbert Elias para a análise política tomou por isso vários caminhos diferentes e complementares. Trabalhamos em cima de Norbert Elias prendendo-nos à sua biografia intelectual (Bernard Lacroix), a seus conceitos, como o de racionalização (Catherine Colliot-Thelène), às relações que ele mantém com outras obras, como as de Nietzsche e de Max Weber (Jacqueline Blondel), ou ainda às relações que existem entre biografia e esquemas de pensamento (Alain Garrigou). Trabalhamos também em cima de objetos eliasianos como o esporte (Eric Dunning), a construção de um *"habitus* nacional" (André Burguière), a violência (Jacques Defrance), a individuação (Charles Henry), ou o processo de descivilização (Stephen Mennell). Enfim, a perspectiva eliasiana foi testada sobre outros objetos, como a profissionalização política (Eric Phélippeau), a construção dos grupos sociais (Guillaume Courty), a autoridade presidencial sob a V República (Delphine Dulong). De maneira mais genérica, refletiu-se sobre o sentido que toma o partido de pensar com Elias (Johan Goudsblom). Sem dúvida, essas escolhas nada têm de sistemático e outras pareceriam totalmente judiciosas. Elas devem ao acaso dos interesses de cada um dos colaboradores. Não encerram, portanto, de modo algum, um trabalho de pesquisa que tem uma única finalidade, como lembrava Norbert Elias com subversiva simplicidade: a "descoberta".

Parte I

Elias e Seu Tempo

1. Retrato Sociológico do Autor

BERNARD LACROIX

Será que compreendemos realmente Norbert Elias? Não temos certeza disso! Com efeito, existem sérios motivos para que não compreendamos inteiramente esse sociólogo, isto é, a ponto de sabermos nos servir de maneira totalmente pertinente de seu trabalho. As relações entre um autor e o universo de sua criação sempre constituem uma "caixa preta", e a mera leitura dos textos nunca revela seus segredos. O reconhecimento tardio de Elias, para além das contingências aparentes das quais esse reconhecimento é o resultado, pode ser interpretado também como um sinal de incompreensão. Há, enfim, o testemunho do autor: "Até hoje, diz ele aos 87 anos, não tenho a sensação de haver sido compreendido inteiramente"[1]. Daí, já que se trata de sociologia, já que a sociologia de Elias é por acaso uma sociologia do conhecimento, já que, enfim, o pesquisador tem pretensões igualmente de ser um sociólogo, a idéia elementar de esboçar um retrato construído em termos sociológicos do autor do *Über den Prozess der Zivilisation*.

Inicialmente, eu me propunha entender como a política, tal como a fazem no cotidiano aqueles que são responsáveis por ela (a política

---

1. *Norbert Elias par lui-même*, Paris, Fayard, 1991, p. 93. De maneira geral, a maioria das informações factuais do retrato que se segue foram extraídas desse precioso documento, sem que acreditássemos que deveríamos remeter a ele a cada uma das informações utilizadas. Permitimo-nos, porém, nem sempre tomar ao pé da letra aquilo que não é senão aparentemente um testemunho, a fim de poder levar em conta o trabalho de reconstrução que confidências colhidas no crepúsculo

que se torna história no dia-a-dia antes de tornar-se história contada pelos historiadores especializados), pode "afetar" alguém como Elias. A questão, por exemplo, era entender como a ascensão dos nazistas ao poder, preparada e acompanhada pela "revolução conservadora" que molda as universidades alemãs, tem relação com Elias, se não diretamente por causa de suas origens confessionais, pelo menos porque ele é apanhado na tormenta. Esse trabalho devia permitir a perspectivação da visão que Elias cria da política e da história, ou ainda devia dar uma idéia mais exata da política e da história que ele põe em cena em seu trabalho, por causa da tenaz impressão de que essa visão da política e da história é do mais alto interesse hoje para o politista.

A rigor, esse trabalho pressuporia:
– um esforço de reconstrução sistemática da relação prática com o mundo que Elias mantém nas situações múltiplas em que está envolvido e que ele deve às experiências que o moldaram;
– um esforço de reconstituição dos modos pelos quais essa relação se investe na política do seu tempo, entendida no duplo sentido de ação dos políticos e de visões dos dominantes;
– um esforço de compreensão da maneira pela qual essa relação com o mundo e com as pessoas funciona como princípio de orientação no seio do universo definido pelas múltiplas maneiras concorrentes de contar a história, esse trabalho prévio múltiplo sobre a relação que Elias mantém com diferentes universos que, em última análise, é o único em condições de permitir que se compreendam os usos propriamente intelectuais que ele faz da política e da história e, portanto, no mesmo ato, as imagens que ele fornece da política e da história em seus trabalhos.

Tivemos de nos limitar à primeira etapa desse trabalho, isto é, a desenhar a figura da relação singular que Elias mantém em sua vida com os outros. A dificuldade do exercício se deve ao fato de que ele proíbe toda e qualquer visão globalizante retrospectiva, uma vez que essa relação particular com o mundo e com os outros só se deixa apreender em situação nos gestos e nos atos que são seu rastro: não se pode, portanto, objetivá-la a não ser seqüencialmente ao correr da sucessão das conjeturas na qual ela se deixa ver. Daí o caráter plural do retrato que se seguirá, no sentido de que se compõe de planos que o trabalho de escrita obriga a justapor. Assim, esse retrato nos levará a valorizar uma experiência recorrente que parece *a posteriori* ter-se re-

---

da vida envolvem inevitavelmente. Esforçamo-nos em particular, a partir daquilo que, aliás, sabemos da entrevista, para não fazer da visão de um gesto, de um olhar ou de uma atitude, distanciada ou mesmo, em certo sentido, despojada, o princípio desse gesto, desse olhar ou dessa atitude em situação, o que teria sido, de acordo com a visão ingenuamente finalista a que se entrega a exegese das obras e dos autores, ceder a uma forma retrospectiva de "ilusão da transparência".

velado estruturadora, a corrigir duas imagens falsas que fazem par e que se interpõem entre nós e o sociólogo – a do professor universitário malogrado e a do intelectual pária –, a fazer, enfim, com que sobressaia um singular mecanismo de dupla coerção que poderia muito bem ser o segredo de um olhar sobre o mundo.

SER E NÃO SER, UMA EXPERIÊNCIA RECORRENTE

O que era preciso que Elias fosse e o que ele devia ser para fazer o que fez? Não podemos deixar de ficar impressionados, quando nos detemos em sua biografia, com uma experiência estranha e aparentemente recorrente que parece selar seu destino. A criança, o adolescente e depois o homem nunca são inteiramente o que é preciso, no momento certo, para se tornarem aquilo que seria preciso que fossem. Sem que jamais tenha tido, com toda a verossimilhança, preguiça culpável ou fraqueza condenável, tudo parece se passar como se Elias não conseguisse estar à altura das situações que enfrenta nem à altura das exigências que são as suas. Tudo começa na escola. Filho único, protegido e mimado, pequeno príncipe para quem nada é demasiado belo e que, como não se tem grande dificuldade em imaginar, é considerado a oitava maravilha do mundo, Elias não conheceu as lutas familiares da fratria que preparam a saída do casulo familiar. É, se preferirem, o avesso da experiência do filho único essa socialização preservada do aprendizado da competição, que é a lei do mundo que ajuda a encontrar a distância certa ao mesmo tempo em que define a medida da auto-estima. Somente a escola irá fazê-lo descobrir tardiamente a presença e a resistência dos outros. Nela, a acreditarmos em suas confidências em meias palavras, ele se virou mais ou menos. Hesita. Duvida. Não sabe mais verdadeiramente, quaisquer que sejam seus pendores intelectuais encorajados pela solidão (H. Korte enfatiza, com muita correção, os desempenhos escolares que eles favorecem[2]), se está realmente apto a fazer o que quer fazer, dedicar-se ao estudo. Essa tensão, a inquietude consigo mesmo que ela engendra, a energia que ele precisa mobilizar para vencer essa apreensão, cada vez que se trata de trabalho intelectual, marcam-no de modo duradouro: ele evoca várias vezes em suas confidências autobiográficas o mesmo tipo de angústia quando é encostado na parede em matéria intelectual. Permanece por muito tempo incapaz de se dedicar a um trabalho de longo fôlego. Busca então junto aos que lhe são próximos, junto à família ou aos amigos o reconforto, os apoios, os estímulos de que necessita. Assim, a certeza de se saber rodeado, a incerteza congênita quando sabe que está sozinho, ainda

---

2. Korte, *Über Norbert Elias: Das Werden eines Menschenwissenschaftlers*, Frankfurt, Suhrkamp Taschenbuch, 1988, pp. 66-67.

que seja no terreno que escolheu, definem a primeira experiência estratégica que Norbert Elias deve a uma infância feliz.

Vem a guerra. O filho de burguês tranqüilo vê-se confrontado com o horror da inumanidade, sem nenhuma razão compreensível para ele e sem nem mesmo ter tido tempo de entender como e por que teve de chegar a isso. E isso embora o filho mimado tenha sido aconselhado a optar por uma unidade de comunicações, porque a fama que corria é que essas unidades eram menos expostas do que as combatentes. Alheio a toda e qualquer convicção nacionalista, insensível a todo e qualquer patriotismo fanático, desprovido em suma de toda e qualquer razão válida a seus olhos para fazer o que fez, a não ser que está impossibilitado de escapar dessa engrenagem insensata, não pode passar de um desses milhares de recrutas perdidos, implicados a contragosto numa aventura que não era a deles. Como não ser pelo menos sacudido, antes de ser transtornado de um modo duradouro por uma situação extrema que colhe a frio um adolescente sonhador e discretamente romântico? Nem no plano do vigor físico (Elias falará mais tarde da importância do serviço militar no desenvolvimento de sua vigorosa constituição), nem no plano da força – devemos dizer moral? – requerida, ele não é o que deve ser, como sugere o episódio obscuro do "trauma" do qual ele diz ter sido vítima na época. Caberia supor que, no curso de uma "saída" ao fogo da luta, Elias tenha sido obrigado, para salvar a pele, a abandonar um ou vários companheiros feridos ou moribundos? Caberia supor mais uma vez, e embora sem dúvida ele nada tenha feito de que se censurar, que ele não soube estar, a seus próprios olhos, à altura do que a fraternidade ou a humanidade lhe ordenavam? É possível[3], embora não nos possamos satisfazer com uma conjetura sobre um episódio obscuro apenas porque ela é coerente com uma perspectiva interpretativa. De todo o modo, a seqüência pode apoiar-se num conjunto de indícios mais seguros: ela é coerente.

Burguês originário da "boa sociedade judaica" de Breslau, imbuído de "humanidades" alemãs clássicas, tem tudo de que precisa para ser incluído entre os alemães que contam, num mundo onde, sob as cores da República, se anuncia a desqualificação dos modos de ser e de viver prussianos e aristocráticos, porque em múltiplos setores operam as relações entre estabelecidos e pretendentes. Mas judeu num país impregnado de um anti-semitismo maldisfarçado, e reativado periodicamente a partir dos anos 1870 por essas mesmas transformações, ele não tem os costados de nobreza pressupostos para ser considerado um "germano da gema", indispensáveis de fato para ter acesso às funções oficiais. Brilhante sujeito, encorajado a esperar e a perseverar

---

3. Alain Garrigou me observou que a hipótese lhe parece exceder o que o historiador está no direito de justificar: o trauma evocado não lhe parece sensivelmente diferente da amnésia muito conhecida de legiões de ex-combatentes.

pela atração pela "grande cultura" que é o sinal de eminência e a reserva dos arrivistas orgulhosos sem ostentação de sua elevação, ao abrigo do honesto sucesso paterno que assinala sua pertinência à elite consagrada pela prosperidade guilhermina, tem tudo para justificar suas pretensões. Contudo, permanece irredutivelmente alheio aos círculos acadêmicos: não é daqueles, por exemplo, que podem descolar fácil e imediatamente a recomendação indispensável ou fazer valer os apoios que muito naturalmente abrem as portas aos postos de *Privat Dozent*. Pressionado a se pôr a salvo da caça às bruxas que se desencadeia a partir de 1931 contra todos os suspeitos de "simpatias de esquerda" – sobretudo se forem de confissão judaica –, que expõem evidentemente o jovem encarregado de ensino do departamento de sociologia do sulfuroso Instituto de Frankfurt, é obrigado então a partir sem ter no bolso o sésamo que atestaria sua especialização e suas competências. Professor universitário exilado, rico de uma experiência de ensino e de pesquisa fora de dúvida, mas desprovido do título que lhe valeria ser recebido no cargo, ainda que subalterno, que lhe permitisse prosseguir, foi forçado, portanto, não só a demitir-se de sua "vocação" e de suas ambições, mas igualmente a retomar o percurso iniciático desde seu ponto de partida. Inglês de adoção em seguida, garantido finalmente no posto que lhe deveria ter cabido trinta anos antes (embora não seja numa universidade antiga e consagrada), nunca deixa de ser, no entanto, aquele emigrante alemão sem partido e sem pátria que se tornou a contragosto. Apesar do tempo que passa, apesar do grande número de ex-alunos que povoam cada vez mais as cadeiras inglesas de sociologia, nunca se torna o cidadão de honra da cidade da inteligência britânica, que os eruditos de Sua Graciosa Majestade exigiriam para um dos seus. Não podia ser, na Grã-Bretanha, Hobhouse, não será jamais, o que quer que aconteça, Malinóvski. Poderíamos assim multiplicar as cotas de um inventário que está longe de ser exaustivo. Guardaremos dele apenas que cada uma dessas experiências, examinadas na ordem de sucessão em que moldam uma aventura individual, não deixa de ter homologia com aquela que a precede e que é reformulada por ela. Assim, essas experiências se corroboram mutuamente e a repetição de sua configuração reforça-lhes os efeitos sobre aquele que se faz através delas. Como não ver que, mais e melhor do que a invocação de uma judaidade como especificidade cultural e como propriedade identitária, essas experiências instalam uma relação com o mundo e com um futuro muito particular?

AS AMBIÇÕES DO ESPÍRITO

Burguês mas judeu, homem de cultura mas sem viático universitário, docente confirmado mas sem título para atestá-lo em sua especialidade, inglês de adoção por gratidão e por razão mas exilado irredutivelmente, alemão por todas as fibras do seu ser mas nunca autenticamente alemão mesmo quando a Alemanha do remorso o festeja, esse retrato introdutório sumário não deixa de ter verossimilhança embora lhe falte distanciamento sociológico: Elias nunca é totalmente "o que é preciso" para ser o que aspira a tornar-se. Completaremos esse retrato em duas direções, sublinhando a cada vez que esses complementos não lhe tiram em nada seu caráter de esboço. Impossível satisfazer-se, em primeiro lugar, com a imagem sumária à qual poderíamos ser tentados a reduzir essas indicações muito genéricas, segundo a qual Elias seria um membro malogrado da universidade. Desde a adolescência sonhava, diz ele em suas confidências autobiográficas, com o sucesso acadêmico e queria ser professor de universidade.

O que pensar desse projeto? Examinar sob qual luz essa empresa se apresenta para Elias pressuporia, evidentemente, documentar estatisticamente as chances dos filhos de comerciantes de ter acesso à universidade em função das diferenças religiosas e as chances dos diplomados de universidade filhos de comerciantes de ter acesso às funções universitárias em função dessas mesmas diferenças. Escolhemos deliberadamente reter do dossiê estatístico reunido por ocasião desse trabalho apenas um elemento entre muitos outros, porque ataca uma idéia falsa por causa do destino ulterior dos judeus na Alemanha nazista. Desde que consideremos, de fato, que os judeus mandam seus filhos para o ensino superior em maior proporção do que os católicos ou os protestantes, e que ao mesmo tempo o anti-semitismo latente interdita a esses jovens as funções oficiais às quais seus diplomas lhes dão, no entanto, o direito de pretender, parece que esses tendem a ser encontrados numa proporção significativa, e de qualquer modo muito superior ao peso do grupo confessional na população alemã, nas profissões médicas, jurídicas, jornalísticas ou artísticas. O mesmo fenômeno se observa, pelas mesmas razões estruturais, nas profissões universitárias subalternas, como os "tutores" do ensino superior, cujo número tende então tendencialmente a crescer por causa da progressão dos contingentes estudantis. É por isso que Roessler[4] avalia em 12%, em 1909-1910, os docentes de confissão judaica na universidade (aos quais cabe acrescentar, diz ele, 7% de judeus convertidos), ao passo que a população alemã no seu conjunto conta apenas com 1% de judeus. A presença de correligionários na universidade pode, pois, alimentar racionalmente a esperança do jovem. Por não ser um jogo ganho por antecipação, a carreira universitária nada tem de proibida. E, mesmo que essa via estreita leve a um mundo onde o número de chamados

---

4. *Apud* F. K. Ringer, *The Decline of the Germain Mandarins*, Cambridge (Mass.), Harvard University Press, 1969, p. 136.

supera, podemos ter certeza disso, o dos eleitos, essa conversão nada tem de irrealizável.

Seja como for, o sonho só se torna realidade depois de muito trabalho. Em 1923, a querela com Hoenigswald (que sem dúvida não se limita apenas ao conflito sobre o caráter universal das categorias, mesmo que essa oposição propriamente intelectual esteja longe de ser anódina) impede que Elias, embora doutor em filosofia e em psicologia da universidade de Breslau, possa ter pretensões a um posto de "monitor". A mesma coisa, ainda que por razões muito diferentes, ocorre em Frankfurt em 1933, após a conclusão do mestrado: a ascensão de Hitler à chancelaria mas sobretudo a acelerada degradação do clima político e intelectual há quatro anos convencem o auxiliar do departamento de sociologia a se pôr a salvo. Ele ainda não sabe que sua partida para a Suíça e depois para Paris é o caminho do exílio. E, no final das contas, somente em 1954, aos 57 anos, é que será enfim recrutado para uma *senior lectureship* em Leicester. Para todos aqueles que raciocinam nos termos simplistas do objetivo e do resultado e que medem retrospectivamente os desempenhos pelos supostos projetos anteriores, o fracasso é patente.

Contudo, devemos levar em conta ao mesmo tempo o etnocentrismo acadêmico que é o nosso, bem como a ilusão retrospectiva que ele engendra, quando reconstituímos a trajetória biográfica de Elias: essa inclinação ligada à nossa satisfação íntima de professor universitário leva-nos a crer que só existe carreira universitária bem-sucedida se for recompensada a curto prazo por uma titulação e garantida por uma promoção rápida. Pois bem, as coisas não se apresentam exatamente assim ou mesmo apenas sob o ângulo da luta pelo posto se partirmos do sentido do exercício cultivado como forma de existência e de auto-afirmação para essa burguesia minoritária ascendente, afastada do poder, que é a burguesia judaica da Alemanha guilhermina agonizante. Com efeito, essa ambição cultural é levada a realizar-se profissionalmente seja no exercício liberal das profissões artísticas ou intelectuais, seja no acesso à carreira acadêmica, que apresenta a vantagem de livrar das preocupações materiais os "funcionários" que são seus beneficiários. O essencial é então observar que, embora ele possa legitimamente visar a transformar em profissão o exercício de um lazer valorizador, esse modo de realização tende a encorajar *ex ante* uma forma de investimento dissociada de suas retribuições eventuais. Visto que o livre exercício cultural basta-se a si mesmo em razão de suas funções sociais, ele tende, em outros termos, a exercer efeitos específicos duradouros: porque é encorajado a continuar se satisfazendo por ser culto para si mesmo, porque não se sente irreconhecido pela ausência de gratificações materiais, enfim e sobretudo porque nunca é condenado pelos veredictos que podem ser dados sobre ele.

O menor interesse dessa observação relativa ao grupo social de origem, à inclinação ascendente da linhagem e à ambição social que lhe está ligada, enfim à exigência de conversão de capital econômico em capital cultural que o acesso à universidade impõe a um filho de comerciante não é esclarecer os dois aspectos, aparentemente contraditórios, que o jovem Elias mantém com a "cultura" sob as espécies opostas das "humanidades" clássicas, de um lado, e dos produtos de "vanguarda", do outro. Primeiramente, a seriedade quase bulímica de uma sede de saber acima da média para uma criança de vida fácil, seriedade imposta pela aculturação necessária à acumulação primitiva de um capital cultural. Os imperativos da conversão antecipada não deixam de levar a pensar, desse lado, na relação ascética e tensa que o pequeno burguês, quando se apóia nos valores reconhecidos para tirar proveito de sua boa vontade, mantém com as coisas do espírito. De outro lado, a aguda curiosidade preocupada com tudo desde que se trate de realizações humanas, curiosa principalmente de todas as realizações artísticas e estéticas contemporâneas. Transparecem agora nesse segundo componente a figura de um gosto familiar cultivado e a de um senso globalmente avisado do investimento de dinheiro e do lucro. Por aí pode-se entender a imagem, aparentemente contraditória com a do incansável trabalhador, de um Norbert Elias *dandy* distinguido, diletante e esteta, menos afastado da despreocupação boêmia do que se poderia imaginar para alguém que passou dos trinta anos, pródigo de seu tempo junto aos amigos, a seus alunos e seus amigos estudantes sempre assíduos nas noitadas agitadas do café Läumer em Frankfurt.

Talvez assim se possa compreender melhor a transformação de uma disposição culta em livre exercício intelectual aberto a tudo e para tudo e imediatamente despreocupado com seu reconhecimento, que a sede cultural e a bulimia intelectual do jovem, depois do menos jovem, Elias mostram bastante. Visível desde a infância, ela resiste às provações, porque ajuda o homem a superá-las, como se esse aprendizado lhe reservasse, cada vez que ele pode abstrair-se do mundo nos livros (como em Londres entre 1936 e 1939), a possibilidade de uma forma de felicidade. Compreende-se certamente melhor, de qualquer modo, que Elias esteja "preparado" para não viver como um fracasso profissional a ausência de consagração acadêmica de uma atividade realizada no modo de realização estética. A sombra causada pela repetição do "fracasso" acadêmico não poderia portanto dissimular a realização da ambição cultural que ele trazia inicialmente em si, que o ajudou a viver e a trabalhar e que o teria ajudado a viver e a trabalhar de qualquer modo mesmo na ausência da consagração final.

AS FERIDAS DA HISTÓRIA

Não se pode, por outro lado, contentar-se, qualquer que seja a relação particular de Norbert Elias com a cultura (já que é ele que está hoje na origem de sua notoriedade), com a imagem do *"clerc"* alheio aos furores do mundo, atravessando as provações sem que elas o atinjam, porque ele sabe proteger-se delas fechando-se nos livros. Este seria um outro efeito, um pouco defasado em relação àquele que designávamos acima, da visão retrospectiva e etnocêntrica que, sem que estejamos conscientes disso, em função do que jogamos atualmente em nossas carreiras intelectuais, nos leva a ver o passado na forma de nosso presente. Elias sofreu a estigmatização anti-semita, viveu o desenraizamento, conheceu o exílio: como e a que preço? Não deixaremos o terreno do suposto fracasso acadêmico ao voltarmos, para valorizar esse lado sombrio do retrato, às condições de seus pretensos malogros sucessivos. Nem tudo se reduz, em 1923-1924, à desavença com Hoenigswald. É importante também evocar as condições de possibilidade dos recrutamentos universitários: o afluxo dos pretendentes por causa do crescimento do número de estudantes, o aumento da concorrência para os postos subalternos que resulta disso, no momento em que o mundo universitário, obcecado por sua desqualificação estrutural[5] e escorado na defesa do corpo, se torna mais malthusiano. O período é também, pois, um daqueles inúmeros momentos de *cooling-out* que balizam a história universitária e que a sociologia norte-americana dos anos 60 redescobrirá, quando então a seleção é feita em benefício dos mais afortunados, os únicos que podem aguardar quando a inflação aniquila os lucros dos investidores em títulos de renda fixa; por conseguinte, num momento em que a conjuntura priva Hermann Elias, o pai, dos recursos que extraía da administração dos imóveis adquiridos após a venda de sua empresa de confecções. A mesma coisa, ainda que por motivos muito diferentes, acontecerá outra vez em 1933. Então, Norbert Elias é apanhado de novo e superado por uma dinâmica cujos resultados, como exige a tarefa, ele percebe, assim como milhares de seus semelhantes, sem grandes cálculos. Isso porque, entre 1928 e 1932, os acontecimentos "disparam", como os historiadores às vezes gostam de dizer. O encontro entre o ativismo das organizações e dos movimentos conservadores, exasperados pelo retorno dos sociais-democratas à cena parlamentar nas eleições de 1928, e a crise econômica que se declara em outubro de 1929 provoca uma onda de choque cujos efeitos dificilmente se podiam imaginar um ano antes: a explosão da grande coalizão, a exacerbação dos antagonismos em torno do seguro-desemprego, a exploração da miséria ambiente pelas idéias conservadoras revanchistas. E a conjunção de uma dinâmica eleitoral favorável à manifestação de protestos sem ligações entre si e da imperícia de um funcionalismo do Estado fechado em suas táticas de curta visão e em suas querelas subalternas leva Hitler rapidamente à chance-

---

5. F. K. Ringer, *The Decline of the German Mandarins, op. cit.*

laria, quando as eleições de novembro de 1932 deixavam entrever, com relação ao escrutínio de julho, o refluxo da onda nazista.

Um ponto essencial a observar entre 1925 e 1933 é que o "provinciano" dos confins silesianos foi transformado sensivelmente pelos círculos intelectuais de Heidelberg que ele freqüentava. Sua busca de respeitabilidade social (que reaparece aqui em múltiplos indícios: a aproximação de Jaspers, a busca do patrocínio de Weber ou mesmo a participação nos saraus de Mariane Weber) leva-o a figurar daí por diante nas fileiras da *intelligentsia* de esquerda, o que o marca sensivelmente: para além da "radicalização" testemunhada por essas ligações, elas o colocam, de fato, "no lado errado".

Agora, o abandono da esperança acadêmica não é mais o resultado da saturação inerente ao funcionamento "natural" do mercado: é a conseqüência direta da intervenção das autoridades políticas no funcionamento da universidade com o fechamento do Instituto de Frankfurt. Sabe-se que essa medida racista disfarçada de "proibição profissional" *avant la lettre* tornar-se-á uma medida política. Os historiadores já mostraram o preço da hemorragia intelectual que será a sua conseqüência para a Alemanha. Elias será um dos milhares de intelectuais condenados ao exílio.

Essa experiência sem precedentes é decisiva por mais de um motivo. Isso porque, antes que ele seja exposto a compor com a brutalidade de uma sanção injustificável, ela põe Norbert Elias às voltas com o mecanismo rasteiro muito mais insidioso e muito menos facilmente identificável que poderíamos chamar de flutuações do valor social da identidade.

Evidentemente, isso não é "a mesma coisa" que ser rotulado socialmente de "judeu" em Breslau no início do século, em Heidelberg por volta de 1926-1927 e, finalmente, em Frankfurt em 1931 – em Breslau, quarta cidade judia da Alemanha antes da guerra, quando contar em grande número assegura uma força coletiva tranqüila; em Heidelberg, quando o humor liberal e de bom-moço de uma capital intelectual previne das vexações mais imediatamente agressivas. Ambiente muito diferente em Frankfurt, em 1931, no auge da agitação anti-semita nas universidades alemãs, enquanto todas as corporações estudantis exigem o *numerus clausus* antijudeu. No entanto, ao mesmo tempo, as manifestações anti-semitas nunca aparecem aos atores que delas são vítimas da mesma maneira que aparecem ao historiador. Não existe possibilidade de totalizar manifestações múltiplas e heterogêneas para ter delas uma visão de conjunto! Não existe possibilidade também, para quem ignora a saída da dinâmica em curso, de prever seu futuro e sua orientação!

Na verdade, situações e testemunhos nos quais se descobre um anti-semitismo normalmente latente, sob a capa da desigualdade de tratamento ou da segregação, devem por sua dispersão permanecer quase invisíveis. Nunca francas, raramente assumidas publicamente, encorajadas, porém, a dar-se livre curso por sua multiplicação, mas ignoradas oficialmente pelo menos enquanto não são estampadas em programas, essas manifestações permanecem ambíguas, inclusive para aqueles a quem são dirigidas. Aliás, como conceber, mesmo para aqueles que elas encerram num gueto simbólico, que não passam de derrapagens sem amanhã, exatamente porque se trata de preconceitos? A dinâmica do anti-semitismo, como descoberta da transformação do olhar do outro sobre si, dá-se assim de modo intermitente ao mesmo tempo em que não permite a antecipação. Como as possibilidades de reação não seriam extraordinariamente limitadas? Será o caso, no máximo, para cada um que não se "exponha", de procurar não fornecer munição ao humor coletivo ou não nutrir a hostilidade alimentando-a. No entanto, a armadilha não é menos temível já que, ao revelar a todos que ela não depende em nada da atitude que cada um adota diante dela, tende a enlouquecer todos aqueles que se descobrem assim, tarde demais, presos no laço.

Não se poderia, pois, atribuir demasiada importância à violência dessa prova de negação social que inaugura na trajetória de Norbert Elias, e de maneira paroxística se excetuarmos a guerra, a série de acontecimentos diante dos quais ele se encontra sem ação: acontecimentos sem causa facilmente determinável, sem origem imediatamente localizável, que hipoteca obscuramente o futuro mas proíbe toda possibilidade de cálculo. Sem dúvida a exclusão apenas faz com que a experiência dos anos 1923-1924 volte ao jogo, radicalizando-a de um modo particularmente desagradável: na origem dos abandonos nunca vividos como redibitórios da esperança profissional, existe a mesma conjunção de forças, alheias às faculdades de ação do provinciano isolado, que privam Elias do benefício de seus esforços e que o obrigam, sem escapatória, a mudar de ombro seu fuzil. Todavia, essa experiência também o encerra numa fatalidade que se ignora como tal já que o exílio é a etapa seguinte da proscrição. Desse ponto de vista, a armadilha se fecha inexoravelmente funcionando como um mecanismo de vários gatilhos: a emigração repete assim, sob vários aspectos, a experiência alemã dos anos que a antecederam. Quanto mais que agora Elias não é mais o jovem de boa família que pode contar com seus apoios e suas ambições. É compreensível que ele procure entender, principalmente iniciando um pouco mais tarde uma psicanálise. Com efeito, a emigração para a Grã-Bretanha repete, em primeiro lugar, a experiência alemã do percurso iniciático. Mas a situação geral de "salve-se quem puder" que prevalece na Inglaterra entre os refugiados e que logo funciona na base do "cada um por si" afrouxa as solidariedades ao transformar cada um no concorrente dos outros até estragar as relações de amizade. Não se compreende de outro modo o afastamento recíproco entre Elias e Mannheim. A experiência inglesa repete sobretudo a experiência alemã de negação da identidade, exceto que não se trata mais da identidade confessional mas de uma identidade nacional. Não é simples ser alemão, ainda que perseguido na Alemanha, depois que a Grã-Bretanha entrou em guerra contra o Reich, quando Hitler envia seus aviões para atacar Londres. Como não se sentir o joguete do destino? Tudo se passa como se, sem nunca ter contribuído para isso, Elias não pudesse escapar ao infortúnio. Porque procurar tão longe, antes mesmo de ver nisso uma tomada de posição intelectual contra Carl Schmitt, as razões pelas quais Elias confessa várias vezes, em suas *Memórias*, não acreditar na "decisão"?

No entanto, devemos não ceder aqui à imagem romântica do pária. Assim como não é um professor universitário malogrado, Elias não é o proscrito que as lendas do heroísmo intelectual se comprazem em celebrar. Ceder à imagem romântica do pária proscrito seria, com efeito, não só ceder a um efeito de totalização retrospectiva que tanto a infância quanto os tempos passados desmentem, como também esquecer que nada é jogado por antecipação, mesmo que vários encadeamentos em cascata tendam a cumular seus efeitos desde os anos 30 até os anos 50. Decantada no filtro dos dinamismos endógenos que moldam a cara da Alemanha e que historiadores demasiado ocupados com veredictos sobre a função da saída ignoram, a trajetória de Elias põe em cena um homem que se apresenta *em contratempo* para recolher as sanções institucionais de seus investimentos, ao mesmo tempo em que é pego *no contrapé* pelas lutas sociais nas quais se acha implicado a contragosto. Dupla face indissociável de uma mesma experiência: ele sofre diretamente as conseqüências de nunca estar em condições de defender suas apostas ao mesmo tempo em que é posto em questão naquilo que é. Quem resistiria a isso?

Não voltaremos a falar aqui do reconforto que ele encontra no trabalho entre 1936 e 1939. Todavia, é contar demais com a possibilidade de encerrar-se fora do mundo para se defender dele: esse frágil equilíbrio logo é rompido. De fato, o desaparecimento trágico e quase simultâneo de seus pais (a mãe é deportada para Auschwitz) vem desatar os últimos laços que o ligavam à Alemanha e a seu passado. Os anos de vida dura londrina, depois da guerra, são assim, sem sombra de dúvida, os anos mais difíceis e mais dolorosos do expatriado, como comprova o fato de na época não ter conseguido nem mesmo escrever.

Não se trata de ceder a uma psicologia fácil mas de compreender como esses questionamentos sucessivos e superdeterminados obrigam-no a um trabalho sobre si mesmo muito particular. De abandono, evidentemente. Ele foi destituído de suas identidades. Perdeu os seus. Não pode mais velar a face diante da realidade de sua condição de exilado. Tem de diminuir suas pretensões em tudo e a tudo, e carregar todos esses lutos ao mesmo tempo. Mas também trabalho de autodefesa. Será refugiado judeu sem complexo. Órfão sem remorso (o que não é a coisa mais fácil). Exilado sem vergonha. Deslocado e desclassificado talvez, mas, por isso mesmo, não preparado para tudo, exatamente. É preciso fazer da necessidade virtude: ele o fará. É preciso resignar-se: ele o será. Mas não às custas da perda da auto-estima, que ele encontra no fundo de si mesmo como o legado mais precioso de seu passado. A exacerbação do sentido de si, espécie de efeito – *noblesse oblige* – próprio a todos aqueles que foram educados na cultura de sua diferença social, é tudo o que resta àqueles que não têm mais nada. A leitura das *Memórias*, testamento sem rancor nem dor de um jovem ancião de um frescor de espírito sem igual, deixa por vezes como que uma curiosa sensação de incômodo diante dos veredictos sem apelação, das impaciências agastadas, uma maneira de decidir sem consideração pelos outros ou mesmo uma segurança de tom que parece confinar com a suficiência. Essas guinadas poderiam muito bem ser o sinal de uma dolorosa contenção e o preço de uma paz interior conquistada valentemente: o eco distante do enrijecimento na intransigência que a herança autorizava, que o despojamento do pós-guerra londrino pedia e que então o auto-sustento mobilizava. Nisso a altivez poderia ser apenas a dissimulação de um extremo pudor, a rigidez o hábito emprestado de uma tensão sem concessão, e o aristocratismo um nada que desprezava a última defesa de um senso do valor ferido.

O TORNO DA DUPLA COERÇÃO

Tentemos reatar esses fios esparsos. De um lado, o problema existencial de Elias parece circunscrito pela relação com a legitimidade social que ele deve à posição da família no mundo onde viu a luz, ou, se preferirem, a seu meio social. Do outro, o problema toma forma na sucessão de situações, todas as quais têm por efeito tornar Elias estranho ao universo que o fez. Do primeiro desses pontos de vista, vamos encontrar o jovem de boa família prisioneiro do movimento ascendente da trajetória familiar, que não sonha com outra coisa senão esposar o futuro que a relação com o futuro passado de seus ascendentes lhe permite esperar. Ele visa mais às "coisas nobres" do que aos "trabalhos menores" da confecção: médico ou, melhor ainda, intelectual, por que não? Assim, a pretensão cultural estabelece a ligação entre o que ainda falta à família para que faça parte definitivamente da boa sociedade alemã e o que será amanhã o atestado de sua ascensão. Compreende-se então que a estratégia acadêmica seja inicialmente importante pelo menos tanto como sinal de distinção quanto como estratégia profissional no sentido estrito, como o atesta sua indeterminação original, perceptível através de suas sucessivas reorientações: a filosofia depois da medicina (o espírito depois do corpo), a sociologia depois da filosofia (o futuro das vanguardas esclarecidas depois do passado afetado por ser consagrado demais). Ela não deixa de ser uma armadilha temível sob o efeito da ambição que encarna e da pertinácia propriamente intelectual que desenvolve: ao impor a severa obrigação de estar à altura da pretensão na qual ela se imobiliza, o que devota Elias à única coisa para a qual se sente feito, nos limites das possibilidades de bastar-se a si mesmo, o livre exercício do intelecto. Essa história poderia passar por uma história moral num mundo amoral se existisse reparação que valesse por um presente perdido: pois, afinal, porque nunca deixou de tornar-se o amador das coisas do espírito que ele era persuadido a ser é que Elias acabou por obter o lugar entre as pessoas que importam ao qual o menino de Breslau aspirava.

Ao mesmo tempo, Norbert Elias não cessa de ser feito estrangeiro no mundo no qual ele aspira na prática a se fundir. Assim, tornou-se estrangeiro no mundo que era o seu antes de 1914, pela primeira vez, pelo sentimento de hebetude que assalta o soldado incapaz de abstrair-se das imagens das trincheiras e do fronte. Esse sentimento é redobrado pela derrocada de um mundo onde os pontos de referência da antiga ordem social vacilam, onde a exacerbação das lutas sociais e políticas pela redefinição dos princípios cívicos abrem uma era de tensões e de incertezas. Ele é feito estrangeiro, em seguida, no universo prático de suas esperanças profissionais e das ambições que as subtendem pela crise econômica de 1923-1924, que o obriga a reduzir suas pretensões ao forçá-lo a se recolher aos valores seguros dos negócios, isto é, à herança familiar, mas sobretudo pelo conjunto dos processos, em parte insensíveis e em parte explícitos, que concorrem para a estigmatização de sua identidade confessional e que são as preliminares da "interdição profissional" pura e simples. Estrangeiro do interior antes de ser vítima dessa condição de estranho do interior, ei-lo obrigado a se fazer estrangeiro e a voltar a viver mais uma vez num mundo para o qual nada o preparou, a não ser talvez o ter sido despertado para a vigilância do que é preciso fazer para sê-lo. Estrangeiro agora no sentido mais imediato do termo, obrigado a esposar a submissão esperada do emigrado, ele se vê obrigado a acampar entre nativos pelos quais não sente nenhuma simpatia *a priori* e cujos costumes, hábitos e maneiras de ver não lhe têm nada de familiar. Ele consigna a decência de uma sociedade que tolera em seu solo a organização dos refugiados, mas sua relegação está lá para fazê-lo lembrar por longos anos que esse mundo não é mais "aberto" do que a sociedade francesa que não soube conservá-lo.

Assim, Elias nunca cessa, salvo talvez na sua velhice, de ser apanhado no torno de um formidável mecanismo de dupla coerção: aquela constituída inicialmente, sustentada e lembrada pelos encorajamentos dos amigos e dos próximos, escorada, sob o efeito da adversidade, pela defesa de si mesmo, que o atrai para a respeitabilidade social, e aquela sobre a qual vêm quebrar-se suas empreitadas, sempre recomeçadas no andar de seu percurso, embora sob espécies diferentes, que o afasta de si mesmo ao arrancá-lo de suas ambições e impedi-lo de realizar-se. Como não ver aí, onde cada seqüência dessa esperança é *a priori* cega àquela que se lhe segue, o segredo de uma relação com o mundo e consigo mesmo que é também o segredo de um olhar sobre o mundo e sobre si mesmo? O homem é empurrado para a frente pela "pré-tensão" que mobiliza suas empreitadas, e essa tem por efeito colocá-lo permanentemente em retirada de si mesmo: como essa maneira de ser à distância de si não desenvolveria, apesar de todos os passos errados aos quais o fato de se descobrir o condena, uma propensão a se manter alerta, a ficar atento às exigências dos outros, a se olhar agir e a se ver fazer, em suma uma *forma particular de acuidade do olhar*, mesmo que a estranheza das situações encontradas nunca faça dessa faculdade o domínio soberano de facilidade próprio daqueles que têm tudo para si, inclusive habitar o mundo para o qual foram feitos? No entanto, ele é, por outro lado, chamado incessantemente à ordem por todas as situações que o tornam estrangeiro no mundo onde é, entretanto, condenado a viver, o que se pode dizer também chamado à realidade do mundo que o afasta de si: como essa maneira de ser impedido de realizar-se e de ser retido como que do exterior na realização de suas empreitadas não desenvolveria, além disso, um *senso particular das realidades*, bem feito para não se deixar abusar ao mesmo tempo que atento para não confundir alhos com bugalhos?

Não resistimos aqui à tentação de evocar, em contraponto, os resultados do exame paralelo das experiências biográficas e dos trabalhos "sociológicos", encarados sob o ângulo de seu interesse ou de sua perspicácia, efetuado sobre uma população contemporânea imediatamente acessível à observação. Evidentemente, nunca são os indivíduos com carreiras uniformes, que conduzem sem dificuldade às posições mais visadas, aqueles cujo desempenho escolar vem sancionar as qualidades de herdeiros e a propensão a fazer o que for preciso para que a herança frutifique, que se encontram na situação de "sociólogo". Mas, ao mesmo tempo, entre todos aqueles que se entregam ao exercício dessa atividade, não são aqueles que, mesmo depois de um começo difícil, voam de sucesso em sucesso – a menos que sejam levados a cultivar sistematicamente o olhar particular com o qual seu começo os familiarizou – que constituem os sociólogos mais avisados. Como se a interrogação sociológica, após haver nascido do questionamento dos pré-requisitos que fazem as evidências do mundo comum, se embotasse naqueles que não têm nada de novo para dizer ao mundo que os consagrou. Como se ela se apagasse às vezes, até tornar-se o seu contrário, ao se transformar em justificativa daquilo que os fez converter-se no que são. Esse trabalho de perspectivação, portanto, chama imediatamente a atenção, mesmo que a constatação não seja nova, para a importância prática na construção e no domínio de uma forma de acuidade sociológica e de experiências iniciais de *estranhamento*, e para a manutenção dessa faculdade para todas as esperanças frustradas. Vemos ressaltar entre as primeiras todas as esperanças de deslocamento, extraindo os deslocamentos geográficos seu sentido do fato de também serem deslocamentos sociais que envolvem formas de ressocialização, desde as mais imediatamente brutais, como as experiências de emigração na pequena infância que levam ao esquecimento da língua materna, até as mais aparentemente insensíveis, como as experiências muito particulares de todos os interioranos desarraigados por uma trajetória escolar que os recomenda para excelentes estabelecimentos distantes. E a comparação sistemática das trajetórias faz ressaltar entre as segundas todas as expectativas frustradas ligadas, por exemplo, ao fato de um título escolar ou profissional não abrir o acesso a tudo aquilo que ele dava a esperança de pretender, ou então a todas as formas suaves de exclusão do interior que marcam os indivíduos de sucessos aparentemente impecáveis, porque elas os transformam em pessoas que de fato nunca têm acesso às prebendas reservadas aos eleitos. Tudo leva a pensar que tais experiências são estratégicas para gestar sociólogos que sejam algo diferente de chantres das maneiras de ser ou de viver (ou, o que dá no mesmo, "valores") em voga no campo. Elias é uma figura paradigmática dessa gestação e essa comparação é um início de indicação de que suas competências sociológicas não devem tudo ao acaso.

Seria preciso que pudéssemos nos demorar por mais tempo do que podemos fazê-lo aqui sobre o devir de Elias entre 1939 e 1950, ou seja, exatamente nos anos sobre os quais ele é mais lacônico em suas *Memórias*. Todos os fios de um destino parecem enredar-se entre essas datas: são os anos de silêncio em torno de *Über den Prozess der Zivilisation*, a grande obra na qual ele concentrou todas as suas forças; são os anos do desaparecimento dos pais, do sofrimento em que se pode ler algo como uma espécie de culpa no que lhes concerne; é o momento da descoberta em ato das impiedosas realidades do exílio e da debandada dos amigos; é o tempo em que, a um prazo razoável, ele tem de parar de contentar-se com ilusões e abandonar as esperanças de sempre. Essa observação une-se à de todos os biógrafos – sem exceção –, que fazem desse momento ou um ponto de remate por causa da publicação do "grande livro"[6], ou um novo ponto de partida por causa da carreira ulterior do sociólogo na Grã-Bretanha. Concordaremos com esses exegetas para reconhecer um ponto de inflexão maior. Seremos mais reservados diante de sua inclinação teleológica. Isso porque a questão é também de "crise interior" e esta, por ser toda moral, não é menos temível. Aliás, como poderia ser de outro modo se é verdade

---

6. H. Korte, *Über Norbert Elias, op. cit.*, pp. 133 e ss.

que, já tendo feito 44 anos, Elias ainda se encontra na situação de pretendente, situação que era a mesma em Frankfurt, e que ele não tem no momento nem situação nem futuro? Como poderia ser diferente quando, além do silêncio com que seu livro é recebido, a história o recoloca na mesma situação em que estava quando voltou do fronte em 1918, isto é, tendo de lutar com um mundo que, nesse meio tempo, a guerra tinha posto de cabeça para baixo?

Sem dúvida, não prestamos suficiente atenção, a partir disso, na maneira pela qual a obra de Elias tende a voltar sobre seus passos, quando se coloca na pista de seus achados passados, quando os explicita, completa e desenvolve. Agora, não se trata mais de livre jogo intelectual. Não se trata mais de deixar explodir as intuições, abandoná-las aos outros, deixar errar o pensamento e valorizar-se assim gratuitamente como em Heidelberg. O jogo tornou-se sério. É preciso dar provas de capacidade, interessando-se por outros para interessá-los pelo que é possível lhes revelar sobre eles mesmos, como se vê no artigo sobre a profissão naval[7]. Trata-se, por esse meio mesmo, não só de obter uma revanche simbólica mas também de conter essa revanche nos limites das boas maneiras. Renunciar ao que está perdido irrevogavelmente mas não se entregar mediante um apoiar-se resoluto num senso irreprimível da autodignidade, renunciar e não se entregar aparecendo então no centro de uma forma de auto-afirmação ao mesmo tempo forçada e reivindicada: teremos então reconhecido o tempo do distanciamento[8]. Nesse sentido, a obra sociológica a partir desse instante, e passada a prova do luto necessário para chegar ao termo do despojamento imposto, torna-se o terreno da reconciliação de Elias consigo mesmo e ao mesmo tempo o trabalho necessário ao autor para se reencontrar.

Não diremos, pois, contrariamente ao que faz Yves Winkin a propósito de Goffmann[9], que a obra sociológica de Norbert Elias é uma autobiografia. Isto seria fechar, antes de tê-la aberto, a questão da gênese da obra, eximindo-se de estudar, para além das condições imediatamente materiais que abrem a possibilidade de sua realização e para aquém de suas origens e de suas fontes propriamente intelectuais, a relação prática com o mundo que ela transpõe e da qual é o resultado. Seria portanto evacuar, por um ato implícito de restauração do postulado não questionado de transparência do indivíduo a si mesmo, a importância da auto-reflexão pensada não como uma reflexão do sujeito so-

---

7. N. Elias, "Studies in Genesis of the Naval Profession", *British Journal of Sociology*, I(4): 291-309.
8. N. Elias, "Problems of Involvement and Detachment", *British Journal of Sociology*, VII(3): 226-252, 1956.
9. E. Goffman, *Les Moments et leurs hommes*. Textos recolhidos e apresentados por Y. Winkin. Paris, Seuil et Minuit, 1988, p. 1.

bre si mesmo na forma ingênua de uma "tomada de consciência", mas como um desvio pelas condições de incorporação de uma relação consigo mesmo, com o mundo e com o passado que torna a obra possível. Seria finalmente, reduzindo *a priori* a obra de Norbert Elias a um gênero literário ao gosto do momento, consagrar, legitimando-o por um julgamento de gosto ignorado enquanto tal, um trabalho intelectual que por acaso é também – e este não é o menor de seus aspectos – uma interrogação sobre as formas de construção e de objetivação da legitimidade social, assim como sobre as possibilidades oferecidas aos indivíduos em função das relações (de distância ou de proximidade) que mantêm com ela, em suma uma interrogação sobre o problema social da legitimidade social, como se vê, por exemplo, no trabalho sobre os "estabelecidos e os marginais". Seria, em suma, por esse simples ato de denominação sob o termo "autobiografia", impedir-se de perceber a radicalização e a sistematização em ato da problemática weberiana da legitimidade e por isso mesmo a virtude reconciliadora de um trabalho que visa a fazer ressaltar o aspecto de despotismo naturalizado de todas as formas socialmente consagradas de legitimidade, mesmo que essas se imponham aos indivíduos e na prática de maneira imediatamente insuperável, no modo da necessidade.

Mais do que autobiografia disfarçada, o trabalho sociológico de Elias – é pelo menos a idéia com a qual gostaríamos de concluir – deixa finalmente como que um perfume discreto de tratamento que não diz seu nome. O homem estava, é verdade, bem equipado para embarcar nessa galera. Nascido perto de pessoas de futuro. Aspirando a aproximar-se mais ainda delas. Condenado a nunca recuperar sua distância e seu atraso. Obrigado a todas as expatriações. Steven Shapin e Simon Schaffer[10] observam, numa obra clássica de sociologia das ciências, a dificuldade e a necessidade, para fazer obra sociológica, de "bancar o estrangeiro". Como mais facilmente sair bem do exercício quando, depois de ter acreditado estar próximo do mundo dos sonhos, toda uma vida torna-o aí exatamente estranho? Mas o homem também era empurrado para essa reflexão sobre si mesmo, ao passar dos 50 anos, por todos os encadeamentos e, em particular, por todas as circunstâncias que acabamos de evocar. A atividade intelectual e a autoterapia confundem-se então num mesmo curso. Fazer sociologia, explicar o mundo será, doravante, para Elias, indissociavelmente explicar a si mesmo o que ele se tornou no mundo que o fez. Nesse sentido, poderíamos fazer uma leitura auto-analítica das pesquisas sobre Mozart e sobre os alemães. Essa análise social, que é também auto-análise, vale muito bem o mais bem-sucedido dos tratamentos analíticos! Não compreenderíamos de outra forma senão que, transportado em seu movimento, Elias

---

10. S. Shapin & S. Shaffer, *Léviathan et la pompe à air*, Paris, La Découverte, 1993, p. 12.

acreditava na mesma proporção nas virtudes do distanciamento! Não compreenderíamos de outra maneira senão que o sociólogo aspira a fazer com que suas descobertas sejam compartilhadas com outros, ao se atribuir daí por diante esta "missão': fazer com que a sociologia seja descoberta.

2. O Conceito de Racionalização: De Max Weber a Norbert Elias

CATHERINE COLLIOT-THÉLÈNE

"A tarefa de toda teoria sociológica é seguramente elucidar as características que todas as possíveis sociedades humanas têm em comum. O conceito de processo social e muitos outros conceitos que são usados nas análises que se seguem pertencem às categorias que têm essa função"[1].

"Mesmo os traços das religiões que são importantes para a ética econômica devem interessar-nos aqui essencialmente sob um ângulo bem determinado: o da natureza de sua relação com o racionalismo econômico, e mais precisamente – porque isso também não é unívoco – com o tipo de racionalismo econômico que, a partir dos séculos XVI e XVII, começou a dominar o Ocidente e que constitui um dos aspectos do modo de racionalização burguesa da vida que encontrou aí seu terreno de eleição"[2].

A junção dos nomes de Max Weber e Norbert Elias não irá espantar ninguém. Ainda que ele não tenha tido a oportunidade de encontrar

---

1. N. Elias, *Über den Prozess des Zivilisation*, Frankfurt, Suhrkamp Verlag, 1992.
2. M. Weber, introdução à *Die Wirtschaftsethik der Weltreligionen* (*Ética Econômica das Grandes Religiões do Mundo*). A citação de Elias é extraída de *Über den Prozess der Zivilisation, op. cit.*, vol. 1, p. XVII; a de Weber se encontra no volume I de *Gesammelte Aufsätze zur Religionssoziologie*, J.C.B. Mohr/Paul Siebeck, UTB, 1988 [citado doravante como *RS* I], p. 265. Estou citando a partir da tradução francesa da famosa introdução, que aparece em *Essais de sociologie des religions*, Paris, Éditions A. Die, 1992, vol. I, p. 55.

Max Weber pessoalmente, Norbert Elias conhecia bem sua obra e citava-o freqüentemente. A tese fundamental de sua principal obra, *Über den Prozess der Zivilisation*, que coloca a formação do Estado monarquista centralizado, monopolizador tanto dos meios da violência física quanto do poder fiscal, no centro do processo de civilização passa facilmente por uma herança weberiana[3], mesmo que admitamos com prazer que, no caso das monarquias européias, e particularmente da monarquia francesa dos séculos XVII e XVIII, Elias estudou mais detalhadamente os mecanismos concretos desse processo. Em termos mais gerais, a insistência dos dois autores no caráter impessoal das relações sociais, que formam campos de coerções que moldam os comportamentos dos indivíduos, parece atestar uma mesma inspiração fundamental, na qual muitos não verão outra coisa senão o fundo teórico comum da sociologia[4].

Tomando por fio condutor da confrontação entre esses dois autores a noção de racionalização, acerca da qual sabemos o papel central que ocupa na temática weberiana e que vamos encontrar, como categoria subordinada do processo de civilização, em Norbert Elias, posso deixar transparecer que minha intenção é ilustrar essa tese de continuidade. Para que não paire nenhuma ambigüidade sobre o objetivo de meu arrazoado, penso ser útil anunciar de imediato os dois pontos essenciais, que não visam a derrubar essa tese de continuidade, mas incitam, no entanto, a matizá-la.

Sustentarei primeiramente que a noção de racionalização, no tratamento que Norbert Elias lhe reserva, adquire uma significação unívoca que não tem em Weber: Elias destina a essa noção uma definição que permite pensar a unidade das formas de racionalização, ao passo que Weber só se ateve às suas diferenças. É assim que a sociologia de Norbert Elias evita o historicismo, cuja tentação povoa a obra weberiana,

---

3. O próprio Elias se prevalece desse ponto de Max Weber, notadamente no prefácio de 1939 a *Über den Prozess der Zivilisation*: este teria indicado, sob a forma de uma simples definição, que as instituições constitutivas da organização social que denominamos "Estado" implicam um monopólio do exercício físico da violência. O objetivo da obra de Elias seria, de certo modo, apenas precisar o processo histórico concreto que redundou nesse monopólio (*PZ*, vol. I, p. LXXVIII).

4. Elias, simples epígono de Max Weber e de Émile Durkheim: é assim que, segundo parece, Pierre Bourdieu o vê. Cf. P. Bourdieu, com L. Wacquant, *Réponses*, Paris, Seuil, 1962, pp. 60-70: ele especifica sua simpatia pela problemática desse autor, "na medida em que, no tocante ao essencial, ela prolonga e simplifica certos temas weberianos e em que ela tenta pôr em relação um processo de psicosociologia histórica e um grande processo histórico, a construção do Estado que procura obter progressivamente o monopólio da violência física". Sem se deter nesse ponto, Bourdieu evoca tudo o que o separa de Elias, "independentemente de um acordo fundamental sobre um determinado número de princípios, tirados muitas vezes, aliás, de Durkheim e de Weber, que são constitutivos, para mim, do pensamento sociológico".

a ponto de alguns terem visto nesta última linhas de convergência com o pensamento de Michel Foucault[5]. Alguns podem ver nessa constatação um elogio ou uma crítica. Não tenho opinião definitiva sobre esse ponto. Muito ao contrário, a mim me parece que continua aberta a questão de saber se uma sociologia que toma por objeto processos de transformação das sociedades no tempo pode evitar pressupostos universalistas ligados a um preconceito eurocentrista apregoado com maior ou menor clareza, sem em contrapartida dar garantias a uma forma qualquer de historicismo. O problema não seria colocado, é verdade, se se encontrasse um sociólogo para justificar o uso de categorias *puramente descritivas* que permitam pensar os caracteres universais dos processos de envolvimento, que estejam por isso mesmo ao abrigo de qualquer suspeita de eurocentrismo. Elias parece ter pensado que essa tarefa era realizável. É possível, afirmava ele, empregar, por exemplo, a expressão "processo civilizador" sem vincular a ela um juízo preconcebido quanto ao valor, positivo ou negativo, do processo em questão[6]. Sua ambição era oferecer à sociologia os meios de sair da alternativa esterilizante entre o Cila do apriorismo universalista e o Caribdes do relativismo histórico[7]. Diferentemente de Max Weber, que rejeitara, num mesmo movimento, o evolucionismo e a filosofia da história, trabalhou a vida toda na elaboração de uma teoria geral do desenvolvimento da *humanidade* que, na sua convicção, era em princípio dissociável de toda referência teleológica ao presente das sociedades ocidentais. Direi, no final, as objeções que ainda me parece possível levantar com relação a esse evolucionismo revisitado.

No que diz respeito à relação de Elias com Max Weber, o segundo ponto do meu argumento é o seguinte: se é verdade que as referências de Elias a Max Weber são freqüentes, elas, muitas vezes, também são críticas. E essas críticas, longe de serem negligenciáveis, assinalam uma divergência das premissas epistemológicas dos dois autores, que remete, em última instância, a concepções sensivelmente distintas dos objetivos de conhecimento da sociologia.

---

5. Não me demorarei aqui nessa leitura. Segundo me parece, é a de Paul Veyne, que exalta na sociologia weberiana um discurso que transcende a oposição entre sociologia e história, um comparativismo liberto dos limites habituais da historiografia, entre as quais a oposição do contemporâneo e do histórico e a convenção do *continuum* espácio-temporal. Não foi por acaso que, na reedição de *Comment on écrit l'histoire?* (Paris, Seuil, 1971), P. Veyne acrescentou, em posfácio, uma resenha entusiasta do artigo de M. Foucault, "Nietzsche, la généalogie, l'histoire", no qual este repudiava não só a filosofia da história, mas também toda interpretação da história que imputa a essa alguma aparência de unidade.
6. *PZ*, vol. I, p. XX.
7. *PZ*, p. LXXVII..

I. Os campos de aplicação da noção de racionalização em Max Weber e em Norbert Elias não são perfeitamente congruentes. Por esse termo Norbert Elias designa um aspecto do "processo de civilização individual", isto é, da transformação da economia psíquica, ou das estruturas da personalidade, que acompanha a transformação das estruturas da interdependência social. Um aspecto que ele distingue, principalmente, dos sentimentos de pudor e de embaraço, aos quais ele concede igualmente uma atenção particular. A racionalização "revela apenas um único lado de uma modificação mais englobante da economia psíquica. Ela vem acompanhada de uma modificação análoga das estruturas pulsionais. É, numa palavra, uma manifestação entre outras da civilização"[8]. Weber atribui a essa noção uma extensão maior: sob a expressão "processo de racionalização ocidental", ele desenvolve o tema de um paralelismo entre as transformações pelas quais aspectos da civilização tão diferentes quanto a organização econômica, as formas da dominação e da administração política, a doutrina e a prática jurídicas, o estilo das ciências, a música, a arquitetura etc., passaram no Ocidente, mais ou menos entre os séculos XV e XIX[9]. Segundo o testemunho de Marianne Weber, é na seqüência do estudo que dedicou à música (1910) que Weber toma consciência da especificidade do racionalismo ocidental e amplia, por isso, sua questão inicial, relativa às relações entre economia e religião, até transformá-la numa reflexão de conjunto sobre a civilização ocidental[10]. Quaisquer que sejam as reservas que a idéia de uma reorientação radical da problemática possa provocar, é incontestável que nos trabalhos do decênio 1910-1920 a expressão "processo de racionalização ocidental" se torna um *leitmotiv* dos textos weberianos. O tema de um caráter próprio ao racionalismo ocidental inspira a questão diretora da *Ética Econômica das Grandes Religiões do Mundo*, e subtende igualmente o programa de trabalho do *Grundriss der Sozialökonomik*: o prefácio de 1914 a essa obra coletiva, escrito por Weber, indicava que seu objetivo era tratar das relações da economia com a técnica e com outras ordens sociais, "de tal maneira que apareça de modo claro a autonomia dessas esferas com

---

8. *PZ*, vol. 2, p. 397. Em francês, *La Dynamique de l'Occident*, Paris, Calmann-Lévy, 1973 [citado doravante como *DO*], p. 267.

9. Ver as primeiras páginas da introdução da *Sociologie des religions, in RS* 1, pp. 1 e s.; em francês em *L'Éthique protestante et l'esprit du capitalisme*, Paris, Plon, 1964 [citado doravante como *EP*], pp. 11 e s.

10. M. Weber & M. Weber, *Ein Lebensbild*, Munich-Zurich, Piper, 1989, p. 349. A idéia de que, a partir de 1910, Weber teria modificado fundamentalmente sua problemática, embora ela possa se escorar em algumas declarações de sua lavra, não me parece justificada por seus trabalhos concretos. Tentei criticar essa tese, amplamente compartilhada pelos comentadores, num artigo: "Rationalisation et désenchantement du monde: Problèmes d'interprétation de la sociologie des religions de Max Weber", *Archives des sciences sociales des religions*, 89: 61-81, janvier-mars 1995.

relação à economia. Partiu-se da idéia de que o desenvolvimento da economia deve ser entendido antes de tudo como um aspecto particular da racionalização geral da vida"[11].

Esse uso do termo "racionalização", relativamente tardio, como se disse, não deixa de colocar um problema. Em 1905, na *Ética Protestante*, Weber havia descartado a possibilidade de considerar o surto do capitalismo "como um aspecto do desenvolvimento do racionalismo em seu conjunto", isto é, de enxergar nisso a primeira manifestação "de concepções de mundo puramente racionalistas". É fora de dúvida que ele não variou num ponto essencial: o vetor da racionalização, seja ela a das práticas políticas ou econômicas, da arte ou da arquitetura, não é a evolução racionalista das "concepções de mundo". É o que Weber denomina de *Lebensführung*, a maneira como os homens levam sua vida, que se modifica em seu conjunto, e a intelectualização, da qual participa o progresso do pensamento científico, não é por sua vez senão uma das manifestações dessa transformação global. Mas o que permanece obscuro na expressão "processo de racionalização ocidental" é a identificação da propriedade comum que permite reconhecer nas transformações formas da atividade econômica, política, judiciária, ou ainda na evolução da arte ou da ciência, as manifestações diversificadas de um único e mesmo processo.

A essa primeira diferença vem somar-se uma segunda: se Norbert Elias como Max Weber reconhecem a existência de diferentes formas de racionalidade, o contexto comparatista que embasa essa constatação não é o mesmo nos dois casos. É a confrontação entre culturas radicalmente heterogêneas (entre uma cultura moldada, de um lado, pela ética protestante e, de outro, pelo confucionismo, por exemplo) que inspira a Max Weber precauções muitas vezes eivadas de historicismo: a partir de *A Ética Protestante*, ele sugeria que todo estudo dedicado ao racionalismo deveria vir precedido da enunciação do princípio "muito simples, porém freqüentemente esquecido", segundo o qual "a vida pode ser racionalizada de acordo com pontos de vista finais extremamente diversos e segundo direções extremamente diferentes. O 'racionalismo' é um conceito histórico que encerra todo um mundo de oposições"[12]. Na introdução de 1921 encontramos observações análogas, porém ligadas mais explicitamente ao reconhecimento de tipos de racionalismo diferentes conforme as culturas e, por conseguinte, à afirmação da originalidade do racionalismo ocidental: a interrogação da *Wirtschaftsethik* visa "uma forma de 'racionalismo' específico, particular à civilização ocidental". A questão é, antes de tudo, "reconhecer os

---

11. *Apud* W. Schluchter, "Die Religionssoziologie: Eine werkgeschichtliche Rekonstruktion", *Religion und Lebensführung*, Frankfurt, Suhrkamp Verlag, 1988, vol. 2, p. 568.
12. *RS* I, p. 62; *EP*, pp. 81-82.

traços distintivos do racionalismo ocidental e, no interior deste, reconhecer as formas do racionalismo moderno, e depois explicar-lhe a origem"[13].

É forçoso constatar que Norbert Elias só se interessou pela comparação transcultural de maneira totalmente marginal[14]. É a diferença, determinável no interior da cultura ocidental, entre racionalidade do burguês e racionalidade do cortesão que o leva a distinguir tipos de racionalidade. Contra aqueles, que são numerosos entre seus contemporâneos, que creditam à burguesia a invenção do pensamento racional, Elias observa que a racionalidade varia em função da realidade social, isto é, da natureza das coerções relacionais que pesam sobre o indivíduo, e de acordo com as quais ele deve moldar seu comportamento: para o burguês, trata-se do cálculo dos lucros e perdas monetários; para o cortesão, das chances de prestígio e de *status* que ele pode esperar tirar do favor do príncipe. A racionalidade de uns pode parecer irracional ao olhos dos outros, e vice-versa[15].

Essas diferenças – diferenças de extensão do conceito de racionalização, diferença das referências comparatistas – não impedem que, entre o "processo de racionalização ocidental" de Weber e o "processo civilizador" de Elias, haja pelo menos um ar de família. As premissas críticas dessa atenção dada à processualidade são claramente semelhantes: recusa de uma interpretação a-histórica da razão, recusa de uma concepção idealista de seu modo de eficiência. O simples fato de reconhecer a diversidade das formas da razão impede sua identificação com sua figura ocidental moderna, quer seja esta apreendida na lógica das práticas econômicas quer na sublimação filosófica. Elias é perfeitamente explícito sobre esse ponto: "A *ratio* enquanto tal não existe; no máximo poder-se-ia falar de uma certa 'racionalização' "[16]. No que se refere à eficácia social eventual dos progressos do pensamento racional, Weber atribuía à "conseqüência lógica" das posições teóricas apenas um alcance muito limitado[17]. De maneira mais embasada, Elias enfatiza que a *ratio* teórica é apenas uma manifestação parcial da ra-

---

13. *EP*, p. 24.
14. Elias tinha total consciência da diferença de amplitude entre a matéria-prima mobilizada pelas análises de Max Weber e a que ele próprio utilizava. Ele tenta, aliás, justificar-se a respeito disso do ponto de vista metodológico, argumentando que o estudo detalhado de um exemplo histórico preciso nos dá um melhor conhecimento dos mecanismos da inter-relação social e de sua evolução do que o faz a comparação transcultural, necessariamente mais imprecisa. Cf., por exemplo, a introdução a *La Société de cour*, Paris, Flammarion, 1985 [citada doravante como *SC*], pp. LIX-LX.
15. Ver principalmente *SC*, pp. 81-82.
16. *PZ*, p. 378; *DO*, p. 250.
17. Logo no início da "Observação intermediária", Max Weber reconhece que "o racional, no sentido da 'conseqüência' lógica ou teleológica de uma tomada de posição intelectual-teórica ou prático-ética, exerce realmente (e sempre exer-

cionalização das práticas sociais em seu conjunto: os intelectuais, em toda época, nada mais fazem que elevar ao nível de expressão dominada o resultado de uma transformação global da economia psíquica cujas condições escapam a todo e qualquer plano e a todo e qualquer modo deliberado de agir. É, por conseguinte, "absurdo indagar se a passagem progressiva de um modo de pensamento e de conduta pouco racional a outro modo de pensamento e de conduta mais racional transforma a sociedade; isso porque o processo de racionalização é, do mesmo modo que o processo mais englobador da civilização, um fenômeno tanto psíquico quanto social"[18]. O progresso das idéias não pode explicar as transformações sociais, porque ele não é, por sua vez, senão um aspecto dessa transformação: essa tese torna necessária uma sociogênese da própria racionalidade científica, tarefa à qual Elias se dedicará de fato em alguns de seus trabalhos.

Como se vê, os enunciados de Elias dão a impressão muitas vezes de radicalizar o que é apenas esboçado em Weber. Isso é verdade também no que diz respeito à origem do processo de racionalização. Weber, interessado antes de tudo na comparação dos diferentes tipos culturais desse processo, não diz nada de preciso sobre sua origem. A tipologia das determinantes da ação social deixa, no entanto, entrever algo como um aquém da ação sensata, sob a forma de um comportamento que se assemelha à reação instintiva, e Weber acaba por sugerir que, na era primitiva da humanidade, o instinto desempenhava talvez um papel maior na determinação das condutas sociais do que a "consciência". A idéia, defendida por Elias, de que o progresso da civilização viria acompanhado de uma mudança das estruturas psíquicas marcada por uma interiorização crescente das coerções sociais – em termos tirados da psicanálise: por um reforço do superego – parece caminhar no mesmo sentido. O mesmo ocorre com a constituição histórica do tempo, concebido como o produto de uma capacidade de síntese que se concretiza em categorias que nunca estão fixadas em definitivo, mas que se modificam em função das exigências variáveis das coerções sociais. Uma constituição como essa sugere de maneira quase inevitá-

---

ceu) um poder sobre os homens, por mais limitado e frágil que seja e tenha sido sempre seu poder em relação aos outros poderes da vida histórica" (*RS*, p. 537). Essa limitação é ilustrada principalmente pelas observações de Max Weber sobre o que ele chama o "direito de criação revolucionária", do qual o direito natural dos Modernos é um exemplo. O rápido esgotamento da eficácia social deste se explica, entre outras razões, pelo fato de que, "comparadas à firme crença no caráter revelado de uma norma jurídica ou na sacralidade inviolável de uma tradição muito antiga, até mesmo as normas mais convincentes retiradas por abstração parecem demasiado sutis" para servir de fundamento ao direito (*Wirtschaft und Gesellschaft*, Tübingen, J.C.B. Mohr/Paul Siebeck, 1976, p. 502; em francês em *Sociologie du droit*, Paris, PUF, 1986, p. 217).

18. *PZ*, p. 386; *DO*, pp. 257-258.

vel a idéia de formas sociais primitivas que ignoram toda e qualquer determinação do tempo[19]. Todo esquema inteligível de um processo orientado evoca sem dúvida, necessariamente, um ponto de partida e um termo. No entanto, Elias contesta explicitamente que haja um "ponto zero" da *ratio*: o ser humano sempre conheceu a autocoerção, isto é, o superego, e o processo de racionalização é, por conseguinte, um processo sem origem[20].

Mas é na questão, que Max Weber deixa pendente, do *elemento comum a todo processo de racionalização* que a superioridade de Elias parece mais incontestável. Quando ele compara a economia psíquica do cortesão e a do burguês profissional, Elias sublinha, certamente, sua heterogeneidade. Essa heterogeneidade se insere, porém, num fundo de similitude: o que essas duas figuras distintas da racionalidade têm de semelhante é a "preponderância dos projetos a longo prazo sobre as reações afetivas imediatas, visto que se trata de controlar, em certos setores sociais, em certas situações sociais, no meio das flutuações de equilíbrio e de tensão, seu próprio comportamento"[21]. De maneira geral: "Os conceitos complementares de 'racionalidade' e de 'irracionalidade' se relacionam [...] com o papel relativo que os afetos a curto prazo e os projetos a longo prazo assumem no comportamento real do indivíduo"[22]. Essa ampliação da escala temporal implícita na estruturação das condutas constitui um invariante formal que justifica o uso de um termo único para qualificar processos cujo conteúdo descritivo difere. Não é de modo nenhum acessório o fato de Elias ter dedicado uma obra (com muita justiça traduzida para o francês) à questão do tempo. No prefácio dessa obra, ele apresenta *Über den Prozess der Zivilisation, Engagement et Distanciation* e *Über die Zeit* como três obras complementares, na medida em que tratam de problemas aparentados, ou até dos mesmos problemas, analisando-os sob ângulos diferentes. A elaboração e o aperfeiçoamento crescente de instrumentos de medida do tempo são, com a mesma propriedade que o desenvolvimento do dinheiro ou de outros instrumentos de interdependência, uma marca segura dos progressos da divisão das funções e da auto-regulação psíquica[23]. Mas a dilatação da temporalidade implícita na estruturação das condutas ẽ mais do que isso: não é nem um exemplo que ilustra a historicidade das categorias

---

19. Ver, por exemplo, *Über die Zeit*, Frankfurt, Suhrkamp Verlag, 1984, p. 16: "Existem, pois, etapas no desenvolvimento das sociedades humanas em que os homens não têm por assim dizer problemas sociais de determinação do tempo que exigem uma sincronização ativa de suas próprias atividades de grupo com outras modificações no universo".
20. *PZ*, pp. 378-379; *DO*, p. 250.
21. *SC*, p. 81.
22. *Ibid.*
23. Ver, também sobre este ponto, *PZ*, p. 338; *DO*, p. 210.

nas quais se traduz a capacidade de simbolização própria ao ser humano, nem um indício, entre outros, do progresso de racionalização, mas *o próprio coração desse processo*. A prevalência do longo prazo sobre os afetos imediatos caminha conjuntamente com a conversão das coerções externas em coerções internas[24]: trata-se, de fato, de um único e mesmo fenômeno.

II. Ao afirmar que a racionalização é um processo sem começo nem fim, ao formular a tarefa de criar uma sociogênese da razão que incluísse até mesmo a racionalidade científica, ao identificar uma estrutura comum que legitima o uso do termo "racionalização" sem negar a diferença de suas formas, Norbert Elias nos propõe aparentemente uma teoria da racionalidade mais elaborada e coerente que aquela que se pode adivinhar em Max Weber. Todavia, teríamos estudado apenas pela metade a questão que nos ocupa, se deixássemos de nos interrogar sobre as razões que impedem este último de aprofundar os pontos obscuros de seu conceito de racionalização e, correlativamente, sobre os pressupostos da clareza à qual Elias chega a esse respeito. O ponto decisivo é a *divergência dos paradigmas epistemológicos* que orientam os trabalhos dos dois autores. A elucidação dessa divergência não é fácil, ao mesmo tempo porque os contextos polêmicos nos quais cada um deles forjou seu credo metodológico não são naturalmente os mesmos, e porque a epistemologia explícita de um sociólogo (ou de um cientista em geral) não corresponde, necessariamente, àquela que ele emprega em suas análises concretas.

A interpretação que Elias dá da teoria do conhecimento de Weber é particularmente severa. Weber teria permanecido prisioneiro da oposição clássica entre indivíduo e sociedade, teria compartilhado o preconceito atomista que constitui o vício maior do pensamento filosófico moderno desde Descartes e se perpetua até na sociologia funcionalista da época contemporânea (Parsons), seria, enfim, "um dos maiores representantes do nominalismo sociológico"[25]. Essas três reprovações formam um sistema, e se aproximam incontestavelmente de certas fraquezas dos enunciados metodológicos weberianos. A idéia, herdada dos neokantianos, de uma realidade absolutamente amorfa na qual a ordem seria introduzida a partir do exterior por meio de conceitos cujo significado seria puramente instrumental não permite compreender o efeito de conhecimento ao qual pretende chegar uma "ciência da realidade", expressão pela qual o próprio Weber designava a sociologia

---

24. *SC*, p. 81.
25. Sobre o julgamento feito por Elias a respeito desses diferentes aspectos da metodologia weberiana, ver principalmente *Norbert Elias par lui-même*, Paris, Fayard, 1991, p. 175; *Qu'est-ce que la sociologie?*, Paris, Pandora, 1981 [citado doravante como *QS*], pp. 139-140.

tal como ele a concebia. E está claro que o "individualismo metodológico" que professava[26] não pode ser tomado ao pé da letra: nunca tentou recompor a lógica dos processos sociais a partir da atividade dos indivíduos *stricto sensu*, colocados em pontos de partida derradeiros do processo explicativo. A *Lebensführung* das diferentes camadas sociais, que constitui o centro de suas análises, é, por relação com as estruturas societais designadas pelas categorias coletivas (associação, Estado, mas também imperialismo, feudalismo, mercantilismo etc.) tanto constituída quanto constituinte. E de resto, ela mesma é apenas um ideal-tipo com respeito à "realidade" dos comportamentos dos indivíduos concretos, sempre em defasagem com relação à pureza do tipo.

É evidente que não cogitamos de nos empenhar aqui numa interpretação aprofundada da metodologia weberiana. O que importa lembrar é a intenção crítica que inspira essa metodologia. Recortados desse pano de fundo crítico, os enunciados metodológicos weberianos logo foram convertidos em teoria do conhecimento, fatalmente insuficiente porque Weber não se preocupou em refletir a totalidade de seus pressupostos. Uma vez reconstituído esse contexto, uma parte das objeções formuladas por Elias caem por si mesmas: se é verdade que o "nominalismo" weberiano (pelo qual Elias visa a interpretação dos conceitos como ideais-tipos) é uma medida profilática contra o substancialismo e o dedutivismo, pode-se facilmente pensar que Elias tenha desejado reabilitá-los[27]. Ao contrário, seria evidentemente inaceitável afirmar que Weber permaneceu insensível à necessidade de forjar conceitos relacionais. Se Elias ignora as convergências eventuais entre as preocupações metodológicas de Weber e as suas próprias, é porque seus adversários são outros. Os deslocamentos induzidos por essa diferença dos contextos polêmicos podem ser ilustrados principalmente pelas posições respectivas dos dois autores com relação ao ideal nomológico do saber. O alvo principal de Weber era o que ele qualificava como "emanatismo", isto é, a idéia de que se poderia deduzir da lógica imanente de entidades ou modelos abstratos a efetividade dos processos históricos concretos, um pressuposto compartilhado, segundo ele, pelos herdeiros da filosofia idealista, pelas diversas va-

---

26. Ver a famosa carta a Robert Liefmann de 9 de março de 1920, na qual Max Weber diz ter-se tornado sociólogo "essencialmente para pôr fim ao fantasma que o fato de trabalhar com conceitos coletivos suscita todos os dias. Em outras palavras: a sociologia também não pode ser prática a não ser quando parte da ação do indivíduo, ou dos indivíduos, qualquer que seja o número deles, portanto de maneira estritamente "individualista" no método" (*apud* W. Mommsen & M. Weber, *Gesellschaft, Politik und Geschichte*, Frankfurt, Suhrkamp Verlag, 1974, p. 256, n. 57).

27. Ver a crítica que o próprio Elias faz da substantificação induzida pela nominalização das realidades processuais, *in QS*, pp. 131 e ss. Ver também *Über die Zeit, op. cit.*, p. 7.

riantes de evolucionismo do seu tempo (inclusive o marxismo) e pelos partidários da teoria pura (em economia, Carl Menger). Ele via aí um avatar do "monismo naturalista" do século XVIII, pelo qual a objetividade científica passa pela suspensão de todo e qualquer interesse pelo individual, a não ser a título de ilustração das regularidades gerais. Na esteira de Winckelmann e de Rickert, ele pretendia defender a possibilidade de ciências do *individual:* as ciências históricas, das quais faz parte a sociologia, pertencem a essa categoria. Mais do que a noção de lei em geral, era a noção de *lei de desenvolvimento* que lhe parecia comprometer a possibilidade de uma autêntica ciência empírica dos fenômenos sócio-históricos[28]. Atribuindo a essas leis um significado ideal-típico, ele pretendia manter uma estrita distinção entre a esquematização conceitual e a explicação histórica. Encontramos em Norbert Elias igualmente uma crítica do ideal nomológico, mas seus considerandos são totalmente diferentes: segundo ele, a idéia de lei está ligada à forma clássica das ciências físicas, que visam ao conhecimento do imóvel e do invariável, e tendem, por conseguinte, a lançar às margens da ciência todo e qualquer pensamento de mudança[29].

As críticas formuladas por Elias contra os princípios metodológicos professados por Weber não são, portanto, um argumento suficiente para concluir por uma incompatibilidade essencial de seus métodos e de seus objetivos. Devemos fazer justiça a todos os leitores que, lendo Elias depois de Weber, têm a sensação de se encontrarem num mundo já familiar. Será possível dizer, porém, que suas aparentes divergências não passam de uma questão de linguagem, imputável aos contextos de suas demarcações polêmicas? A mim me parece que, uma vez postos de lado os falsos debates, resta ainda entre os dois autores uma diferença que nada tem de secundária, e que explica em grande parte, tratando-se do conceito de racionalização, as lacunas de Weber e a audácia de Elias. Este último toca provavelmente no cerne do problema quando convida a se desfazer da categoria de causalidade, que compromete, segundo ele, a compreensão dos processos de transformação social[30]. Isso porque Weber concebia incontestavelmente uma sociedade empírica como um *saber causal*, e, no caso das ciências empíricas da ação (história e sociologia), como um saber das causas singulares. A maioria dos ensaios metodológicos de Weber tratam das condições

---

28. *Essais sur la théorie de la science*, Paris, Plon, 1965 [citado doravante como *ETS*], pp. 197 e 199.
29. Sobre a crítica que Elias fez à noção de lei, ver principalmente *Engagement et Distanciacion*, Paris, Fayard, 1993, pp. 180-181.
30. Ver, por exemplo, *QS*, pp. 198-199: "Talvez não seja inútil acrescentar [...] que é mais fácil ser objetivo quando se descrevem vínculos sociogenéticos que existem entre uma configuração antiga e uma nova, se se evitar usar conceitos como os de 'causa' e 'efeito' ". Ver também *ibid.*, p. 201, com uma referência à questão da relação causal entre capitalismo e protestantismo em Weber.

da imputação causal singular, e é nessa perspectiva que ele nega às categorias sociológicas o caráter da "realidade". O que ele reprova principalmente nos esquemas de desenvolvimento das diversas variedades de evolucionismo é o fato de se prestarem naturalmente ao dogmatismo, no sentido de que incitam a violentar a realidade dos fatos históricos para dobrá-los ao modelo no qual se quer pensar a necessidade que os rege. Ele não condena certamente o uso de tais esquemas, chega a reconhecer a imensa fecundidade heurística de alguns deles (como o materialismo histórico), mas convida a controlar estritamente seu emprego. Ao interpretá-los como ideais-tipos, marca-se seu caráter instrumental e significa-se por aí que sua elaboração, por mais necessária que seja, não é o objetivo último de uma disciplina *que tem pretensões ao* status *de ciência empírica*. Esse objetivo, isto é, o momento em que é produzida efetivamente uma inteligibilidade da realidade, consiste na identificação das causas particulares que explicam o devir igualmente particular de uma configuração sócio-histórica determinada. Com relação a essa tarefa, a constituição de tipos gerais que permitam a comparação entre estruturas sociais pertencentes a épocas ou culturas diferentes, ou entre seqüências de desenvolvimento que apresentam elementos de similitude, é sempre subordinada. A irrealidade que Weber atribui às categorias sociais ou aos esquemas de desenvolvimento não é entendida por oposição à realidade dos indivíduos físicos humanos, como Elias acredita[31], mas por relação à realidade das consecuções singulares que são a efetividade histórica. E se lhe parece impossível liberar totalmente o interesse científico de pressupostos axiológicos, se a "relação com os valores" intervém de modo determinante na constituição do objeto da pesquisa (mesmo estando cuidadosamente circunscrito naquele momento inicial que é o da definição das questões diretoras), é exatamente porque as consecuções singulares são, em última análise, aquilo a que ele procura dar razão, e porque o interesse por essa ou aquela seqüência histórica sempre se enraíza, de forma mais ou menos direta, em preocupações extracientíficas. Nenhuma obrigação puramente científica impõe que se faça a comparação das culturas e das sociedades na perspectiva da civilização a que pertencemos, isto é, visando a compreender o que é sua originalidade e as condições que permitiram sua constituição. E, no entanto, é evidente que essa interrogação estará sempre presente, explícita ou implícita, em todos os estudos comparativos. "Queremos compreender em sua especificidade a realidade da vida que nos cerca [...] e, por outro lado, as razões que fizeram com que, historicamente, ela se desenvolvesse sob essa forma e não sob uma outra"[32] Era nesses termos que Weber

---

31. *QS*, pp. 157-158, sobre os desenvolvimentos relativos à "realidade" do jogo.
32. *ETS*, pp. 152-153.

formulava, em 1905, o programa que ele determinava para si mesmo, e não parece que tenha algum dia se afastado dele. A questão da especificidade do racionalismo ocidental e das condições que permitiram sua formação não passa de uma variação sobre esse tema[33].

Uma tal definição do objetivo das ciências empíricas, entre elas a história e a sociologia, implica evidentemente uma rejeição radical de toda problemática evolucionista, qualquer que seja ela. Ora, ao contrário, uma das ambições altamente afirmadas de Norbert Elias foi: resgatar o evolucionismo do descrédito no qual ele caíra junto a correntes maiores da sociologia do século XX. As análises da racionalização e da civilização da *Sociedade de Corte* e de *O Processo de Civilização* só adquirem seu pleno significado à luz da teoria evolucionista complexa que Elias exporá em suas obras mais tardias: *O Que é Sociologia?*, *Engajamento e Distanciamento*, *Über die Zeit* e *The Symbol Theory*. A introdução escrita em 1968 para a reedição do *Über den Prozess der Zivilisation* acentua a continuidade do propósito: "Quando eu estava trabalhando neste livro, escreve Elias na época, pareceu-me de maneira bastante evidente que com ele eu havia lançado as bases de uma teoria sociológica não-dogmática, em bases empíricas, dos processos sociais em geral e do desenvolvimento social em particular". A análise do processo de formação do Estado que encontramos no segundo volume pode servir de modelo para pensar a dinâmica a longo prazo das sociedades, isto é, para o que se chama comumente de desenvolvimento (*Entwicklung*) social[34]. Um programa de trabalho como esse se situa, a mim me parece, no extremo oposto do de Weber. Embora as obras mais conhecidas de Elias tratem de um processo histórico perfeitamente identificável por suas coordenadas espácio-temporais (a transformação das sociedades feudais em sociedades monárquicas na Europa, e mais precisamente na França, entre os séculos XI e XVII), seu objetivo não é explicar as causas da particularidade desse processo, mas, sim, utilizá-lo como suporte para a elaboração de modelos de transformação suscetíveis de receber outras ilustrações, ou mesmo de fornecer os elementos de uma teoria do desenvolvimento em geral. O mecanismo da transição que conduz da estrutura descentralizada do feudalismo à fortemente centralizada do Estado monárquico francês inspira teses gerais sobre a constituição dos monopólios, que podem ser apli-

---

33. Ver também a questão com que inicia a introdução à *Sociologia das Religiões* (que data de 1920), com sua notável ambigüidade: "É inevitável, e justificado, que um filho da civilização européia moderna trate dos problemas da história universal sob a óptica dessa questão: que encadeamento de circunstâncias levou ao surgimento, exatamente no solo do Ocidente, e unicamente nele, de fenômenos de civilização que se inseriam, no entanto (como gostamos, pelo menos, de imaginar) numa direção de desenvolvimento que possui um significado e uma validade universal?" (*RS* I, p. 1; *EP*, p. 11).

34. *PZ*, pp. XI-XII.

cadas tanto a esses processos quanto a outros (por exemplo, à formação dos monopólios econômicos na era moderna)[35]. E mais: o estudo dessa seqüência histórica promovida a "paradigma específico"[36] permite lançar as linhas gerais de uma teoria da civilização cujo campo de validade se estende à história de toda a humanidade. Em suma, enquanto em Weber a singularidade da civilização ocidental moderna e das condições de sua emergência é o tema central da reflexão, em Elias essa singularidade é apenas relativa (é da ordem do grau, aumento da divisão de funções, ampliação das interdependências, reforço da autocoerção[37]), e, por conseguinte, ela serve apenas de lente de aumento para lógicas de evolução que encontramos sempre e em toda a parte. Ou ainda: enquanto, para o primeiro, os modelos de desenvolvimento são os instrumentos de um saber sociológico que se completa na história, para o segundo, o estudo da história é um meio para elaborar modelos que são o próprio objetivo da sociologia.

Mas devemos ver aí duas perspectivas antagônicas: ou elas são antes complementares? Isso porque, afinal de contas, é sempre por extrapolação a partir do estudo de seqüências históricas singulares que o sociólogo (ou o historiador) constitui seus esquemas de desenvolvimento, e é com a ajuda de esquemas já disponíveis que ele interpreta em troca (com o risco de modificá-los, se necessário) toda seqüência singular que lhe chame a atenção. Elias não se mostra avesso ao estudo de casos concretos, e Weber, de seu lado, é hábil em tipologizar, como qualquer leitor de *Economia e Sociedade* pode se convencer disso. No final, não teriam eles senão de privilegiar, cada um de seu lado, no plano, aliás, muito mais das declarações de intenção, do que no de seu trabalho efetivo, uma das duas vertentes solidárias de todo método sociológico?

A mim me parece que há um pouco mais em jogo, na diferença de método dos dois autores, do que um matiz de iluminação ou de ênfase. Devemos aqui voltar à reabilitação do evolucionismo que Elias tentou fazer. Só se pode admirar a soberana liberdade de espírito de que ele dá provas aqui, indiferente aos modos e ortodoxias universitários, ao se colocar deliberadamente no contrapé do julgamento feito pelas corren-

---

35. Ver o início da segunda parte de *Über den Prozess der Zivilization*. Em francês, *La Dynamique de l'Occident*, primeira parte, cap. 1 ("La loi des monopoles").
36. *SC*, p. LX.
37. Ver, por exemplo, este enunciado que figura no início do capítulo II do "Esboço de uma Teoria da Civilização" (*PZ*, p. 336; *DO*, p. 209): "O que torna o processo da civilização do Ocidente um fenômeno singular e único em seu gênero é o fato de que nele se procedeu a uma divisão das funções tão ampla, à instauração de monopólios policiais e fiscais tão estáveis, à ampliação das interdependências e da competição a espaços tão vastos, que não encontramos outro exemplo disso em toda a história da humanidade".

tes dominantes da sociologia do seu tempo. Esse julgamento foi pronunciado sem um verdadeiro estudo do dossiê, argumenta ele em substância. Pelo motivo de não terem sabido as doutrinas evolucionistas do século XIX, as de Comte, de Marx ou de Spencer, separar, de um lado, elementos de análise teóricos e empíricos e, de outro, postulados axiológicos inspirados por suas preferências políticas e éticas – o que Elias não contesta –, a sociologia do século XX renunciou muito simplesmente àquilo que constituía a notável inovação desses precursores: a idéia de uma *ordem imanente à mudança*, a idéia de um processo cego, que escapa a todo plano deliberado, e que, no entanto, é inteligível.

Será que essa idéia, "aterrorizante", de que a inter-relação dos homens constitui complexos funcionais inteligíveis, "dentro das quais eles andam à deriva, cegos e impotentes"[38], é, no entanto, o único tema que Elias toma emprestado do evolucionismo do século XIX? Com efeito, de um lado, sustentar que um processo de transformação que faz passar de uma forma de organização social a uma outra é inteligível, isto é, que todo processo possui sua ordem imanente, e, de outro, afirmar a unidade tendencial do processo de evolução da humanidade em sua totalidade são duas coisas diferentes. Sem dúvida, Norbert Elias não nega que o devir das sociedades possa seguir caminhos diferentes. Se a regra geral parece ser a de uma diferenciação e de uma complexidade crescente, encontram-se também trajetórias inversas: como no fim do Império Romano. Elias constata que se estabeleceu a prática de reservar a noção de evolução social às mudanças que conduzem a uma diferenciação e a uma complexidade mais acentuada. Ele observa, de passagem, que talvez conviesse aplicá-la a todas as mudanças cuja estrutura faz-se necessário exatamente descobrir[39]. Essa prática mais flexível é em princípio autorizada pelo sentido no qual ele entende a noção de ordem: a ordem inteligível que estrutura um devir não se opõe a nenhuma desordem. Significa apenas uma estrutura processual pela qual podemos elaborar um modelo tal que a sucessão à primeira vista puramente factual de fatos e de acontecimentos seja organizada numa seqüência compreensível. Apesar dessa concessão, Elias não deixa de pressupor uma coerência global da evolução da humanidade a longo prazo: "apesar das fases regressivas", a sucessão das sociedades humanas atesta uma diferenciação cada vez maior das funções e mecanismos de integração cada vez mais complexos. Essa complexidade crescente vem acompanhada de uma transformação da economia psíquica, marcada pelo lugar cada vez mais amplo das coerções interiorizadas. Esses dois processos solidários, indissoluvelmente psíquico e social, *têm uma direção ou uma orientação gerais*.

38. *QS*, p. 67.
39. *QS*, p. 191.

Elias queria substituir os antigos modelos de evolução, demasiado especulativos a seu ver, por "outro tipo de modelos teóricos, isto é, modelos que sejam verificáveis empiricamente e que, se necessário, possam receber emendas ou refutações"[40]. Essa exigência de refutabilidade empírica é a mesma a que Weber dava muita importância quando convidava que se vissem as leis de desenvolvimento apenas como ideais-tipos, irreais no sentido que especificamos atrás. Pode ela ser satisfeita quando se trata de um modelo de desenvolvimento, isto é, de um modelo que pretende explicar a direção da evolução das sociedades humanas numa escala que se estende à história da humanidade em geral? Weber estava, por sua vez, convencido de que não há verificação e refutação empírica possíveis a não ser dentro dos limites do exercício possível de uma reflexão comparativa. A atribuição de um papel decisivo na gênese de uma cultura determinada a um elemento qualquer do complexo social – ética religiosa, práticas judiciárias, formas de dominação política, etc. – pressupõe uma comparação com processos comparáveis nos quais, *sendo, de resto, iguais todas as circunstâncias*, não existia o elemento em questão[41]. É a razão pela qual lhe era impossível considerar uma teoria geral da racionalização. O que um tipo de racionalidade tem de próprio, o que as condições de sua formação têm de específico, pode ser estabelecido empiricamente por oposição com outras formas e outras progressões históricas. Tentar identificar o que é a racionalidade em geral, o que implica uma discriminação absoluta entre racional e irracional, nos faz em contrapartida sair necessariamente do âmbito da ciência empírica. Do ponto de vista de uma ética religiosa, que tem seus próprios recursos de racionalidade, a atitude calculista do burguês moderno é o cúmulo do irracional. Ao contrário, o racionalismo das ciências empíricas modernas (que, segundo idéia de Weber, está vinculado em grande parte à forma burguesa da conduta de vida) tende a fazer da religião a "potência irracional ou anti-racional pura e simplesmente"[42]. Para o indivíduo, a opção entre definições incompatíveis da racionalidade é pré-efetuada em grande parte pela cultura à qual ele pertence. Visto que uma escolha continua possível à margem, ela depende de um método axiológico que, como Weber tanto enfatizou, não era justificável racionalmente. A escolha da própria ciência (com a exigência de objetividade ou, nos termos de Elias, de distanciamento que lhe é próprio) é ela própria um juízo de valor[43].

40. *Norbert Elias par lui-même*, op. cit., p. 164.
41. Aí está uma exposição excessivamente sucinta do método explicativo weberiano, que exigiria alguns comentários: a cláusula *ceteris paribus* levanta sobretudo problemas difíceis, no caso de ciências que nada têm de equivalente a uma experiência de laboratório.
42. *RS* I, p. 564.
43. *ETS*, p. 211: "Nada podemos oferecer, com os recursos da ciência, a

Se Elias acredita possível desenredar as aporias da noção de racionalização em Weber, é por meio de uma antropologia certamente fascinante, mas que escapa à verificação empírica. Pode-se conservar, a título de hipótese heurística, o critério que ele fornece para qualificar um processo de racionalização: ele tem, como dissemos, a vantagem de justificar que usemos essa única expressão em casos muito diferentes. Todavia, isso permite no máximo descobrir *alguns* processos de racionalização, isto é, períodos históricos nos quais, segundo parece, os comportamentos inspirados pelos afetos cedem lugar a comportamentos refletidos, sob a pressão de relações sociais novas que fazem dessa reflexão uma condição de sobrevivência social. A transição do feudalismo para a monarquia na Europa, entre os séculos XI e XVII, é um exemplo desse tipo de transformação. A substituição do ideal heróico pela ética da *sophrosyne*, atestada pelos trágicos gregos, transformação da "economia psíquica" ligada, ela também, a uma transformação global das formas da vida coletiva (a constituição das instituições da *polis*), é um fenômeno comparável[44]. Nada prova, porém, que esses processos sejam cumulativos, nada nos autoriza a tratar os períodos de recuo como parênteses que não afetam fundamentalmente a progressão geral da racionalização das condutas.

Apenas esboçamos a confrontação entre as respectivas metas de conhecimento de Max Weber e de Norbert Elias. É desejável um aprofundamento que permita formular nitidamente certas escolhas com as quais a sociologia contemporânea sempre se considera confrontada. A questão das condições de inteligibilidade das transformações sociais, que podia continuar no pano de fundo das preocupações da sociologia durante um período de estabilidade global das estruturas e dos equilíbrios de poder tanto nacionais quanto internacionais, impõe-se há alguns anos com uma força nova: as turbulências inesperadas que resultam da derrocada do Império soviético, a redescoberta do poder social e político em potencial das religiões num mundo que pensávamos há muito secularizado definitivamente reintroduziram em nossa percepção da história a dimensão da contingência. Quais conceitos mobilizar para pensar a lógica das mudanças advindas ou antecipar o leque das possibilidades abertas? Tanto Weber quanto Elias tinham consciência de que esse tipo de questão é particularmente propício aos investimentos ideológicos. Cada um deles procurava os meios de neu-

---

quem considera que essa verdade não tem valor, porque a crença no valor da verdade científica é um produto de determinadas civilizações e não é um dado da natureza".

44. H. North, *Sophrosyne, Self-Knowledge and Self-Restraint in Greek Literature,* Ithaca/New York, Cornell University Press, 1966; bem como C. Meier, *De la tragédie grecque comme art poétique,* Paris, Les Belles Lettres, 1991.

tralizar o peso das preferências políticas e éticas a fim de permitir um tratamento autenticamente científico (isto é, para um e para outro, acessível à verificação empírica) dessas questões. Vimos que os meios dessa neutralização eram muito diferentes, e que essa diferença remetia, em última análise, a definições heterogêneas da exigência de inteligibilidade sociológica. Como, para Weber, não havia verdadeira inteligibilidade senão de seqüências históricas singulares (qualquer que fosse sua amplitude), ele considerava impraticável o ideal de um saber isento de toda e qualquer referência aos valores. O interesse que preside à definição do objeto de pesquisa (tal como o papel das crenças religiosas na formação das práticas econômicas) carrega necessariamente a marca das preocupações de uma época. Confessar essa ancoragem histórica inevitável das questões diretoras de toda reflexão sócio-histórica era, por conseguinte, o único substituto para uma possível neutralidade. Elias, ao contrário, retomava com novas dificuldades o programa que o evolucionismo do século XIX adotara: é elaborando modelos que dão conta dos processos dinâmicos que são engendrados na interação dos homens que o sociólogo pode esperar ter acesso a um nível de distanciamento comparável àquele a que as ciências da natureza chegaram há muito tempo.

Que relação, perguntarão, existe com a noção de racionalização que servia de ponto de partida para a nossa reflexão? As reticências que Weber sentia em dar dessa noção uma definição unívoca diziam respeito claramente ao fato de ele não ter concebido desenvolvimento a não ser sob a forma de um episódio sempre único da história sociocultural. Como observa com razão Wolfgang Schluchter, Weber difrata a humanidade numa pluralidade de grupos humanos, e a história universal numa pluralidade de desenvolvimentos particulares[45]. A reconstituição das condições causais desses desenvolvimentos sempre específicos não impede talvez a elaboração de uma teoria sistemática da racionalidade ou do racionalismo, mas também não a favorece, porém: o interesse do pesquisador vai prioritariamente mais para a diferença específica do que para a universalidade do gênero. Ao contrário, se Elias pode se mostrar mais audacioso sobre esse ponto, é que a perspectiva evolucionista na qual ele insere seus trabalhos exige um conceito unificado da processualidade em geral, quer se trate de civilização quer de racionalização.

Essa diferença pode ser mascarada pelo fato de encontrarmos nos dois autores uma mesma sensibilidade à função decisiva dos mecanismos cegos no modelamento da historicidade humana: o que Elias designa pela expressão "mecânica social" pode ser considerado uma generalização (acompanhada de uma reflexão nitidamente mais aprofundada

---

45. W. Schluchter, "Max Webers Forschungsprogramm", in *Religion und Lebensführung*, op. cit., vol. 1, pp. 98-99.

do componente psíquico do fenômeno) daquilo que Weber chamava os poderes impessoais, cujos exemplos típicos eram, para ele, o mercado e a burocratização da dominação política. Mas a diferença dos paradigmas epistemológicos sobre os quais os trabalhos dos dois autores são ordenados tem como *pendant* representações sensivelmente divergentes da lógica geral da história. A explicação causal weberiana deságua num esquema histórico que, tratando-se do Ocidente moderno, cinde sua história em dois momentos. Houve uma época em que as crenças e as representações podiam desempenhar um papel decisivo na estruturação das condutas: assim acontecia com a ética religiosa, com o apelo carismático ou com a confiança na tradição. A época moderna se caracteriza, ao contrário, por uma prevalência das coerções sistêmicas. Essa dualidade inerente à concepção weberiana da marcha geral da história aparece nitidamente nas últimas páginas de *Die protestantische Ethik* (*A Ética Protestante*). Se a obra é inteiramente dedicada a mostrar como as conseqüências éticas de um dogma religioso podem induzir uma modificação dos comportamentos econômicos a ponto de transtornar, mais cedo ou mais tarde, as formas de organização de uma sociedade em seu conjunto, ele conclui pela constatação desencantada de que essa eficácia social das crenças provavelmente passou em definitivo: "O puritano queria ser um homem pobre – e somos forçados a sê-lo"[46]. Jamais, sem dúvida, os planos ou as intenções dos homens determinaram o curso da história; mas, com o desenvolvimento das estruturas sociais características do Ocidente moderno, mercado capitalista e poder burocrático, mudou a natureza das coerções. A racionalidade própria de nossa cultura está ligada certamente à hegemonia dos "poderes impessoais", mas, exatamente por essa razão ela não deixa entrever nenhuma promessa de liberdade vindoura. Sob o título "processo de racionalização ocidental", Weber descreve a gênese e a consolidação de um mundo onde as margens de liberdade, isto é, a possibilidade para os homens de intervir conscientemente em sua história, se reduzem inexoravelmente.

A representação que Elias faz da história das sociedades ignora semelhante clivagem. As coerções "sistêmicas" do mercado ou do poder centralizado são apenas uma ilustração, é verdade que exemplar, dos mecanismos da inter-relação social que comandam desde sempre a dinâmica dos processos de evolução. Entre as sociedades de ontem e as de hoje, há mesmo uma diferença de grau (maior complexidade das interdependências, maior diversificação das funções etc.), mas não de natureza. Paradoxalmente, essa intensificação das coerções deixa entrever um horizonte de emancipação possível em relação à processualidade cega que regia até aquele dia, e rege ainda hoje, as metamorfoses

---

46. *EP*, p. 249.

da socialidade. A interiorização das coerções, a redução da parte do afeto na determinação das condutas aumentam as possibilidades de distanciamento das quais dependem a constituição e o desenvolvimento do pensamento científico. Elias acaricia visivelmente a esperança de que um conhecimento científico dos fenômenos sociais, podendo ter pretensões a um grau de objetividade comparável ao das ciências físicas ou biológicas modernas, poderia permitir um controle, ao menos parcial, da mecânica social. Por certo, a civilização não é "racional", no sentido em que ela seria o produto de um projeto; mas o jogo cego dos mecanismos de interdependência, visto que ele se constitui no tempo como um processo de civilização, "amplia a margem das possibilidades de intervenção conscientes na rede das interdependências e no *habitus* psíquico. Essas intervenções se tornaram possíveis graças ao nosso conhecimento das leis imanentes que as regem"[47]. A evolução das sociedades humanas não foi planejada, mas não está excluído que a sociologia possa permitir um dia que sejam dados alguns passos nesse sentido. A menos que ela já o tenha feito, e que um maior domínio das relações sociais não espere apenas os progressos da modelização sociológica: "Planejar com realismo e com toda lógica a evolução da sociedade apoiando-se em modelos de desenvolvimento científicos, eis uma conquista recente da evolução. Mas esses modelos ainda são muito imperfeitos [...]"[48].

Está fora de questão explicitar aqui a antropologia e a teoria da simbolização que subtendem, e justificam em certa medida, esse otimismo racionalista. Mas é legítimo perguntar se essa promessa de emancipação incluída no desenvolvimento do pensamento científico[49] não é o *telos* inconfesso que permite constituir o conjunto da história humana numa totalidade unificada, e integrar as racionalizações sempre parciais e provisórias do que o estudo empírico da história dá testemunho no esquema de um único processo de racionalização. Caso em que a sociologia de Elias não estaria verdadeiramente liberta do preconceito eurocentrista que, desde o final do século XVIII, povoa os pensamentos da história e da evolução.

---

47. *PZ*, vol. 2, p. 317; *DO*, p. 191.
48. *QS*, p. 27.
49. Ver ainda (poderíamos multiplicar as citações nesse sentido) *QS*, p. 206: "A gênese social da racionalidade crescente e da libertação paralela de coerções até então incontroláveis representa uma longa e difícil evolução".

3. Encadeamentos e Regularidades nas "Ciências da Cultura": Seguindo Friedrich Nietzsche, Max Weber, Norbert Elias

JACQUELINE BLONDEL

Não podemos deixar de ficar impressionados com as múltiplas convergências que existem entre o trabalho de Friedrich Nietzsche, o de Max Weber e o de Norbert Elias: esses três homens de formação pluridisciplinar não pensam a partir da defesa corporativista de pressupostos de disciplinas constituídas. Esses três homens não crêem que as razões da ação humana residem unicamente nas justificativas que são propostas para ela. Partem de uma crítica das metafísicas de seu tempo para pensar a história em suas realizações efetivas e conduzem simultaneamente uma reflexão metodológica e epistemológica sobre a especificidade das "ciências da cultura" por oposição às chamadas ciências "da natureza". Uma primeira compulsação de textos permite documentar o dossiê dessas convergências e especificar o espaço particular que Norbert Elias ocupa, em relação a seus predecessores, nesse trabalho de problematização.

Eu me situarei aqui, deliberadamente, no plano de uma análise interna ou imanente, para tentar reconstituir a lógica segundo a qual cada um dos autores se esforça para tratar os problemas que se lhe oferecem a propósito do conhecimento dos processos sociogenéticos. Evidentemente, isso não quer dizer que acredito numa continuidade intelectual entre eles, do tipo daquela que, na maioria das vezes, a história das idéias estabelece. Os indícios materiais de freqüentes relações, as referências explícitas são indicações do comércio entre os homens, mas somente uma sociologia das interpretações poderia determinar em quais condições se constroem entre as obras relações de filiação ou de exclusão. A relação eufemizada com o antecessor pode ser analisada como um efeito de posição na configuração formada pelos contemporâneos, a tomada de distância num ponto preciso, como um efeito de auto-afirmação em meio àquela configuração, mascarando a dívida efetiva.

Tampouco se trata de considerar cada uma das obras percorridas como uma totalidade fechada em si mesma, com a identidade continuada do autor garantindo a permanência intangível das palavras. Norbert Elias nos põe de sobreaviso: "o indivíduo é um processo"; conceitos, problemas, demonstrações, imputações sofrem, ao longo do tempo e das pesquisas, deslocamentos, inflexões que às vezes podem até parecer contradições. Não há, portanto, nos autores, invariantes conceituais ou temáticas independentes das circunstâncias de sua produção e de seu uso, ou da aventura intelectual que é a sua num horizonte que por sua vez se transforma. Daí o caráter eminentemente descontextualizado de semelhante comparação.

É difícil, enfim, separar as "reflexões metodológicas" de cada um dos autores de suas pesquisas efetivas. Max Weber é muito claro sobre esse ponto: "Os conhecimentos metodológicos mais vastos ainda não fazem de ninguém um historiador; as concepções metodológicas inexatas não determinam necessariamente uma prática histórica errônea, mas provam, em primeiro lugar, apenas que o historiador formulou e interpretou erroneamente as máximas corretas de seu próprio trabalho"[1]. E Elias não deixa de afirmar, em diversos locais, quando está livre da tutela de seus mestres, que Weber é um grande sociólogo quando se trata de ter uma visão de conjunto dos dados empíricos, que ele também é um pensador lúcido em sua vontade de formular as categorias fundamentais da sociologia, mas que, ao inserir em seus escritos teóricos sua "fé axiomática" no "indivíduo absoluto", ele se vê acuado a encarar as estruturas sociais típicas como irreais, o que o converteria num dos grandes representantes do "nominalismo sociológico"; da mesma maneira que Max Weber admira a grande obra do historiador da Antiguidade E. Meyer ao se regozijar com o fato deste não levar ao pé da letra as "recomendações metodológicas que formula de maneira errônea"[2].

Mas então! Entre os defensores do "individualismo metodológico" que invocam o testemunho de Max Weber, a sociologia de Pierre Bourdieu que se coloca na esteira de Norbert Elias e de novos turiferários do Estado-nação que denunciam num e noutro a concepção alemã do Estado de poder, devemos tentar abrir um caminho e enxergar nele com

---

1. "Études critiques pour servir à la logique des sciences de la 'culture'" (1906), in *Éssais sur la théorie de la science*, trad. Paris, Plon, 1965, p. 220.
2. *Idem*, pp. 288-289.

clareza. Nesse sentido, se é verdade que as reflexões puramente epistemológicas e metodológicas nunca tiveram um papel decisivo no avanço de uma ciência, talvez seja oportuno reler as reflexões desses autores no momento em que, após uma retomada de interesse pelos estudos sócio-históricos em ciência política, chega-se a pensar, como sugere Max Weber com relação a um outro período, que os novos "pontos de vista" exigem igualmente uma revisão das formas lógicas com as quais a empreitada "tradicional" se contentara até então e que daí resulta uma certa insegurança a propósito da "natureza" de nosso próprio trabalho. Talvez valha a pena, nessas condições, pesquisar, através dos processos intelectuais desses três autores, como Norbert Elias nos convida a fazê-lo a propósito de Auguste Comte, o que pode servir-nos atualmente para elaborar uma análise científica das sociedades, rejeitando, se necessário, o que era unicamente a expressão do ideal de uma época ou da posição particular de cada um deles.

"Encadeamentos e regularidades nas ciências da cultura": o título escolhido merece uma rápida explicação. "Encadeamentos e regularidades" porque imaginamos centrar a reflexão no problema do modo de apreensão das evoluções sociais. "Ciências da cultura" porque a análise das condições de surgimento das manifestações culturais continua a ser a obsessão de Friedrich Nietzsche, que escarnece, no entanto, dos valores subjacentes a essa nova disciplina – a sociologia – representada por Comte e Spencer. Porque a expressão "ciências da cultura" é utilizada com freqüência por Max Weber e porque ela integra em seu espírito a sociologia mas também a história, não aquela que seria pura compilação de materiais ou simples disciplina "descritiva" provedora de fatos destinados apenas a fornecer pedras para a construção do trabalho científico, mas a história que se interessa pelas "regras" e pelos "conceitos". E porque na mente de Norbert Elias a interrogação sociológica tem antes de mais nada vocação para a análise das evoluções históricas, mesmo que ele lance fora do campo das ciências sociais o que ele denomina às vezes a "história não estruturada" dos historiadores. Sob esse último ponto de vista, os dois discípulos podem ser confundidos, tanto é verdade, assim como ainda ensina Max Weber, que "não são de modo nenhum as relações 'materiais' [*sacheliche*] das 'coisas' que constituem a base da delimitação dos domínios do trabalho científico, mas as relações conceituais dos problemas"[3]. A sociologia histórica, ou a história sociológica, só pode existir, portanto, com a condição de abordar problemas novos com métodos novos.

Como não posso entrar nas obras como num moinho, tomarei como fio condutor dessa investigação uma frase de Norbert Elias extraída de

---

3. "L'objectivité de la connaissance dans les sciences et la politique sociales" (1904), *in Essai sur la théorie de la science, op. cit.*, p. 146.

O Que é Sociologia?, que reaparece sob diversas formas em toda a obra: "Quando se aborda o problema do caráter 'determinado' e da 'necessidade' das evoluções sociais, corre-se o risco constantemente de ir de Caribde a Cila, conforme se recorra à física ou à metafísica, e somente a compreensão da natureza específica das coerções recíprocas das configurações permite evitar esses dois escolhos".

Que lição esses três autores tiram de uma confrontação de seu trabalho com a exigência de racionalidade própria às ciências da natureza?

A INADEQUAÇÃO DO MODELO MECANICISTA PARA AS CIÊNCIAS DA CULTURA

No que concerne à prática demonstrativa das ciências sociais e históricas, impõem-se duas constatações: é impossível para o pesquisador intervir nas condições da experiência, como é o caso nas ciências físico-químicas; impossível observar uma repetição regular de configurações, como é o caso em astronomia. Essas diferenças são bem conhecidas. Mas a distância que existe entre os requisitos do raciocínio hipotético-dedutivo que permite analisar e prever os fenômenos físicos, e as análises sócio-históricas não é resultado apenas da tenra idade dessas últimas em relação às disciplinas que submetem as observações a leis. Poderia ser que os modelos tirados das ciências físicas, e em particular o modelo mecanicista, fossem particularmente inapropriados para o estudo dos fenômenos históricos a ponto de desempenharem o papel de contrapensamentos, de obstáculos epistemológicos, teria dito Bachelard. O modelo mecanicista mantém, segundo esses autores, uma tríplice ilusão: a ilusão atomística que leva a considerar os seres e as coisas como *isolados* independentes; a ilusão de uma causalidade unilinear em cima do modelo do movimento das "bolas de bilhar"; a ilusão de um determinismo legal, fonte única de inteligibilidade. Vejamos o que é isto em cada um dos autores mencionados.

A Luta entre Centros de Força de Poder Desigual

É esforçando-se para teorizar a noção de "vontade de poder" (*Wille-zur-Macht*) como fundamento das manifestações do vivo, após afastar-se da filosofia schopenhaueriana quando da redação de *Menschliches, Allzumenschliches* (*Humano, Demasiado Humano*), que Nietzsche recusa os modelos mecanicistas da atividade. Para ele que já eliminou a dualidade artificial do aquém e do além, existência e representações não seguem dois cursos separados, o "puro espírito" é uma pura tolice. Nesse sentido, as "quimeras incorporais" e intemporais, a consciência, a alma, a vontade, nascidas dessa dicotomia analítica, são igualmente puras ficções. "Nosso intelecto, diz ele, nosso querer, nossas sensações mesmo, dependem de nossos *juízos de valor*: esses correspondem a nossos instintos e à condição de existência deles. Nossos instintos são redutíveis à *vontade de poder*. A vontade de poder é o fato derradeiro até onde possamos descer"[4]. Para bem compreender o desenrolar dos processos históricos na forma como Nietzsche os descreve, devemos primeiramente apreender que eles são a expressão de forças particulares que se opõem e cujas qualidades (ativas ou reativas) e intensidades podemos nos esforçar para identificar fazendo a pergunta genealógica: "Quem? O quê?" Somente na relação diferencial das vontades de poder que se enfrentam é que se decide subseqüentemente o movimento. O mundo que Nietzsche descreve está, pois, muito afastado do visto pelo mecanicismo. É o mundo visto de dentro, se preferirem, e não o mundo visto de fora. A causalidade linear, a das leis do choque, não se aplica àquele mundo. A saída incessantemente incriminada da luta entre centros de força de poder desigual pode, aliás, assumir formas variadas: uma redisposição das forças em presença de acordo com seu respectivo grau de intensidade, a instituição de relações de dominação e de submissão mais ou menos marcadas, a mobilização voluntária do fraco em favor do forte, a rejeição bem-sucedida do fraco pelo forte, a incorporação do poder inferior, a junção de duas forças opostas ou mesmo a cisão múltipla de um centro de força anteriormente único. A forma das relações depende, a cada instante, do nível das forças em presença, de modo que é difícil dar conta de sua sucessão recorrendo à "lei" dos físicos. Supondo que possamos determinar consecuções idênticas no campo das ciências da cultura, não estaríamos autorizados a falar de "leis" no sentido moral, jurídico ou físico do termo: "A sucessão invariável de certos fenômenos não demonstra nenhuma 'lei' mas uma relação de forças entre duas ou várias forças. Dizer 'mas justamente essa relação permanece a mesma!' nada mais significa que: 'uma única e mesma força não pode também ser uma outra força' "[5].

Atividade Subjetivamente Significativa e modos de Interdependências

Esse desvio para medir a distância tomada por Nietzsche com relação aos esquemas de pensamento mecanicistas permite esclarecer, num contexto diferente, o do debate alemão do *Methodenstreit*, a ligação paradoxal do sociólogo que Weber quer ser à noção de indivíduo e que Elias tanto reprova nele. Isso porque ainda se trata de considerar este como um centro de força e não como um ser movido à maneira de

---

4. *Humain trop humain*, edição francesa de G. Colli & M. Montinari, XIV, II, parág. 161.
5. *Op. cit.*, XIX, II, parág. 215.

uma churrasqueira giratória. Conhecemos o texto famoso de "Ensaio sobre algumas categorias da sociologia compreensiva", publicado na revista *Logos* em 1913, e do qual Max Weber dá uma versão "simplificada" no primeiro capítulo de *Economia e Sociedade*. Nele a sociologia é definida como uma "ciência que se propõe compreender por interpretação a atividade social e, com isso, explicar de maneira causal seu desenrolar e seus efeitos"; a atividade social é a "atividade que se relaciona, segundo seu sentido visado, com o comportamento de outrem". O sociólogo especifica logo em seguida que a necessária compreensão do sentido visado não autoriza a concluir por uma predominância do racional na vida humana. A constituição de uma atividade estritamente racional em finalidade é um "ideal-tipo" que permite apenas compreender a atividade real, influenciada por irracionalidades de todas as espécies (afeições, erros), como um desvio em relação ao desenrolar que se deveria esperar na hipótese de um comportamento puramente racional. Essa orientação acarreta três precisões quanto ao regime de cientificidade das ciências sociais com relação às ciências da natureza.

Primeira precisão: se é preciso entender para explicar, é porque as ações humanas não dependem das leis do choque, porque elas põem em ação fenômenos mentais que se deve tentar trazer à luz e porque essa última tarefa é, como escreve Weber, "especificamente diferente daquela que as fórmulas do conhecimento exato da natureza podem ou querem em geral resolver"[6]. Pode ser que certas ações sejam de ordem "reacional', mas continuam a ser ações de retorno e não de simples passividade, segundo as leis da mecânica.

Segunda precisão: um grupo social não é uma justaposição de indivíduos. A noção de sentido visado subjetivamente pode ser o de um agente num caso determinado historicamente, mas também o de inúmeros agentes "numa determinada massa de casos". Assim, motivações comuns orientadas de maneira racional podem ter por origem modificações circunstanciais externas e ter como resultado comportamentos externos. A dificuldade específica da sociologia vem do fato de os dados estatísticos não poderem ser explicados de forma verdadeira a não ser que sejam interpretados significativamente. E uma interpretação significativa não passa, na maioria das vezes, de uma hipótese causal particularmente evidente. Weber insiste nesse ponto em diferentes locais de sua obra: *a*) motivos invocados e "recalques" (o que quer dizer, antes de tudo, motivos inconfessos) dissimulam, na grande maioria das vezes, ao próprio agente o conjunto real no qual se realiza sua atividade, a tal ponto que os testemunhos, mesmo os mais sinceros subjetivamente, têm um valor apenas relativo; *b*) certos processos "ex-

---

6. "L'objectivité de la connaissance dans les sciences et la politique sociales", *art. cit.*, p. 156.

ternos" da atividade podem parecer "semelhantes" ou "análogos" e corresponder, de fato, do lado do agente ou dos agentes a conjuntos significativos extremamente diversos; *c*) em inúmeros casos, diversas relações significativas se defrontam no "conflito de motivos" sem que estejamos em condições de apreciar a força relativa de cada uma delas. Por todas essas razões, a leitura de simples encadeamentos está muito distante do modelo causal herdado do mecanicismo, porque se trata de compreender por revivescência ou racionalmente a atividade humana, e não de constatá-la.

Terceira precisão, que é também um correlato desse último ponto: o indivíduo não é uma caixa preta da qual se deveria "partir" sem nunca procurar saber o que ela contém, como certas sociologias contemporâneas procuram fazer. Com efeito, Weber nos diz, pode-se trazer à luz, na linha da teoria do ressentimento de Nietzsche, ou ainda na do materialismo histórico, uma "racionalidade não observada (ou 'inconfessa') relativamente considerável, no comportamento que parece ser inteiramente irracional por finalidade"[7]. E a determinação da constelação de "interesses" externos ou internos na base das atividades comunitárias é uma das tarefas de qualquer sociologia que visa um conteúdo: "Não negamos de modo algum a possibilidade de aprofundar o conteúdo dos motivos dos interesses e das 'disposições interiores' que estão ao mesmo tempo na base e também, mais freqüentemente em média, na origem da formação e da duração das diversas espécies de atividades comunitárias"[8]. Como se vê, é exatamente o modo de existência particular das coisas a conhecer que, para Weber, implica um uso particular do método reflexivo nas ciências da cultura. A definição que ele dá da atividade social como atividade orientada para outrem, distinta nisso de uma pretensa atividade "individual", leva-o a desconhecer, como Elias lhe censura, a especificidade das coerções sociais? Lembramo-nos dos exemplos que Weber apresenta para ilustrar seu ponto. Quando, na rua, inúmeros transeuntes abrem ao mesmo tempo seu guarda-chuva na hora em que a chuva começa a cair, isso não seria uma atividade social, porque a atividade de um não é orientada (normalmente) pela atividade do outro. "Parece haver escapado a Max Weber, comenta Elias então, que só encontramos guarda-chuvas em certas sociedades, que eles não são fabricados nem usados em toda a parte"[9], ou ainda que este não poderia ter percebido, por falta de autodistanciamento suficiente, "todas aquelas pessoas que abrem seu guarda-chuva ao mesmo tempo porque começa a chover como uma configuração social, isto é, como membros de uma sociedade na qual se tem o costu-

---

7. "Essai sur quelques catégories de la sociologie compréhensive", *in Essais sur la théorie de la science, op. cit.*, p. 338.
8. *Idem*, p. 378.
9. *Qu'est-ce que la sociologie?*, Paris, L'Aube, 1991, p. 144.

me de proteger-se da chuva graças a um guarda-chuva"[10]. A mesma objeção de Elias a propósito da afirmação segundo a qual uma "competição entre dois ciclistas" não teria caráter social, e somente os "golpes e xingamentos que podem se seguir" possuem, para Weber, esse caráter: essa maneira de pensar provém, em grande parte, da sensação de que em algum lugar deve haver uma fronteira, uma tela de proteção, entre o que é "individual" e o que pode ser social, e da idéia segundo a qual o conceito de "indivíduo", ao invés de referir-se a um homem em devir ou já formado, referir-se-ia a um homem concebido como um estado em si[11].

As razões adiantadas por Elias seriam justas se não negligenciassem demais o contexto no qual Weber aborda esses diferentes exemplos. *1)* Com efeito, compreende-se melhor o recurso à noção de "indivíduo" em Weber, no ensaio citado anteriormente, se observarmos que se trata, para ele, de precisar as relações entre, de um lado, a sociologia e a psicologia e, de outro, entre a sociologia e a "dogmática jurídica". O indivíduo isolado é considerado pela sociologia compreensiva como a "unidade básica" e o "limite superior" de sua investigação porque ele é, Weber explica em substância, o único portador de um comportamento significativo, ao passo que o direito, por exemplo, trata tanto de "personalidades jurídicas" como o "Estado" quanto do indivíduo isolado: os conceitos pelos quais ele apreende uma atividade fazem-na parecer uma realidade duradoura, uma estrutura "coisificada" ou uma estrutura "personificada" que tem uma existência autônoma. Ora, na mente de Weber, a sociologia pode estudar as representações que os homens fazem do "significado" e da "validade" de certas proposições jurídicas, mas não pode tomá-las como critério de sua investigação. O sentido que Weber dá à palavra "indivíduo" precisa, pois, ser considerado junto com aquele que Elias lhe reconhece precisamente no título de sua obra *A Sociedade dos Indivíduos*: trata-se de ver nos fenômenos sociais formações de indivíduos e não de lançá-los fora e para além destes. *2)* A questão, para Weber, é menos de delimitar coletivos do que de explicar comportamentos. Daí esse esforço para distinguir, entre todas as atividades humanas, a "atividade comunitária" no sentido estrito, como se ela se reportasse de maneira subjetivamente significativa ao comportamento de outrem. Nesse sentido, pode-se compreender a abertura dos guarda-chuvas mais como a "atividade similar de uma massa" (*massenhaft gleichartges Handeln*) do que como uma "atividade comunitária"[12]. Isso não quer dizer, Weber especifica, que a atividade comunitária seja a única importante para a imputação causal

---

10. *La Société des individus*, Paris, Fayard, 1991, p. 174.
11. *Qu'est-ce que la sociologie?*, op. cit., p. 144.
12. Somente no capítulo 1 de *Wirtschaft und Gesellschaft* é que Weber qualificará essa atividade como "social".

de ordem sociológica. Ela constitui apenas o "objeto primário" de uma sociologia compreensiva[13], e nada está mais afastado de sua sociologia que a idéia de um indivíduo, sujeito do conhecimento, "pego isoladamente e confrontado com o mundo inteiro", como Elias queria fazer crer[14]. Por parcial que seja, essa aproximação visa, em primeiro lugar, como teremos adivinhado, a não opor inutilmente os sociólogos um ao outro quando suas contribuições são complementares.

As críticas de Elias à propensão de alguns a ter a física como modelo para as ciências sociais não são menos virulentas do que as de seus antecessores. Pode-se pensar que seus estudos de medicina, sua tese de filosofia sobre a "origem das ciências da natureza", preparada com Hoenigswald, e o debate alemão sobre a metodologia nas ciências alimentaram amplamente sua reflexão sobre esse tema, que é, à margem dos estudos empíricos, um *leitmotiv* de toda a obra. A busca de unidades idênticas e invariáveis, comparáveis aos átomos do pensamento mecanicista, induz, segundo ele, uma operação sensorial e mental de coisificação: "Não se tem a impressão muitas vezes de que a pretensão da física a servir de modelo absoluto para as ciências repousa em particular na idéia de que os físicos estudam essas próprias partículas das quais se compõe tudo o que existe no universo?"[15] O primado da análise, a decomposição em partes como modelo de todo método científico possível, insere-se igualmente nessa direção. Tudo se passa como se as ciências físico-químicas, na apresentação teórica que delas fazem os epistemólogos, não dispusessem de um quadro relacional que pudesse integrar a reciprocidade das perspectivas sobre o modelo dos pronomes pessoais, cada relação com dois AB englobando na verdade duas relações diferentes, a relação A/B percebida do ponto de vista de A e a relação A/B percebida do ponto de vista de B.

Toda explicação de um processo social mediante o recurso a uma causalidade unilinear é totalmente inadaptada. As noções de "necessidade causal", de "determinismo", oriundas das experiências físico-químicas, podem até entravar a pesquisa e levar a designar como "causa" e "efeito" fenômenos interdependentes. Elias não usa de palavras suficientemente duras para estigmatizar as análises sociológicas que decompõem os fenômenos em variáveis, produzem correlações estatísticas sem nunca se interrogarem sobre a pertinência dessa decomposição ou o grau de independência dessas variáveis: "A forma atual das

---

13. "Essai sur quelques catégories de la sociologie compréhensive", *art. cit.*, p. 348.
14. "O conhecimento das proposições mais certas de nosso saber teórico [...] do mesmo modo que a acuidade e a sutileza de nossa consciência são antes de mais nada produtos da cultura" ("L'objectivité de la connaissance dans les sciences et la politique sociale" [1904], *art. cit.*, p. 127).
15. *Engagement et Distanciacion*, Paris, Fayard, 1992.

análises sociológicas permite decompor intelectualmente complexos em elementos isolados, em 'variáveis' ou 'fatores', por exemplo, sem que se procure compreender que relação pode existir entre os diferentes aspectos isolados desse conjunto. Essa relação aparece no máximo como um aspecto secundário e anexo que se acrescenta *a posteriori* ao elemento em si isolado"[16].

As Conexões causais de Fenômenos Singulares

Poder-se-ia tirar melhor proveito da pesquisa de "leis" para explicar os fenômenos que se inserem no tempo? Não mais do que em Nietzsche, essa noção não encontra eco nem Weber nem em Elias. Weber considera que o que importa antes de tudo ao sociólogo é o aspecto qualitativo dos acontecimentos, e não o aspecto quantitativo, e que, em conseqüência, a pesquisa de "conexões" causais concretas deve prevalecer sobre a de relações matematizáveis. Sob esse último ponto de vista, acrescenta Weber, "as oposições não são tão categóricas quanto se acredita geralmente: as ciências da natureza, salvo a mecânica pura, não podem abster-se da noção de qualidade, e talvez não seja impossível poder quantificar certos fenômenos sociais". Se dermos à palavra "lei" um sentido muito amplo, incluindo regularidades não exprimíveis numericamente porque não são quantificáveis, não há razão alguma, pensa ele, para excluí-la do campo das ciências sociais. Nas ciências históricas, porém, nunca se poderá falar de relações "legais" no sentido estrito das ciências da natureza. Supondo mesmo que se possa, pelo canal da psicologia ou de qualquer outra ciência, chegar a isolar fatores simples e últimos inerentes a todas as conexões causais da coexistência humana, estabelecer regras que tenham a validade rigorosa de leis, o que significaria um resultado como esse para o conhecimento do mundo da cultura? "Nada mais do que o que significa a química orgânica para o conhecimento biogenético do mundo da fauna e da flora." Qualquer que seja a importância desse trabalho preparatório, nunca poderíamos *deduzir* dessas "leis" e "fatores" a realidade da vida. Para Weber, mais uma vez, é a especificidade do objeto a conhecer, o modo de integração deste, que impede essa redução do complexo ao simples.

Vamos encontrar a mesma idéia em Elias: para explicar as particularidades estruturais das formações complexas, não basta conhecer as particularidades estruturais de suas unidades componentes. Ambos, aliás, concordariam em afirmar que não é o modelo nomológico, enquanto pesquisa do que se repete de conformidade com leis, que é condenável, mas o caráter fracamente operacional deste para a análise

---

16. *La Société des individus, op. cit.*, p. 138.

concreta de fenômenos culturais historicamente significativos. Na hora de resumir o mecanismo da formação dos monopólios, em seus primeiros trabalhos, Elias se pergunta se é pertinente definir por uma fórmula matemática as "leis" do mecanismo monopolista. Sua resposta é que convém primeiramente colocar a questão do "valor cognitivo de uma fórmula matemática". Usada como "meio" para decifrar as mudanças sobrevindas na história, esta pode ter um valor heurístico; buscada por si mesma, ela quase não faz o conhecimento progredir. A superavaliação da fórmula trai a busca de valores eternos: "Muitos pesquisadores imaginam que a principal tarefa da pesquisa consiste em explicar as mudanças a partir de elementos *imutáveis*"[17]. Nesse caso, Elias ocupa posições idênticas às de Weber[18], e na linha das reflexões nietzschianas[19]. Quanto mais gerais, isto é, mais abstratas são as leis, menos pertinentes são para esclarecer as conexões causais dos fenômenos singulares. A questão não é saber sob qual fórmula se deve subsumir os fenômenos a título de "exemplar", como explica Weber, mas encontrar a que "constelação" deve-se imputá-la enquanto "resultado". Em seus últimos trabalhos, parece que Elias recusa mesmo a possibilidade de recorrer a leis hipotéticas, ao modelo das dos economistas, nas ciências sociais, mesmo que seja a título heurístico, como Weber desejava. Com efeito, a abordagem evolutiva deve, segundo ele, libertar definitivamente as ciências sociais do modelo mecanicista. O estudo dos últimos avanços das ciências naturais mostra, aliás, não só que algumas dentre elas, como a cosmologia e a biologia molecular, estão atentas aos processos de integração, mas também que as conclusões que têm pretensões de universalidade no campo da física só valem por causa da lentidão dos ritmos de evolução na escala do universo[20].

17. *La Dynamique de l'Occident*, Paris, Calmann-Lévy, 1975, p. 31, n. 1.

18. "O conhecimento das *leis* da causalidade não poderia ser o fim, mas apenas o *meio* da pesquisa. Ela facilita e torna possível a imputação causal dos elementos dos fenômenos importantes para a cultura por sua singularidade, a suas causas concretas. É na medida e unicamente na medida em que presta esse serviço é que ela é preciosa para o conhecimento de conjuntos singulares" ("L'objectivité de la connaissance dans les sciences et la politique sociale" [1904], *art. cit.*, pp. 163-164).

19. "Tornar o mundo calculável, exprimir em fórmulas tudo o que acontece nele, é realmente apreendê-lo?" (G. Colli & M. Montinari (ed.), XVI, parágr. 624).

20. "A relação entre indivíduo e sociedade, tal como se observa no século XX nas grandes nações industrializadas com mais de um milhão e às vezes mais de cem milhões de indivíduos, as estruturas da personalidade e a configuração geral dos grupos nesse estádio não podem ser usados como modelos experimentais com cujo auxílio se poderia formular, nem que fosse a título de hipótese, ou verificar proposições universais sobre as estruturas da personalidade humana, as formas de sociedades ou a relação entre indivíduo e sociedade em geral." *La Société des individus*, *op. cit.*, p. 228.

No total, devemos ter entendido, nenhum dos três autores espera que as ferramentas lingüísticas e os esquemas de pensamento que mostraram seu valor nas ciências físico-químicas façam o papel da estátua do comendador nas ciências sociais, pelo menos no que se refere ao conhecimento dos processos sócio-históricos. E os modelos de evolução a longo prazo propostos pelos filósofos ou pelos teóricos sociais não são mais satisfatórios: *1*) dependem da especulação filosófica, seja esta de caráter nominalista ou positivista; *2*) ficam obcecados pela busca da origem; *3*) veiculam uma teleologia ou ideais políticos que só podem ser contraproducentes na pesquisa.

O OBSTÁCULO DAS METAFÍSICAS RECORRENTES NAS CIÊNCIAS DA CULTURA

A Impropriedade dos Conceitos Coletivos

As teorias metafísicas são estigmatizadas primeiramente por causa do uso reificante que fazem da linguagem. Nietzsche instaura esse processo em toda a sua obra. *1*) A crença nas palavras mantém a ilusão de que estas são parte integrante das coisas a conhecer ou, pelo menos, postula a adequação dos conceitos ao real. *2*) Com a ajuda dos recursos lingüísticos de que dispomos, o máximo que podemos fazer é proceder a decomposições arbitrárias ou à assimilação de realidades que, em sua estrutura interna, são muito dessemelhantes. *3*) O uso não especificado da linguagem leva, enfim, a colocar arbitrariamente a identidade da coisa designada em diversos pontos do tempo. Isso porque os conceitos são uma multidão movediça de metáforas, de metonímias, de antropomorfismos, uma soma de relações humanas que foram transpostas e que, após um longo uso, parecem estabelecidas, canônicas, coercivas. As "verdades" sedimentadas neles também são, pois, ilusões que esquecemos que o são, metáforas desgastadas que perderam sua força sensível, e o que os filósofos chamam as "categorias da razão" não passam, no máximo, de um instrumento de "domínio" da realidade, ou mesmo de uma ferramenta destinada a nos enganar com inteligência a respeito dessa realidade.

Weber e Elias guardaram essa lição de vigilância: "O emprego de conceitos coletivos indiferenciados utilizados pela linguagem corrente nunca recobre senão obscuridades do pensamento ou da vontade; com demasiada freqüência, ela é o instrumento de miragens perigosas e sempre um meio que entrava o desenvolvimento da maneira correta de colocar os problemas"[21]. Fazendo uso, a partir da análise de duas

---

21. *Ibid*, pp. 207 e s.

expressões coletivas, os "interesses do campesinato" e os "interesses do Estado"[22], da variabilidade dos pontos de vista concretos sob os quais a realidade empírica pode assumir um significado, Weber ressalta assim, em páginas bastante esclarecedoras, a necessária construção de conceitos rigorosos – ou "ideais-tipos" – como o único caminho capaz de superar a obscuridade retórica nas ciências sociais. Porque ela negligencia confrontar o empírico e o ideal-típico e só se preocupa com a compatibilidade dos enunciados entre si, a linguagem metafísica é sempre "perigosa" e, por outro lado, acrescenta Weber, que não aprecia muito o "diletantismo pintalgado" dos filósofos, "supérflua".

Para Elias, que emprega a "genealogia" nietzschiana[23] em seu trabalho sobre a "civilização dos costumes", é remontando às origens da modificação dos conceitos pelos quais certas sociedades procuram expressar-se que nos encontramos confrontados com o próprio processo da civilização, "com os traços das mudanças que realmente afetaram o comportamento no Ocidente". Não só a linguagem é uma das concretizações da vida social e psíquica, como também seus usos ulteriores respondem muito mais a motivações sociais que a motivações racionais. Portanto, a sociogênese da civilização é também uma "genealogia da moral" no sentido que Nietzsche dá a essa expressão: na França, por exemplo, como Elias mostra, "tais construções, termos e expressões são bons porque as camadas sociais inferiores os adotaram". Aprimoramento de práticas cortesãs, difusão dessas práticas às camadas sociais mais baixas, ligeira deformação social, desvalorização enquanto signo distintivo... tantas balizas de uma evolução que, aliás, ainda não chegou de modo nenhum ao seu término e cujo estudo afasta Elias para sempre das análises filosóficas, como a filologia havia afastado Nietzsche dos filósofos por causa da "falta de sentido histórico" desses. A concepção filosófica de um conhecimento "eternamente humano" barra o caminho à elaboração de uma psicogênese e de uma sociogênese de nossos meios de expressão das quais as ciências sociais teriam muita necessidade para ter acesso a um modo de pensamento relacional: "Os recursos lingüísticos, os conceitos dominantes reforçam a tendência do pensamento a reificar e desumanizar as formações humanas e essa reificação, essa desumanização termina na *Metafísica das Formações Sociais* tão corrente hoje na linguagem cotidiana e no pensamento sociológico"[24]. Desse modo, Elias empre-

---

22. M. Weber, "L'objectivité de la connaissance dans les sciences et la politique sociale", *art. cit.*, p. 210.
23. Elias reconhece a Nietzsche o mérito de haver percebido o que é o ponto de partida de seu trabalho, as diferenças sociogenéticas entre o "caráter nacional" alemão e o "caráter nacional" francês.
24. *Qu'est-ce que la sociologie?*, *op. cit.*, p. 11.

ende a "caça" aos mitos investidos na linguagem da sociologia, seja para desobstruí-la de termos e noções inapropriados (necessidade causal, sistema, interação, função), seja para perseguir as falsas dicotomias (liberdade/determinismo, indivíduo/sociedade, natureza/cultura, corpo/espírito, artista/homem, gênio/homem comum, sujeito/objeto, individualismo/holismo). Se ele acha possível, graças ao termo "configuração", abolir a polarização mental das imagens que temos dos homens enquanto indivíduos e dos homens enquanto sociedades, ou ainda se ele prefere o conceito de "interdependência" ao de "interação"[25], para a análise das redes nas quais os homens são inseridos desde o nascimento – redes que fornecem o quadro para suas "interações" –, ele não abusa de neologismos. Por razões evidentes de comunicação mas também porque sabe, como sociólogo da linguagem, que não se mudam os modos de pensamento por decreto. Nossos discursos aparentes sustentam frases mudas que são inseparáveis da cultura ocidental, e nossas sintaxes fomentam continuamente sombras. "Temo mesmo que nunca vamos nos livrar de Deus, uma vez que ainda acreditamos na gramática", escrevia Nietzsche em *O Crepúsculo dos Ídolos*. A partir dele e de outros historiadores das línguas, Elias observa que a separação que operamos mentalmente entre o actante e a atividade, entre a quantidade e o processo, entre os objetos e suas relações está em ligação direta com a estrutura das línguas européias centradas em dois elementos principais: o substantivo e o verbo, o sujeito e o predicado. Essa tendência inerente a nossas línguas perturba consideravelmente, acrescenta ele, a compreensão das redes de interpenetração humana e "está aí, entretanto, o objeto da sociologia".

A Ilusão do Começo Absoluto e da Causa Primeira

Seria de esperar, portanto, que as construções teóricas que empregam conceitos reificados sejam também "meta-físicas", isto é, portadoras de representações do mundo distantes das realidades empíricas. A busca de uma origem, de uma causa primeira, de um *primum mobile*, conduz, assim, a um arranjo artificial para fins de compreensibilidade. A história da filosofia ocidental até Hegel é marcada, segundo Nietzsche, pelo menoscabo de todo devir. Trata-se, desvendando a origem, de trazer à luz em "Ser" a-histórico, por trás da história anedótica. Essa propensão do metafísico a criar um mundo à sua imagem remete a uma idiossincrasia particular: "A filosofia é aquele próprio instinto tirânico, a Vontade de Poder, sob sua forma mais espiritual, a ambição de *criar o mundo*, de instituir a causa primeira"[26]. Eis por que a empresa nietzschiana de genealogia vira as costas a essa ilusão, privilegiando a

---

25. Ver sobretudo *La Société de cour*, Paris, Flammarion, 1985, p. 151.
26. *Para Além do Bem e do Mal*, VII, I, parágr. 20.

proveniência, os usos dos diversos conceitos e referindo-os ao que está em jogo, isto é, às relações de força nas quais eles são apanhados. Weber observa igualmente que um certo número de proposições concernentes a "estados originais" de ordem econômica e social, despojados de todo "acidente" histórico continuam a povoar sua disciplina. São inferidos ora do direito natural, ora das observações extraídas da análise dos povos primitivos, "por exemplo, as suposições relativas ao *comunismo agrário primitivo,* à *promiscuidade sexual* etc., das quais procederia o desenvolvimento histórico singular por uma espécie de queda no concreto"[27]. A fé otimista na possibilidade de racionalizar teórica e praticamente a real herança do século XVIII pode ter levado a crer que um dia se chegaria a um conhecimento monista de toda a realidade sob o aspecto de um sistema de proposições que têm uma validade universal e uma forma matemática. Na mente de Weber, apesar do "poderoso obstáculo que a filosofia idealista alemã desde Fichte, e a obra da escola histórica alemã [...] opuseram aos dogmas naturalistas", o sucesso das hipóteses transformistas no campo da biologia e a influência do pan-logismo de Hegel contribuíram bastante para fazer triunfar o método teórico em economia. Para este, a construção de um sistema de proposições abstratas e, por conseguinte, puramente formais seria o único meio de dominar intelectualmente a diversidade social. No âmbito desses quadros de pensamento teóricos, cremos poder isolar uma tendência específica do homem – o "instinto de aquisição" – ou uma máxima específica da atividade humana – o "princípio econômico" – para explicar a partir dela as instituições sociais. Em outras palavras, para chegar a esse resultado, supõe-se conhecida a "totalidade" da realidade histórica – o que, observa Weber ironicamente, retira todo valor epistemológico da dita teoria – e confunde-se um cosmo de relações pensadas com a realidade histórica. Evidentemente, essa incurável tendência monista em busca de primeiro motor ou de "determinação em última instância" está em ação nos marxistas, para os quais as "forças de produção" econômicas são as únicas causas "características", "verdadeiras", "em toda parte determinantes em última análise", mesmo que estes se acomodem com as fórmulas mais gerais desde que sua necessidade dogmática esteja satisfeita. A vontade de produzir mais uma "concepção de mundo" do que um saber especializado está na origem desse monismo da explicação refratária a toda autocrítica. Ora, não se pode reduzir, em princípio, unicamente às causas econômicas a explicação dos fenômenos culturais, mesmo que sejam econômicos, não mais do que não se pode imputar as transformações econômicas exclusivamente às modificações das práticas[28]: "Uma

---

27. "L'objectivité de la connaissance dans les sciences et la politique sociales", *art. cit.*, p. 155.
28. À objeção de Elias ("O que M. Weber apresentava como a ética protestante

história dos bancos de um povo qualquer, que faria intervir na explicação somente os motivos econômicos [...] não é [em princípio] mais exaustiva do que aquela que derivaria o capitalismo de certas transformações dos conteúdos da consciência que contribuíram para o nascimento do espírito do capitalismo"[29].

A busca de um "começo absoluto", inclusive em idéias descobríveis em livros, é também, para Elias, um absurdo. "Não há empreendimento mais inútil, escreve ele ao longo de seu trabalho sobre *A Sociedade de Corte*, do que tentar determinar o começo absoluto de um lento processo social." E é significativo que sua curiosidade pela cosmologia o leve a denunciar, no fim da vida, a teoria do *big bang* como um mito destinado a "evitar a representação inquietante de uma infinidade sem começo"[30], da mesma maneira que as pretensas "leis" da astronomia de seu tempo tinham provocado os aprimoramentos de Weber: "Na medida em que é possível remontar à bruma acinzentada do passado mais longínquo, a realidade à qual se aplicam essas leis continua ela também singular e totalmente refratária a uma dedução a partir de leis. Um 'estado original' cósmico que não tivesse caráter singular ou que o fosse em menor grau do que a realidade cósmica do mundo presente seria evidentemente um pensamento desprovido de sentido"[31]. Deveremos voltar a Marx se não para constatar a identidade de posição de Weber e de Elias em relação a suas análises[32] e notar que Elias indica uma nova direção de pesquisa a propósito da "imbricação da evolução dos meios de produção, de poder, de autocontrole e de informação"?

As Ingenuidades do Finalismo

Nada de origem nem de primeiro motor: a pesquisa histórica desencanta o mundo e a ordenação do devir não dá nenhuma direção

---

foi, sob sua fórmula inicial, no século XVII, antes um sintoma que a causa de uma mudança no *habitus* social dos indivíduos – no caso, mais particularmente de comerciantes que estavam ascendendo na escala social ou que tinham desejos de fazê-lo – que estão evoluindo no sentido de uma maior individualização", *La Société des individus, op. cit.*, p. 264), Weber teria respondido provavelmente que a ética protestante podia ser ao mesmo tempo sintoma e causa, como mostram, num outro contexto, certas análises do *Judaísmo antigo* para as quais o comportamento de motivação religiosa ou mágica foi influenciado "em seu caráter e em seu devir pelo conjunto das condições sociais, em particular pelas condições econômicas" (Paris, Plon, 1964, p. 252). Para uma leitura conjunta da *Genealogia da Moral* e do *Judaísmo Antigo*, ver nosso artigo: J. Blondel, "De Nietzsche à Weber", *in Connaissance du Politique*, G. Duprat (sob a dir. de), Paris, PUF, 1990, pp. 45-70.

29. "L'objectivité de la connaissance dans les sciences et la politique sociales", *art. cit.*, p. 151.

30. *Engagement et Distanciation, op. cit.*, p. 178.

31. "L'objectivité de la connaissance dans les sciences et la politique sociales", *art. cit.*, p. 155.

32. M. Weber: "Ainda que não compartilhemos de modo algum do precon-

determinável. Ao reabilitar a mudança e conceder-lhe mais valor do que ao "Ser" da metafísica idealista, Hegel teve o imenso mérito, aos olhos de Nietzsche, de dar novo impulso aos estudos históricos. Mas a introdução da transcendência no coração da imanência alimenta uma nova metafísica. Porque vê na história a realização do bem e do justo, o historicismo hegeliano permanece impregnado dos antigos preconceitos morais, e legitima, além disso, todas as tiranias. Para o filósofo que suspeita da manutenção do providencialismo cristão e do finalismo nos ideais de seu tempo, não se pode confiar muito, *a priori*, nas teorias que se anunciam sob a bandeira da ciência. "Para meditar, escreve ele: em que medida ainda subsiste a crença fatal na providência divina, a crença mais paralisadora que jamais houve para as mãos e o cérebro; em que medida sob as fórmulas "Natureza", "Progresso", "Perfeição", "Darwinismo", na crença supersticiosa numa certa ligação entre a felicidade e a virtude, entre a desgraça e o erro, são ainda a hipótese e a interpretação cristã que persistem?"[33] É esse finalismo presente nos juízos de valor subjacentes às análises apresentadas que o faz rejeitar as teorias sociológicas de Comte e de Spencer, "teoria das configurações do poder em lugar de sociologia", escrevia ele em suas notas do outono de 1887.

É inútil procurar escapatórias. "Aquele para quem o trabalho modesto da compreensão causal da realidade histórica parece subalterno, exclama Weber, só tem que abster-se dele, mas é impossível substituí-lo por alguma espécie de teleologia"[34]. Em outros termos, como se vê, somente se pode convencer a quem quer se deixar convencer. E a dificuldade da disciplina em produzir um saber que seja unanimidade encoraja todas as contaminações ideológicas. Assim, essa tentativa

---

ceito obsoleto segundo o qual a totalidade das manifestações de ordem cultural se deixaria *deduzir* como produto ou como função de constelações de interesses 'materiais', acreditamos, porém, de nosso lado, que *a análise dos fenômenos sociais e dos acontecimentos culturais*, sob o ponto de vista especial de sua condicionalidade e de seu alcance *econômico*, foi um princípio científico de uma fecundidade criadora e que continuará sendo sem dúvida no futuro mais distante, desde que seja empregado com prudência e seja isento de toda e qualquer prevenção dogmática" (*idem*, p. 147). N. Elias: "Marx desenvolveu uma teoria dos processos sociais a longo prazo que atribui a uma esfera parcial do desenvolvimento da sociedade a função de um motor da evolução em seu conjunto. Estou certo de que não se pode esquecer essa hipótese. Ela é indispensável. O que se pode dizer com certeza é que a tentativa de reduzir o motor dos processos sociais a uma esfera única da vida em comum, ou seja, a esfera econômica, não corresponde aos fatos tangíveis. Outros impulsos que não os de ordem estritamente econômica estão em ação na evolução social não planejada" (*Norbert Elias par lui-même*, Paris, Fayard, 1991, p. 147).

33. Colli & Montinari (ed.), *op. cit.*, XI, parág. 243.
34. "L'objectivité de la connaissance dans les sciences et la politique sociales", *art. cit.*, p. 170.

que emana do pensamento jurídico-formal, que Weber cita, e destinada a refutar o princípio da concepção materialista da história por uma série de "sofismas engenhosos": "Explica-se que, a partir do momento em que a vida econômica deveria desenvolver-se em *formas reguladas* jurídica e convencionalmente, todo "desenvolvimento" econômico deveria adotar a forma de aspiração que tende a criar novas *formas jurídicas*, que, em conseqüência, ela só poderia ser compreendida a partir de máximas *morais* e seria, por essa razão, diferente por essência de todo 'desenvolvimento natural'. O conhecimento do desenvolvimento econômico teria portanto um caráter 'teleológico' "[35].

A esse tipo de análise Weber opõe o seguinte argumento: mesmo supondo uma identidade formal total das normas jurídicas em uso, o significado cultural das "relações jurídicas normativizadas" e o das próprias normas podem mudar a ponto de se tornarem irreconhecíveis e... de darem razão aos marxistas, que afirmam exatamente a transformação inevitável do *significado* das instituições jurídicas. Tem-se aí um exemplo da passagem do relativismo sociológico para o absolutismo jurídico próprio a manter todas as confusões. De uma maneira geral, se se puder admitir, explica ainda Weber, que a ação mais "livre"[36] é aquela para a qual o objetivo perseguido supõe o recurso aos meios mais adequados segundo nosso conhecimento, isto é, segundo as *regras* da experiência, é difícil ver na história a engrenagem de diversas atividades "livres", isto é, absolutamente racionais do ponto de vista teleológico. Se o caso fosse esse, o trabalho da disciplina seria grandemente facilitado: poder-se-ia inferir de maneira unívoca o "objetivo", o "motivo" e a "máxima" do agente a partir de meios postos em ação, e a história não passaria de uma "pragmática" da adaptação. Não é esse o caso.

Aos valores que regulam a conduta dos agentes, a suas "concepções de mundo" acrescentam-se as do historiador ou do sociólogo, sempre passíveis de perturbar a argumentação científica quando conduzem a avaliar de modo diverso o "peso" dessa argumentação, inclusive, diz-nos Weber, na esfera das relações causais simples, "conforme o resultado aumente ou diminua as chances dos ideais pessoais, o que quer dizer a possibilidade de querer uma coisa determinada". Sabe-se que, no seu entender, não há outro remédio para essa dificuldade senão o respeito a uma estrita deontologia científica que separe continuamente "relação com os valores" de "juízo de valor". Elias deplora da mesma maneira a falta de autonomia da pesquisa sociológica em relaça

---

35. *Idem*, p. 169.
36. Para Weber, é impossível fazer acreditar que uma certa convicção filosófica, antideterminista, constitui uma premissa indispensável da validade do método histórico. A liberdade do querer não é idêntica à irracionalidade da atividade: a capacidade de desconcertar toda previsão é privilégio do louco.

social sobre os quais se apóiam a maioria dos homens. As disposições preventivas às vezes assumem a forma de verdadeiros exames de consciência[37]. O que responder enfim àqueles que vêem nos trabalhos desses autores, todos os três ligados à divulgação dos fenômenos de dominação, um mesmo cinismo que produz o que ele pretende descrever e legitima os tiranos? Nada, senão o que esses últimos repetem sem pressa. *1*) Os esquemas de análise são revisáveis em função da produção de novos conhecimentos estabelecidos empiricamente, e não em função de pressupostos metafísicos. 2) Seja como for, a partir das tendências do desenvolvimento (*Entwicklungstendenzen*), por mais unívocas que sejam, é impossível fazer avaliações práticas[38].

As Coerções Recíprocas das Configurações

Recapitulemos: os esquemas de análise herdados das ciências físico-químicas não são adequados para a elucidação das "regras" específicas e das "coerções" particulares que definem os modos de coexistência dos homens em sociedade; as teorias relativas às evoluções sociais são deformadas por visões ideais; a investigação nas "ciências da cultura" exige portanto, para navegar entre esses dois escolhos, assim como esses autores nos convidam a fazê-lo, poder avaliar incessantemente a posição. Isso porque não se trata de um errar sem bússola, como eu gostaria de sugerir através de algumas observações conclusivas relativas à conceituação, ao tipo de causalidade e aos esquemas de evolução próprios dessas ciências.

37. "Quem quer que se interesse pela sociologia deve, portanto, fazer-se a seguinte pergunta: será que, por ocasião da elaboração ou da crítica das teorias sociológicas, eu não tento confirmar, em certa medida, uma concepção preconcebida sobre a organização das sociedades humanas? Até que ponto não sou tentado, quando estudo teórica e empiricamente os problemas sociais, a confirmar o que corresponde a meus desejos e a minhas aspirações e a desviar meu olhar daquilo que lhes é contrário? Até que ponto tenho por objetivo principal descobrir as relações que existem entre os diferentes fenômenos sociais tomados em particular, explicar esses processos e compreender como as teorias sociológicas podem contribuir para orientar, explicar e resolver, no plano prático, os problemas de sociedade?" (*Qu'est-ce que la sociologie?, op. cit.*, p. 187).

38. Sobre esse ponto só se pode remeter às imprecações de Weber contra seus colegas que incensavam a "política realista" alemã: "Não vejo realmente por que os representantes de uma disciplina empírica deveriam [...] sentir a necessidade de conceder-lhe mais e mais o seu apoio aplaudindo a cada vez a "tendência do desenvolvimento" e procurando fazer da "adaptação" a essa tendência, que não passa, na verdade, de um problema de avaliação final, isto é, um problema que cada um deve resolver pessoalmente em consciência conforme as situações particulares, um princípio pretensamente coberto pela autoridade de uma 'ciência' " ("Le sens de la neutralité axiologique dans les sciences sociologiques et économiques" [1917], *in Essais sur la théorie de la science, op. cit.*, p. 436).

1. O projeto de conhecimento nas ciências sócio-históricas pressupõe a elaboração de conceitos suscetíveis de superar o método isolante e estático das ciências físicas, isto é, de conceitos que designam sociedades de indivíduos e de conceitos que explicam as transformações das configurações que eles formam entre si, sem voltar a encontrar os temas soberanos da metafísica[39]. A construção desses conceitos é indissociável do método comparativo. Sabe-se como Max Weber elaborou, por exemplo, sua sociologia das religiões mediante o recurso a observações provenientes de áreas geográficas e culturais muito diferentes, fazendo a confrontação dos parentescos e das diferenças aparecer a dependência de um elemento em relação a uma "constelação" específica e impedindo a generalização a partir de um único exemplo. Norbert Elias conta, do mesmo modo, entre as descobertas mais importantes que fez, quando trabalhava no British Museum de Londres, a idéia segundo a qual "não se pode descobrir a estrutura das sociedades a não ser se as compararmos de modo sistemático"[40]. Esses conceitos, ou ideais-tipos, são apenas ferramentas, mas enquanto tal são indispensáveis. Descartá-las sob pretexto de que seriam inúteis ou supérfluas é assumir o risco, diz-nos Weber, de "aplicar consciente ou inconscientemente outras construções análogas sem formulá-las explicitamente e sem elaboração lógica" ou então permanecer enfiado na esfera daquilo que é "sentido vagamente". Naturalmente, tampouco se trata, para dar uma alguma clareza expressiva à demonstração do ideal-tipo, de procurar ilustrar, com o auxílio de exemplos sugestivos apanhados na realidade empírica e histórica, ainda menos de violentar a realidade para consolidar a validade efetiva da construção. Isso seria fazer do saber histórico o "servidor" da teoria e não o contrário. A censura de "nominalismo sociológico" que Elias faz a Weber seria então fundamentada – é impossível discutir esse ponto no âmbito dessa comunicação. Que me baste lembrar que seu projeto é usar os ideais-tipos como simples "escalas" na expectativa de uma possibilidade de

---

39. Inúmeras biografias ainda consagram esse método individualizante: "Ainda não existe tradição de pesquisa em cujo quadro se estudem sistematicamente as relações entre as obras e os atos de personagens individuais, conhecidos nominalmente na história e na estrutura dos grupos sociais nos quais eles assumiram importância" (*La Société de cour, op. cit.,* p. LII).

40. *Norbert Elias par lui-même, op. cit.,* p. 74. Sem uma comparação sistemática entre Alemanha e França, é pouco provável que ele tenha podido explicar, com pertinência, a formação e a evolução da sociedade cortesã na França, o que ele evoca, por exemplo, a partir do destino das duas línguas: "Na Alemanha, a aristocracia falava francês na corte, e as classes médias tinham sua própria elite que só adotara pouquíssimas coisas das maneiras civilizadas da nobreza [...]. Em alemão, pode-se ser muito mais grosseiro do que em inglês ou em francês e isso provém do fato de as classes médias alemãs jamais terem adotado os modelos comportamentais da corte ou somente, quando isso pôde acontecer, de uma maneira muito particular".

orientação sobre o "imenso mar dos fatos empíricos"[41] e "ultrapassá-los" no trabalho empírico[42].

2. Renunciar ao mecanismo da causa e efeito, ao finalismo da teleologia ou das "legalidades" asbtratas, é conceber um tipo de causalidade que explica a transformação das "formações", "constelações" ou "configurações" sociais sem fazer intervir as noções de liberdade ou de necessidade igualmente inapropriadas[43]. Weber aborda essa questão a propósito da utilização do conceito de "possibilidade objetiva" na determinação do que é "essencial" causalmente em história[44]. Elias a encontra por várias vezes em seus trabalhos. Debruçando-se sobre o detalhe da divisão das forças e das interdependências de duques, de príncipes, de reis, como faz em *A Sociedade de Corte*, ele mostra que as decisões dos soberanos nunca podem desempenhar o papel que às vezes lhes atribuímos, de primeiro motor de acontecimentos históricos: "Um soberano é mais livre do que seus súditos, mas não é certamente 'livre', se entendermos por esse termo que ele seria independente dos outros"[45]. Em *O Que é a Sociologia?*, a questão é retomada sob o ângulo da dupla perspectiva relacional sob a qual se pode considerar a sucessão de transformações históricas: uma perspectiva retrospectiva que leva a considerar a configuração presente como resultante "necessariamente" de uma configuração anterior e a visão prospectiva para a qual esta é tão-somente a realização de uma única possibilidade[46]. O modelo causal empregado nos trabalhos sócio-his-

---

41. "L'objectivité de la connaissance dans les sciences et la politique sociales", *art. cit.*, p. 202.
42. "De fato, para a ciência, chegar à maturidade significa sempre ultrapassar o ideal-tipo desde que se lhe atribua uma validade empírica ou o valor de um conceito genérico" (*ibid.*).
43. Contra o que ele chama a "estupidez mecânica" reinante, Nietzsche afirma que o "servo arbítrio" é um mito do mesmo modo que o livre arbítrio, e que essas noções remetem ambas a tipos de homens que têm necessidade delas. *Para Além do Bem e do Mal*, VII, I, parágr. 21.
44. "A reflexão sobre o significado causal de um fato histórico começa primeiramente por esta pergunta: se excluíssemos esse fato do complexo de fatores que entram em linha de conta como elementos co-condicionantes ou se o modificássemos num certo sentido, o curso dos acontecimentos *teria podido*, segundo as regras gerais da experiência, seguir uma outra direção qualquer, relativamente a pontos decisivos para nossa pesquisa?" Se devemos esperar um curso das coisas "idênticas", comenta Weber, mesmo em caso de eliminação ou de modificação do fato em questão, esse fato é então sem importância causal. "Études critiques pour servir à la logique des sciences de la 'culture' ", *art. cit.*, p. 313.
45. *La Société de cour, op. cit.*, p. 152.
46. "Vista da primeira configuração, a seguinte é quase sempre apenas a realização de uma única de suas possibilidades. Vista da última configuração, a anterior é considerada apenas como uma das preliminares necessárias à sua formação" (*Qu'est-ce que la sociologie, op. cit.*, p. 198).

tóricos apelará mais para categorias relacionais como as de "equilíbrio", de "dominação", melhores mesmo para captar as interdependências.

3. Que validade pode-se então conferir aos esquemas de compreensão das evoluções sócio-históricas propostas pelos sociólogos e pelos historiadores? A única certeza para esses três autores, não se pode tratar de um "sistema fechado de conceitos", de uma teoria panexplicativa que regularia o "sempre assim". Para um espírito acabado, a pretensão de ter acesso a uma história total é vã. "Estamos às voltas com um *continuum* do qual isolamos algumas frações"[47]. "Somente um *fragmento* limitado da realidade pode constituir a cada vez o objeto da apreensão científica e somente ele é "essencial", no sentido em que merece ser conhecido"[48]. Os problemas e os modos de recorte variam, as relações intelectuais sob as quais os encaramos igualmente. Mas a unilateralidade desejada do ponto de vista é, aqui, garantia de rigor. Vê-se o interesse dessas proposições para lutar contra todas as formas de objetivismo e para dissipar as confusões entre as esperanças mantidas pelos políticos ou por outros reformadores sociais e as dinâmicas em sua efetividade.

---

47. F. Nietzsche, *A Gaia Ciência, op. cit.*, V, parágr. 112.
48. M. Weber, "L'objectivité de la connaissance dans les sciences et la politique sociales", *art. cit.*, p. 153.

4. O "Grande Jogo" da Sociedade

ALAIN GARRIGOU

Como um intelectual quase septuagenário e aposentado, convencido da importância de sua obra, pôde empenhar-se em longas pesquisas sobre um campo tão anódino quanto o esporte? A reflexão sobre o jogo e os esportes ocupa grande espaço na sociologia de Norbert Elias, como o atesta um rápido inventário. Trabalhos disseminados se escalonam entre 1966, data da publicação de um primeiro artigo ("Dynamics of sport groups with special reference to football", *British Journal of Sociology*, 17(4): 383-404, em colaboração com Eric Dunning), e 1986, quando foi publicado *Quest for Excitement: Sport and Leisure in the Civilizing Process*, obra coletiva sob a direção de Norbert Elias[1]. Anteriormente, várias contribuições de Elias já haviam sido publicadas em outra obra coletiva, *The Sociology of Sport*, editada por Eric Dunning. Razões biográficas tiveram seu papel nesse interesse tardio pelo esporte, como o encontro com Eric Dunning, praticante de esportes e bom conhecedor do assunto. Por outro lado, o intelectual exilado Norbert Elias não terá sido o único de sua espécie a nunca sofrer as ambigüidades do exílio e a jamais ser atormentado por um desejo de integração. Ora, o que existe de mais "inglês" do que o

---

1. As referências às obras de Norbert Elias serão indicadas no texto por meio das seguintes abreviaturas:
   QE – *Quest for Excitement: Sport and Leisure in the Civilizing Process*, Oxford, Basil Blackwell, 1986.
   QS – *Qu'est-ce que la sociologie?*, Paris, Pandora, 1981.
   SC – *La Société de cour*, Paris, Flammarion, 1985.
   DO – *La Dynamique de l'Occident*, Paris, Calmann-Lévy, 1975.
   NE – *Norbert Elias par lui-même*, Paris, Fayard, 1991.
   ED – *Engagement et Distanciation*, Paris, Fayard, 1993.

esporte? Norbert Elias não dizia outra coisa: "Desde a primeira publicação do ensaio sobre *A Gênese do Esporte como Problema Sociológico*, que atrai a atenção para a origem inglesa do esporte, muitas vezes me pediram uma informação mais ampla que pudesse ajudar a explicar esse fato" (*QE*, p. 26). Essa menção ao interesse atribuído à valorização de uma especificidade nacional ressoa como a secreta satisfação do estrangeiro capaz de ensinar algo sobre seu país de adoção a seus próprios autóctones. Além do mais, nessas situações em que o interesse científico pega os preconceitos no contrapé, pode-se esperar que ele seja imediatamente justificado pela importância insuspeita do fato. Norbert Elias não falhou quanto a isso, ao se entregar também a essa afirmação parcialmente enganadora que atribui apenas ao objeto a razão de ser da pesquisa.

Ao reavaliar o interesse intelectual do esporte, Norbert Elias podia entregar-se ao prazer transgressivo da subversão das hierarquias estabelecidas e ao prazer estético das descobertas inesperadas e inacessíveis a todos os conformismos e ortodoxias[2]. Tal como ele observava dois decênios mais tarde, "quando começamos nosso trabalho, a sociologia do esporte ainda estava na infância" (*QE*, p. 19). Aproximaremos essa observação daquelas que se referem à etiqueta ou ao hábitat em *La Société de cour* e sobre os quais ele declarava, na introdução dada à sua publicação mais de trinta anos após sua redação, que esses objetos aparecem como "coisas bizarras" (*SC*, p. XXXIX). Norbert Elias estava bem colocado para não deixar a um reconhecimento tardio o cuidado de fazer justiça a suas audácias. Marginal e também bastante original, gostava de se ver assim enfatizando a novidade provocante de seus pontos de vista por tanto tempo ignorados. *Scientia ludens,* a expressão poderia ser aplicada muito bem a uma atitude geral da "gaia ciência"[3], àquela concepção do trabalho científico na qual o *savant* empreende a promoção à dignidade científica de fatos que o sentido comum – mesmo que científico – negligencia ou repudia como vulgares, pequenos e insignificantes. Delimitar uma esfera de reflexão pela definição social de um objeto seria, porém, substituir um equívoco por outro. Norbert Elias prevenia a respeito disso com sua insistência sobre o ponto de vista da totalidade social: "Estávamos muito conscien-

---

2. Com toda certeza, o caráter "bizarro" dos objetos parece fortemente atenuado. Uma idéia tomada de originalidade pode hoje passar por um novo conformismo. Se isso nada tira da originalidade de Norbert Elias, o sucesso de uma história-gancho não deve mascarar o que separa a amável acumulação anedótica de um programa científico.
3. Essa alusão à obra de Nietzsche é dupla se pensarmos que este foi buscar a idéia de *gaya scienza* nas cortes provençais da Idade Média e determinava na vida cortesã (particularmente na corte de Luís XIV) o local onde, ao se proibirem a linguagem e as maneiras das paixões, nem por isso se deixa de atingir a "repressão das próprias paixões" (*Le Gai Savoir,* p. 47).

tes de que o conhecimento sobre o esporte era um conhecimento sobre a sociedade" (*QE*, p. 19).

O interesse pelo esporte confirmaria a imagem de uma ciência risonha e franca se o novo objeto não se inserisse precisamente num programa obstinado. Com efeito, as análises dos jogos e dos esportes situam-se na continuidade do estudo do processo de civilização, isto é, em linha direta com aquilo que constitui por excelência o tema eliasiano. Nesse sentido, esse estudo se apresenta como uma extensão (*enlargement*) das teses apresentadas desde os anos trinta, mas também como um teste, já que ela oferecia um novo terreno de validação. O momento é ainda mais interessante porque se situa num período posterior ao estudado nos trabalhos de antes da guerra, isto é, essencialmente no século XIX e no início do século XX. Em suma, o esporte oferecia um terreno para aprofundar a teoria da civilização ao propor um complemento e, eventualmente, uma correção, quando os limites cronológicos podiam sugerir a conclusão do processo observado e descrito na Idade Média e sobretudo na era moderna. Se a gênese do esporte era concebida como uma modalidade do processo de civilização, Norbert Elias analisava também como a civilização estava e continua em ação na própria evolução dos esportes. Entretanto, essa extensão não se limita a um complemento de ordem histórica. O estudo do esporte não intervinha como uma seqüência tardia na qual Norbert Elias fornecia uma problemática já constituída. O novo investimento, sob muitos aspectos, estava preparado de longa data. O recurso recorrente à imagem do jogo desde os primeiros trabalhos não permite ignorá-lo. No entanto, o termo "imagem" é parcialmente impróprio, no sentido em que ele parece definir apenas um processo didático ou pedagógico, uma maneira cômoda de "fazer entender".

O jogo não é uma entrada como outra qualquer na sociologia de Norbert Elias. É uma sua marca específica, uma espécie de esquema paradigmático pelo qual essa sociologia se ilumina. Falando da sociedade de corte, Norbert Elias define-a como um "grande jogo". Não se trata de uma metáfora, mas da descrição realista e analítica das relações sociais dessa configuração que é a sociedade cortesã. Ora, essa sociedade não se diferencia substancialmente de toda sociedade, mesmo que seja compreendida em sua acepção mais geral. Toda sociedade é uma estrutura de competição. Pelo fato da delimitação empírica dos objetos, essa concepção das relações sociais pudera assumir apenas uma forma implícita, mesmo que, evidentemente, o conceito de processo fosse analisado como um mecanismo de competição e as mudanças, como os resultados dessa competição. Ela é sistematizada a partir do estudo dos esportes no conceito de figuração que define os sistemas de interdependência social. Por isso, a abordagem elisiana dos esportes não pode limitar-se ao que poderíamos isolar como uma sociologia do esporte. Como e por que Norbert Elias foi levado a construir uma sociologia na qual o jogo se tornava o modelo da estrutura social? A descoberta de um novo objeto de estudo já não parece o encontro quase acidental que à primeira vista parecia. Como não se pode entender o jogo sem recolocá-lo no conjunto das relações sociais, segundo Norbert Elias, não se pode compreender o lugar do jogo em sua sociologia sem levar em conta o conjunto da obra. O problema não é mais a substância das teses eliasianas, mas a genealogia do pensamento e da obra eliasianos. Por conseguinte, a interrogação se desloca também para o sociólogo. Uma chave dessa genealogia parece residir na afinidade que o sociólogo tinha com algumas de suas fontes que ele designou de modo geral como pertencentes à literatura mundana. Servindo-se amplamente de uma visão de autores literários como La Bruyère, devemo-nos perguntar, pois, quais são as condições sociais de uma observação social literária que Norbert Elias tratou ou como uma grade de análise ou como uma fonte empírica. Essa afinidade se explica por propriedades de postura que aproximam o sociólogo de observadores críticos de uma sociedade do passado. O distanciamento torna-se então essa condição de compreensão da sociedade esboçada na literatura mundana e que Norbert Elias sublimava numa concepção exigente e racionalizada do trabalho e do ofício de *savant*. Trata-se de escolher entre as inúmeras questões consagradas socialmente como importantes ou de revisar as ordens de grandeza, os objetos são investidos tanto por causa de si mesmo quanto por causa deles próprios. Trata-se, portanto, também, segundo uma fórmula mais sugestiva do que justa, de analisar aquilo que o jogo diz de uma sociologia e do próprio sociólogo.

A *SOCIETY* E A SOCIOGÊNESE DO ESPORTE

Nada pode, sem dúvida, explicar melhor a originalidade da interpretação sociológica do esporte de Norbert Elias que a lembrança da análise feita numa das raras obras clássicas que se detêm nessa questão. Com efeito, Thorstein Veblen concebia os esportes como "sobrevivências modernas da proeza" que desenvolvem essas duas características do "temperamento bárbaro" que são a ferocidade e a astúcia. Entre as fórmulas que relegam o esporte a um arcaísmo, ficaremos com o ponto de vista segundo o qual "a inclinação para os esportes atléticos, quer se trate de participação direta ou de apoio moral, é uma característica da classe de lazer; e é um traço que essa classe compartilha com os delinqüentes de baixa extração e com os elementos esparsos da sociedade que possuem por atavismo tendências rapaces predominantes"[4]. Esse julgamento foi muito difundido, com o risco de assumir uma forma menos virulenta, de reter menos a brutalidade das condutas esportivas do que sua puerilidade. Sem entrar aqui na complexidade do

---

4. T. Veblen, *Théorie de la classe de loisir* (1. ed., 1899), Paris, Gallimard, 1970, p. 177.

pensamento de Veblen, essa visão parece exatamente o inverso das teses elaboradas por Norbert Elias muito tempo depois, ao passo que Veblen ficara bastante surpreso ao constatar o impressionante progresso do caráter "predador" ou "rapace" numa sociedade não obstante "mais civilizada". Com efeito, longe de ver uma "sobrevivência" ou "uma resistência", "a pesquisa sobre o desenvolvimento do esporte mostrava um desenvolvimento global do código de conduta e de sentimento na mesma direção" (*QE*, p. 21). O desenvolvimento do esporte se inseria no processo de civilização.

O surgimento e o desenvolvimento do esporte tinham o caráter de um "impulso civilizador" comparável, em sua direção global, à curialização dos guerreiros na qual "as regras impositivas da etiqueta desempenhavam um papel significativo". A esse processo e também a essa invenção, Norbert Elias aplicava o neologismo "esportização". Ali como alhures, seria inútil procurar um começo absoluto. Não obstante, quaisquer que sejam as atividades físicas e lúdicas anteriores, sua forma contemporânea esportiva diferencia-se delas claramente. Esse é o sentido de pesquisas sobre os jogos antigos ou sobre os jogos tradicionais (*folk games*). Espécie de contraponto e, portanto, de revelador, sua análise visava a caracterizar a especificidade esportiva e desempenhava um papel homólogo ao dos comportamentos dos guerreiros antes de sua curialização. Desse modo, a esportização pode ser definida imediatamente como a passagem dos jogos tradicionais aos esportes. Isso designa tanto a conversão de práticas antigas remodeladas em jogos esportivos quanto a substituição dos primeiros pelos seguintes. Assim, já denominados "futebol", os jogos de bola existiam quase em toda a parte há muitos séculos. De acordo com esse ponto de vista, eles foram transformados em formas esportivas de jogos de bola ou abandonados em proveito de jogos esportivos, como ainda se pode observar em algumas sociedades. Na verdade, os primeiros desapareceram em larga escala, salvo quando são desvalorizados como práticas arcaicas e declinantes de classes populares ou restaurados como espetáculos folclóricos. Os segundos conquistaram o mundo. Com a invenção do esporte como categoria de atividade social, esportes como modalidades particulares dessa atividade nasceram, portanto, da transformação de antigos jogos, da transformação de atividades sociais (duelo, treinamento militar) ou da criação de variantes esportivas por cissiparidade e dissidências das práticas de organizações esportivas.

Para além da simples comprovação do surgimento e da multiplicação dos esportes, o fenômeno de esportização se situa na continuidade histórica ao ser singular. Isto era escapar às duas visões opostas da descontinuidade sugerida pelo emprego de um novo termo, "esporte", tomado emprestado universalmente do inglês, ou da continuidade com os jogos tradicionais que, ao contrário, os folcloristas podiam valorizar. À sua maneira, o movimento esportivo consagrou uma visão dupla de restauração-criação e, portanto, de continuidade-descontinuidade ao dar ao esporte moderno o antepassado prestigioso dos Jogos Olímpicos da Grécia antiga. O procedimento consiste aqui num duplo desmentido: de um lado, o esporte diferencia-se profundamente das atividades lúdicas físicas anteriores; de outro, ele só pode ser entendido em relação a estas. Definindo o esporte como uma atividade de lazer que se baseia no "exercício físico e na competência corporal", o esporte é semelhante aos jogos antigos; contudo, diferencia-se deles principalmente pela sensível diminuição do nível de violência. Eis o que revela amplamente o exame dos jogos antigos ou tradicionais, no nível de violência elevado, nos freqüentes ferimentos infligidos, na morte não excluída. Por isso, os jogos tornaram-se impensáveis como esportes, porque são impossíveis como atividade autorizada socialmente. Pois bem, o esporte é exatamente um exercício da violência física "aprovada socialmente" porque controlada. A continuidade é, então, a do processo de civilização marcado pelo autocontrole dos comportamentos no conjunto das relações sociais. Confrontos como os duelos foram proibidos à medida que se impunha a monopolização da violência física pelo Estado. Sua erradicação foi ao mesmo tempo lenta e marca a longa duração do processo, do mesmo modo que os jogos tradicionais foram por muito tempo reprimidos sem sucesso, como o comprova a recorrência das proibições.

Tratar o esporte "como problema sociológico", tal como Norbert Elias se propôs fazer, implicava analisar as condições sociais de seu surgimento. Situada historicamente, a gênese do esporte o estava também socialmente. Após a análise interna das atividades esportivas, a análise social acabava por constituir a esportização numa modalidade do processo de civilização. Tanto do ponto de vista dos agentes sociais quanto das condições sociais da gênese do esporte, são os mesmos grupos e as mesmas razões que participam desse processo. O argumento é decisivo para eliminar toda e qualquer explicação em termos de resistência ou de retorno do que foi reprimido. Longe de ser o ato de grupos sociais afastados do processo de civilização ou que lhe resistiam, a esportização era a obra daqueles que orientavam o processo civilizador. Ela participava, ao contrário, de um conjunto de transformações civilizadoras que afetavam o modo de vida no meio social e o tempo do "jorro de civilização" (*civilization spurt*) da *society* inglesa dos séculos XVIII e XIX.

Ao resumir a tese do processo civilizador, Norbert Elias explicava que seu objetivo era mostrar como, a partir do século XVI, mudou a "norma social de comportamento e de sentimento, particularmente em certas esferas da classe superior" (*QE*, p. 21). Tanto quanto os modos à mesa, a conduta em público e outros componentes da construção de um código de comportamento "civilizado", o esporte é a invenção de uma "alta sociedade". Por que a sociedade inglesa dos séculos XVIII e

XIX? É antes de tudo o produto da história singular do processo de pacificação que caracteriza a Inglaterra depois das revoluções do século XVII. No final da Gloriosa Revolução de 1688 e diferentemente dos Stuarts, as novas dinastias reais (Orange e depois Hanover) renunciavam ao absolutismo na moldura de um *modus vivendi* com as classes dominantes. Simultaneamente desaparecia a hipótese política radical que, graça aos *dissenters*, tinha tido tanto peso no futuro político do país. Relativamente a salvo das turbulências políticas internas, a coexistência das duas classes dominantes da aristocracia e da *gentry* pôde firmar-se na comunidade de interesses fundiários e na sua representação nas instituições parlamentares, uma vez que a *gentry*, excluída da Câmara dos Lordes, estava amplamente representada na Câmara dos Comuns. A presença dos membros das duas classes entre os *whigs* e os *tories* vinha somar-se à imbricação dos ambientes. Como na sociedade cortesã, um relativo equilíbrio das forças permitia, portanto, a pacificação de longa duração sobre a qual se impunha o autocontrole como norma de conduta. Uma de suas modalidades, que se afirmou no decorrer do século XVIII, era a competição política pacificada sob a forma do regime parlamentar. Assim, a parlamentarização e a esportização participavam do mesmo processo civilizador. A relativa coincidência dos dois fenômenos, assinalada muitas vezes, era explicada, pois, por sua condição de produtos paralelos. Norbert Elias, ao atribuir à pacificação da competição política a do lazer físico, sugeria ao mesmo tempo uma ligação mais direta e de natureza causal: "A 'parlamentarização' das classes fundiárias da Inglaterra tivera sua contrapartida na esportização de seu lazer" (*QE*, p. 34). De conformidade com a dupla face do esporte como "des-controle controlado", essa ligação causal intervinha para explicar o surgimento de atividades compensatórias da pacificação das lutas políticas e, além disso, da racionalização das condutas.

A *society* inglesa do século XVIII atuava, assim, como uma "agência civilizadora", a exemplo da corte francesa do século XVII. O processo civilizador marcava alguns princípios genéricos no além da especificidade do momento, do lugar e das modalidades. Uma "boa sociedade" caracterizada pela abastança e pelo tempo livre impunha um novo tipo social representativo da competência social. O *gentleman* sucedia ao cortesão, figura significativamente desvalorizada enquanto as normas corteses de comportamento continuavam, no entanto, a definir as maneiras de uma "boa sociedade". Assim, Norbert Elias isolava uma nova etapa do processo de civilização que tinha seu lugar numa evolução: "Como o impulso pacificador e civilizador do século XVII na França não era o início do processo nessa direção, também na Inglaterra o impulso comparável do século XVIII era apenas um dos impulsos dessa espécie, embora talvez o mais decisivo" (*QE*, p. 36). A dúvida expressa no final deixa tanto mais perplexo quanto não são expressas as suas razões. Todavia, não é necessário entregar-se a conjecturas para adivinhar a razão de uma observação incidente que merece atenção. A *gentry* era uma sociedade seguramente mais extensa e aberta do que uma corte real, mesmo que extensa. Conforme a observação de Nietzsche, processos de civilização podiam ser observados em toda sociedade de corte que produzia códigos de comportamento extremamente elaborados. Contudo, as cortes dos diferentes imperadores chineses ou mongóis não haviam estendido seus códigos de comportamento ao conjunto da sociedade. Por que a corte real francesa tê-lo-ia feito, como, aliás, tê-lo-iam feito também as cortes européias contemporâneas menos vastas e prestigiosas? O deslocamento da atenção do universo relativamente fechado das cortes para aquele mais aberto de uma alta sociedade dava início, sem qualquer dúvida, à elucidação da extensão social do processo de civilização. A continuidade da cadeia entre a sociedade de corte e as sociedades concebidas como democráticas de hoje era pouco aparente nas análises de Norbert Elias, ainda que se possa considerar os salões aristocráticos como configurações intermediárias. A alta sociedade inglesa se apresentava mais claramente como o elo dessa continuidade no mistério de uma ampliação social do processo civilizador. Ela o era tanto mais quanto essa alta sociedade se encontrava em todas as sociedades européias e além e quanto o impulso civilizador inglês pudera constituir-se em seu modelo pela anglomania difundida nessas altas sociedades. Em suma, a universalização do esporte e a parlamentarização seriam os caminhos mais brilhantes dessa extensão do processo de civilização.

Até aí, o estudo do esporte continua a ser o de um movimento de civilização conduzido sucessivamente por grupos sociais específicos. A extensão do processo se reveste de um caráter empírico quando é observado numa nova formação social e num outro tempo. No entanto, ocorreu uma ruptura do fio condutor. Com efeito, essa etapa suplementar tem uma singularidade que levava a considerar sob uma luz nova o processo de civilização. A extensão social consiste num aprofundamento pelo qual as normas de conduta são controladas de forma mais estreita. Nos trabalhos anteriores, a interiorização de novas normas de autocontrole não parecia ter custos nem contrapartidas, nem produzir tensões na economia psíquica. Ao definir a esportização em relação à parlamentarização, de um lado, ao sugerir a idéia de um novo limiar de autocoerção, de outro, a coisa não caminhava mais do mesmo modo. A interrogação sobre a função social do esporte e do lazer em geral complicava os mecanismos do processo de civilização. As atividades de lazer esportivo constituem o que Norbert Elias denomina "encraves" de descontrole concebidos por agências civilizadoras que, por sua vez, têm algumas características de encraves. A atividade descontrolada surgiu, pois, num lugar social de reforço do controle. Portanto, para entender a instituição do esporte, era preciso compreender primeiramente sua "função social" na *society*. Ao mesmo tempo, a universalização dessas atividades assinalava a ampliação do processo de civilização a outras classes sociais que não as iniciadoras e para as quais elas cumpriam a mesma função social. Pois bem, o esporte não podia ser explicado em si mesmo, mas em relação com o conjunto das atividades sociais e, além disso, devia ser incluído no conjunto das atividades de lazer. Recusando as oposições comuns que lhes pareciam ter complicado a compreensão do lazer, entre trabalho e lazer ou realidade e ficção, Norbert Elias e Eric Dunning pretendiam reformular a "relação entre lazer e não-lazer como um equilíbrio de tensões flutuante" (*QE*, p. 116). Por isso, a pesquisa se estendia a esse conjunto que valorizava um sistema inclusivo de atividades que, antes de tudo, ocupavam um lugar no espectro das atividades do tempo livre (*spare-time spectrum*). Contra a definição predominante do lazer em relação ao trabalho, o primeiro era definido como uma atividade centrada em si mesma (*self-centred*), em oposição às atividades que tinham um objetivo (*aim-directed*). Por outro lado, a função social do lazer[5] era definida nos seguintes termos:

Sua função não é apenas, como se acredita com freqüência, uma liberação das tensões, mas, sim, a restauração dessa medida de tensão que é um ingrediente necessário da saúde mental. O caráter essencial de seu efeito catártico é a restauração de um "tônus mental" normal através de um transbordamento temporário e provisório de sensação agradável" (*QE*, p. 89).

Portanto, as atividades recreativas têm ao mesmo tempo uma função recriativa. Numerosas formulações definem o lazer por sua "função de desrotinização". É uma resposta ao avanço de uma rotinização que "captura todas as esferas da vida" (*QE*, p. 73). Se essa evolução explica ao mesmo tempo a esportização, ela entra numa concepção geral do processo de civilização. Com efeito, essas rotinas são produzidas pela racionalização, e o lazer constitui um "antídoto" para as "rotinas racionais da vida". Ora, essa explicação parece assinalar uma importante inflexão. "Com a tendência a uma maior regularidade, a vida tendia a ficar mais morna" (*QE*, p. 174), tal era uma formulação entre outras de um diagnóstico que parece estranhamente ausente dos trabalhos dos anos trinta.

Nesses trabalhos, o processo de civilização estava ligado explicitamente ao movimento de racionalização. Referindo-se a Max Weber, Norbert Elias explicava que na sociedade de corte "descobre-se exatamente um daqueles tipos de racionalidade não-burguesa" (*SC*, p. 107). Ao contrário de sua aparência de superficialidade ou de irracionalidade

---

5. Indício de uma preocupação de corrigir a ênfase funcionalista, o título "The Quest for Excitement in Leisure" substituía o título original "The Quest for Excitement in Unexciting Societies" (intervenção na conferência anual de 1967 da British Sociological Association: publicado em *Sport and Leisure*, n. 2, 1969).

definida de acordo com os critérios de uma outra racionalidade, a etiqueta, os gastos ostentatórios constituíam, assim, modalidades da "racionalidade de corte": "Aplicavam-se, pois, a calcular com precisão, levando em conta o objetivo a atingir, a maneira de usá-la com seus semelhantes" (*SC*, p. 102). Portanto, desse ponto de vista e apesar das mudanças, a racionalidade burguês-profissional não mudava as modalidades da racionalidade – as condutas eram determinadas por cálculos sobre os meios de atingir os objetivos –, mesmo que suas traduções sociais na ostentação dos costumes aristocráticos e o ascetismo dos costumes burgueses estivessem em oposição. Pois bem, as preocupações expressas por Max Weber sobre a "gaiola de ferro" da racionalidade ou de Freud sobre o mal-estar na civilização não encontravam eco algum, mesmo indireto. Norbert Elias adotava uma posição radical tão focada no processo de civilização que ele parecia levado a negligenciar toda e qualquer objeção daqueles que tiveram grande influência intelectual sobre ele, Max Weber e Sigmund Freud. Ao analisar a esportização, Norbert Elias corrigia ou completava sua teoria da civilização. De fato, adotava um ponto de vista weberiano sobre os efeitos da racionalização mas uma resposta freudiana para refutar a fatalidade da "gaiola de ferro", e jogava um contra o outro.

Max Weber via na rotina produzida pelo movimento de racionalização um fenômeno moderno ligado à dominação da racionalidade burguesa e antecipava seus progressos numa espécie de realismo pessimista. Com a mesma postura com que se empenhava em desmentir as ilusões utopistas, Freud sugeria a permanência desses efeitos da civilização (designada significativamente pelo termo "cultura"[6]) ao mesmo tempo em que não vinculava essa – ou não o fazia com clareza – a um processo histórico. Em suma, onde Weber considerava com fatalidade um efeito necessário do desenvolvimento social, Freud explicava a função das "satisfações substitutivas" como solução para as tensões da vida em sociedade. Norbert Elias re-historicizava essas funções de "contrapeso", de "contramedidas", ao assinalar a novidade de suas formas ligadas ao avanço do processo de civilização. Sob esse aspecto, a esportização constituía uma resposta histórica particular. Assim, no oposto das "satisfações substitutivas" sublimadas e antigas da arte[7] – pelo menos em nossos usos de arte dos quais não se pode excluir que elas mesmas sejam um resultado do processo de civilização –, a esportização podia ser definida como uma satisfação substitutiva imediata e não necessariamente sublimada. De certo modo, a esportiza-

6. O livro de Sigmund Freud, *Unbehagen in der Kultur*, foi traduzido para o francês com o título de *Malaise dans la civilisation* e para o inglês com o título de *Civilisation and its Discontents*.
7. Norbert Elias evocava sucintamente essa função em seu primeiro artigo publicado ("Kitschstil und Kitschzeitalter", *Die Sammlung*, 2(5): 252-263, 1935).

ção era uma solução constituída histórica e socialmente em face das transformações da economia psíquica, ela era ao mesmo tempo uma solução de equilíbrio. Portanto, a "gaiola de ferro" da racionalização não era uma fatalidade, uma vez que as sociedades humanas produziam corretivos. Assim, a plasticidade revelada pela análise sociológica pressupunha ao mesmo tempo uma concepção antropológica segundo a qual a economia psíquica obedecia a mecanismos invariantes quaisquer que sejam as formas históricas de organização social[8].

DE UMA ATIVIDADE SOCIAL À CONSTRUÇÃO SOCIOLÓGICA DA SOCIEDADE

Seria legítimo afirmar que não existe, propriamente falando, sociologia do jogo na obra de Norbert Elias, de tal forma esse objeto é analisado segundo os esquemas de conjunto de uma sociologia geral. Com efeito, é o estudo do desenvolvimento social em seu conjunto que é efetuado nos termos do jogo. O esporte como atividade social é deixado de lado em proveito de uma definição do jogo como estrutura de ação e exatamente como estrutura de competição. As reticências em conceber o jogo como modelo ou estrutura se devem à dificuldade de romper com uma concepção substancialista, isto é, em pensar os jogos fora de sua existência social e sobretudo de seu aspecto de lazer, de prazer e de diversão. Como um termo como esse se aplicaria às atividades mais sérias? Os preconceitos são obstinados contra os fatos visto que, por exemplo, o esporte não é por essência um lazer, como basta para atestá-lo sua profissionalização ao se referir ao léxico do trabalho, em que se apela para seriedade, para o esforço e para o rigor. A distinção entre os termos ingleses *play* e *game* serve muitas vezes para desconectar essas dimensões associadas mas distintas analiticamente. Segundo uma outra objeção, o jogo parece atividade livre e voluntária por excelência. Como Elias e Dunning mostraram, esse ponto de vista impede que se compreenda o surgimento do esporte, uma invenção social ligada a transformações sociais gerais. Se isso não impede que se conceba subjetivamente essa atividade sob esse aspecto pessoal do gosto e da escolha, temos aí também apenas um produto da individuação e um avatar do *Homo clausus* concedido a uma filosofia do sujeito e da vontade que Norbert Elias chamava transcendental.

À leitura dos livros concebidos nos anos trinta, não pode escapar a ninguém quão freqüentemente Norbert Elias recorre aos jogos,

---

8. Essa concepção antropológica assumia em Norbert Elias alguns aspectos fisiológicos, porque não permitem ignorar as palavras do sociólogo, que declarava começar seus cursos pela apresentação prévia da organização neurológica da espécie humana baseando-se num corte do cérebro (*NE*, p. 43).

a seu léxico para analisar situações cuja definição social está muito distante desse universo. Sob certos aspectos, o jogo intervém a título de analogia, no sentido de que a referência a jogos particulares ou ao jogo em geral serve para "fazer entender" mediante o exame e a explicitação de mecanismos sociais complexos ou opacos pela aproximação com um registro familiar ou uma ordem mais simples. Ocasionalmente, Norbert Elias não recua diante do anacronismo, quando compara a um "verdadeiro esporte" (*SC*, p. 131) a atenção de Luís XIV para adivinhar os pensamentos. A metáfora leva em conta ao mesmo tempo o interesse político do soberano, pois, assim, esse mantinha o equilíbrio de forças que garantia seu poder, e a dimensão de prazer, que não estava, portanto, excluída dessa atividade gravíssima e caminhava junto com a habilidade que o rei pensava mostrar no caso. Desse modo, assim como o jogo não é forçosamente um lazer, as estratégias sociais não excluem forçosamente sensações agradáveis próprias do jogo. O jogo é invocado para explicar a dimensão concorrencial das relações sociais. Todas as citações remetem a jogos particulares, não os esportes, mas os jogos de competição (*game-contest*), esportivos ou não. Ele pode ser, assim, um instrumento analítico tomado da realidade social ou imaginado para as necessidades da análise. Não se trata, pois, de uma metáfora tão apreciada que acabaria por tornar-se uma mania de tanto se repetir. O jogo ou a competição caracterizam as relações de interdependência que ligam os indivíduos e que constituem os grupos sociais, quaisquer que sejam sua dimensão e sua posição social.

O primeiro artigo publicado de Norbert Elias e Eric Dunning[9] analisava menos o esporte, e no caso o futebol, do que a dinâmica dos esportes coletivos naquilo que ofereciam de modelo para a análise sociológica, e se ligava, portanto, sobretudo à teoria sociológica. Contra as aplicações experimentais da teoria dos pequenos grupos, os autores apresentavam a observação das configurações esportivas como um substituto vantajoso para a experimentação nas ciências sociais. Sob esse aspecto, é um texto intermediário, ou de ligação, entre trabalhos com objetos distantes conforme as categorias comuns, e era apresentado, aliás, como um exemplo da sociologia figuracional. A partir de uma configuração em modelo reduzido, os autores distinguem uma série de polaridades que definem o sistema de interdependência complexo que é o jogo. Esse sistema caracteriza os grupos sociais cujas grandes dimensões impedem que o observador possa abarcá-los em sua totalidade. E podemos citar a fábrica, o partido ou a nação. Se a redução e a simplificação permitem analisar relações sociais am-

---

9. Publicado em 1966, "Dynamics of sports groups with special reference to football" é ao mesmo tempo um texto desconhecido e importante cujo objeto aparente mudou o foco da atenção.

plas e complexas a partir de modelos de jogo, existe apenas uma diferença de escala e não de natureza das relações sociais. A complexidade é multiplicada somente por causa do caráter exponencial do crescimento das interações possíveis com o aumento do tamanho dos grupos. O jogo serve, portanto, para pensar relacionalmente os grupos sociais, os quais não são adições de agentes, mas são compreendidos como conjuntos de relações de interdependência. Essa análise permite, além do mais, ir além da visão da oposição entre coordenação e conflito, quando esses componentes estão combinados em todos os grupos e estes não são os únicos produtos da cooperação entre seus membros, como se tende espontaneamente a acreditar[10].

O jogo permite superar uma série de alternativas que Norbert Elias se empenhou longamente em refutar. Sob um primeiro aspecto, trata-se de recusar a oposição entre sociedade e indivíduo:

Muitas vezes, as teorias sociológicas parecem partir da afirmação de que os "grupos" ou as "sociedades", e os "fenômenos sociais" em geral, são algo que está fora dos indivíduos, ou pelo menos que não são totalmente tão "reais" quanto os indivíduos, seja o que for o que se possa dizer. O jogo de futebol – como um modelo em pequena escala – pode ajudar a corrigir essa visão. Ele mostra que as figurações de indivíduos não são nem mais nem menos reais do que os indivíduos que as formam (*QE*, p. 199).

Mais adiante são refutadas as oposições entre objetivismo e subjetivismo, entre materialismo e idealismo, entre sociologia atomística e sociologia hipostasiante. Os trabalhos sobre o esporte fazem parte inteiramente de uma reflexão que se poderia qualificar como epistemológica se fosse separada do trabalho sobre objetos e se o próprio Elias não rejeitasse essa divisão do trabalho intelectual. Desse ponto de vista, o jogo é uma entrada para apreender a construção da sociologia das configurações, ou seja, a maneira como Elias define o conjunto de sua sociologia. Não se poderia abordar aqui, sistematicamente, o que não é, pois, um aspecto entre outros dessa sociologia, mas a dimensão que visa a englobar todos os seus aspectos. Definindo o conceito de figuração, existem jogos concretos – cartas ou futebol – que são usados para assinalar a interdependência dos

---

10. A concepção das configurações não deixa de ter relação com a teoria da decisão interdependente de Thomas Schelling (ver *The Strategy of Conflict*, Cambridge (Mass.), Harvard University Press, 1960). Isso não nos espantará menos porque este autor propunha uma extensão da teoria dos jogos. A combinação da cooperação e do conflito aparece nos jogos de motivo misto, acerca dos quais Schelling explicava que compunham a parte essencial dos jogos. Embora tendo a intuição de uma extensão da interdependência a formações sociais, a concepção estratégica de Schelling continua limitada a situações de escolha e não a uma concepção geral da existência dos grupos sociais, tal como encontramos em Norbert Elias.

jogadores, o equilíbrio multipolar das tensões, o movimento dos relacionamentos e as relações de força. Quanto aos modelos de jogo utilizados a título de "experimentações mentais simplificadoras" (*QS*, p. 93), são modelos de relações com regras relativas" que não remetem necessariamente a jogos reais. No caso, os jogos de competição oferecem um meio de pensar relações sociais de competição nas quais alguns medem sua força. O fato é que realmente se trata, ao mesmo tempo, da definição dos jogos de competição, os quais oferecem, assim, o exemplo de configurações reduzidas: "A configuração inicial de onde partem os jogadores se transforma em outras configurações de jogadores num movimento contínuo. É a esse movimento contínuo da configuração dos jogadores que nos referimos quando empregamos a expressão 'modelo de jogo' [*game-pattern*]" (*QE*, p. 192). O jogo não é definido como um corpo de regras, mas como uma combinação móvel e específica de relações sociais reais: "Esse movimento e reagrupamento de jogadores interdependentes em resposta uns aos outros é o jogo" (*QE,* p. 193). Assim, os grupos não são coisas: tampouco são estáticos, apenas são reificados pela linguagem e em percepções nominalistas que inferem a substância do substantivo (Ludwig Wittgenstein). Sem fazer uma exegese dos termos, é oportuno observar que não se trata de uma simples analogia, uma vez que não está escrito exatamente que esse movimento é "como um jogo", mas que "é" (grifado) o jogo.

O jogo assume uma certa ambivalência por ser um instrumento analítico mas também uma noção realista. A afinidade estrutural não é o produto da imaginação científica que constrói relações insuspeitas que iluminam com uma luz nova os fatos a explicar, mas um resultado da construção social dos jogos reais. Concebidos como "tensões miméticas", eles reproduzem as relações efetivas dos homens entre si, sob formas simplificadas, depuradas, com vistas ao prazer e ao desempenho. Se o recurso a modelos de jogo intervém tardiamente em Norbert Elias, ele formaliza, assim, uma concepção das formações sociais concebida em seus estudos anteriores sobre a sociedade de corte e o processo de civilização. A formação social da sociedade de corte constituía um jogo de competição no qual o rei e os cortesãos jogavam suas posições e ganhos respectivos. Assim, devemos analisar, por exemplo, a configuração social da sociedade de corte "para compreender que a estratégia do personagem que ocupava a posição do rei [era] não só possível como também necessária se não quisesse perder esse grande jogo" (*SC*, p. 32). O jogo se apresenta como uma lei geral do funcionamento social e se impõe, pois, como um imperativo do qual ninguém poderia fugir. Norbert Elias lembrava-se, assim, daquele homem de negócios que fora seu patrão depois da guerra e diante do qual ele se espantara porque, já sendo rico, continuava a querer enriquecer. "Sabe, diz ele, é como a caça. É divertido empalmar contratos aos concorrentes, e se a gente não fizer isso, é rapidamente eclipsada" (*NE*, p. 170). No seu entender, essa resposta era "a melhor que já lhe deram algum dia", porque, acrescentava, em todos os campos em que as unidades mantêm relações de livre concorrência e são, portanto, enquanto concorrentes, interdependentes, a lei é a seguinte: num campo de unidades que mantêm relações de livre concorrência, no interior do qual algumas unidades se desenvolvem mais do que outras, um concorrente em particular retrocede automaticamente se e porque não se desenvolve. Da mesma forma que o jogador é dependente do seu jogo e do destino de seus parceiros, o empresário é dependente do mercado e do destino de seus concorrentes *(NE*, p. 171).

Essas palavras se aplicam com muita exatidão aos guerreiros envolvidos na concorrência pelo monopólio da violência física, depois aos cortesãos empenhados na competição da vida de corte.

O desenvolvimento social numa determinada direção tem um caráter de necessidade. De fato, não cabe aos agentes sociais escolher. A participação no jogo pode ser definida como um jogo prévio ou fundamental que não é uma lei da concorrência social mas constitui a concorrência em lei geral. Não jogar equivale a perder por antecipação, "porque numa sociedade empenhada num processo competitivo desse gênero, aquele que não 'aumenta' seus domínios se expõe automaticamente a vê-los 'diminuir', se suas ambições se limitam a 'conservar' o que possui" (*DO*, p. 19). A lei do monopólio que explica a formação dos Estados é apresentada de modo explícito como um jogo cujo rigor produz necessariamente vencedores e vencidos, pelo acaso quando as forças são iguais, pela força quando o jogo recomeça entre unidades que se apoderaram já e de forma desigual das chances dos vencidos. Essa competição possui a estrutura de um dilema do prisioneiro no interesse ao mesmo tempo de entrar na competição e de adotar uma atitude ofensiva para não ser condenado à eliminação. O *habitus* do guerreiro é, desse modo, a interiorização das disposições funcionais de uma tal estrutura de não-cooperação. O jogo é ao mesmo tempo um modo de regulamentação dos enfrentamentos ou um código de condutas que coordena as ações e serve de padrão de medida das forças e das vantagens.

Nas unidades sociais em que a monopolização da violência física legítima é realizada em grande escala, a pacificação não elimina a concorrência dentro desses monopólios, mas abre uma "competição de um gênero particular" (*DO*, p. 40). Com a curialização dos guerreiros, um outro *habitus* tornava-se pertinente na luta pela apropriação das oportunidades de poder e de prestígio. As sanções se encarregavam de inculcá-lo até na guerra, quando os guerreiros se deixavam levar a uma espécie de *hybris* do ardor e do furor no combate, que lhes valia a derrota diante de maneiras racionalizadas de conduzir o combate. Sua eliminação, a coerção externa reforçada do príncipe beneficiário da monopolização deslocavam o terreno das rivalidades e suas formas: "A competição da vida de corte obriga os homens que dela fazem parte a dominar suas paixões, a se submeter, nas relações com outrem, a um comportamento calculado judiciosamente e matizado" (*SC*, pp. 107-108). Nessa norma de conduta, a capacidade de autocontrole tornava-se a medida da competição "civilizada". Essa nova competição dentro da sociedade de corte acusava uma separação mais nítida entre os fatos de participar e de rivalizar. O jogo se revestia de uma dupla dimensão quando impunha a necessidade de participar e a maneira de participar. "Se é verdade que a necessidade de marcar bem sua distância em relação ao resto do mundo empurrava o homem de corte para as engrenagens da corte, é a aspereza da competição que o fazia avançar sem parar dentro da sociedade de corte" (*SC*, p. 92). Não jogar e não jogar o jogo equivalem a perder. Com efeito, a separação crescente entre a nobreza de corte e a nobreza provinciana, bem como a luta entre a nobreza de corte e uma burguesia ascendente obrigavam os nobres que ainda podiam fazê-lo a integrar-se a essa corte que lhes garantia a superioridade social; além disso, os membros dessa nobreza estavam empenhados numa competição interna na sociedade de corte. A habilidade estratégica dos jogadores confundia-se com o virtuosismo social do cortesão. Esse era apenas um momento do processo de civilização e, ao evocar o momento da esportização e da parlamentarização, Norbert Elias sugere ao mesmo tempo que se impunha uma forma diferente de racionalidade. A autocoerção continuava a ser seu princípio, mas o virtuosismo social já não era avaliado exatamente nos mesmos termos. As maneiras corteses eram parcialmente inadaptadas, mesmo que tivessem sido integradas parcialmente às normas de comportamento civilizado. Sem ter analisado especificamente as novas exigências, Norbert Elias observa rapidamente que "a sobrevivência social e com mais certeza o sucesso social numa sociedade parlamentar dependiam da capacidade de se bater, mas não com uma adaga ou uma espada, mas com a força do argumento, a competência da persuasão e a arte do compromisso" (*QE*, p. 37). Não eram mais inteiramente as maneiras dos cortesãos, mesmo que fossem extraídas deles.

Norbert Elias vincula explicitamente sua concepção das relações sociais – não cabe aos homens escolher jogar ou não, não mais que escolher como jogar – à sua experiência de combatente da Primeira Guerra Mundial e de vítima da grande crise inflacionária do pós-guerra. Como um homem assim sacudido pelos acontecimentos poderia ter acreditado na liberdade dos indivíduos? Ao mesmo tempo, como se acomodar com tanta impotência sem cair na ilusão do *Homo clausus* e da consciência soberana? A dominação intelectual da experiência e do mundo se oferece então como uma alternativa. O jogo serve exatamente para pôr à distância o real a fim de compreendê-lo por não dominá-lo ou apenas não acreditar que é capaz de fazê-lo.

O JOGO E O DISTANCIAMENTO

Na sociologia dos anos trinta, onde não era comum analisar as formações sociais como jogos e os processos sociais como o desenvolvimento de jogos, Norbert Elias, ex-combatente e ex-ferido de guerra, explicava as regras de uma competição que assumia a forma de lutas sangrentas repetidas. Ao contrário, o pretendente a professor universitário se apegava às aparências fúteis de uma sociedade de corte cristalizada na etiqueta e entregue a uma competição das precedências e dos gastos ostentatórios. Atendo-se à percepção desvalorizada do jogo, isso seria reduzir as guerras a uma caricatura e as maneiras cortesãs à visão comum e crítica. Pois bem, no primeiro caso, a postura tinha como objetivo ao mesmo tempo mostrar as regras da guerra fora de toda e qualquer avaliação normativa e compreendê-las mediante sua substituição no quadro, os processos longos do desenvolvimento social. No segundo, tratava-se de revelar a dimensão competitiva da vida de corte, o fato de que suas lutas obedecem a regras, ao mesmo tempo que assinalar a importância de suas paradas no jogo. De um lado, uma coisa grave por excelência, de outro, uma outra insignificante, uma "bagatela", como Norbert Elias insiste em dizer várias vezes. A aproximação de aspectos tão extremos da vida social sugere um denominador comum que se situaria tanto no sujeito quanto nos objetos de que este fala.

Ao procurar na ordem erudita como são elaborados esquemas de compreensão científica numa espécie de genealogia intelectual, também é indispensável compreender como a posição social pode ser um princípio explicativo de uma postura científica. Contudo, a questão não se apresenta nesses termos de falsa alternativa. Assim, a sociologia de Norbert Elias é alimentada pela sociologia do seu tempo mas também por fontes históricas sobre o passado que ele estuda. É simplista separar tipos de contribuições estrangeiras, como se faz implicitamente quando se pensa encontrar as problemáticas na disciplina erudita, e dados empíricos nas fontes que chamamos documentais. Essa separação está bem de acordo com uma visão ortodoxa do trabalho científico, a qual consiste em dar outras explicações além daquelas que atores ou testemunhas puderam dar. A esse respeito, *A Sociedade de Corte* menos oferece um desmentido do que complica esse esquema de alteridade. Se as ciências sociais forjaram esse ponto de vista nas lutas para impor sua autoridade, o observador científico nunca recusa igualmente os observadores que lhe servem de fontes: ele se apóia sobre eles de forma ampla, mesmo que não seja de maneira deliberada.

Quatro autores constituem as referências literárias citadas por Norbert Elias: Saint-Simon, Gracián, La Rochefoucauld e La Bruyère. Norbert Elias apela a eles como fontes de dois pontos de vista: são testemunhas que relatam fatos e pensamentos da vida de corte, são ainda atores cuja participação nessa vida de corte demonstra a importância que a observação dos homens assume nas estratégias. Essas duas artes estavam ligadas, uma vez que era preciso saber observar os homens para manipulá-los. A literatura mundana era, quanto a isso, a expressão literária de uma necessidade social: "A observação do homem da forma como a praticavam os aristocratas da corte não decorria de sua propensão para as meditações teóricas, mas das necessidades de sua existência social, de sua exigência de relações sociais" (*SC*, p. 101). Assim, esboça-se uma análise da literatura mundana que, segundo Norbert Elias, conduz "em linha reta" de Saint-Simon a Proust. Portanto, não é apenas a corte que explica a expressão literária, porém, mais geralmente, o processo de civilização. Aliás, os mesmos autores são invocados em *A Dinâmica do Ocidente*. Com efeito, a exigência de perspicácia psicológica é um produto direto da ascendência crescente das maneiras civilizadas. Já que é preciso dominar seus impulsos e, portanto, compor suas expressões, mascarar seus sentimentos para atingir seus objetivos, o cortesão tornava-se uma fonte de mistério. A civilização dos costumes engendra a opacidade do outro. A polidez cortesã apresentava-se como uma máscara imutável que escondia a diversidade dos sentimentos e das intenções. Quando um cortesão se expressava, sua expressão não indicava obrigatoriamente seus verdadeiros pensamentos. A sinceridade não regia as condutas, mas, ao contrário, o cálculo e, eventualmente, a manha, a duplicidade. Tinha-se de adivinhar as intenções e os sentimentos graças à finura da observação e do julgamento. Em suma, a norma de conduta civilizada encontra sua contrapartida na capacidade de decodificá-la: quanto maior e difundido é o autocontrole, mais ele exige a competência do julgamento. Nesse sentido, a literatura mundana representa a excelência da arte de observar e de julgar. Não é mais apenas um testemunho sobre a sociedade de corte, mas participa do próprio processo de civilização. Sendo tomada como testemunha por Elias, ela se torna muito mais do que uma fonte documental.

Existe uma relação estreita entre a literatura mundana e a sociologia. A arte de observar os homens da primeira não pode ser estranha à ciência da observação que a segunda tem pretensões de ser. Aliás, não elogiava Gracián uma "ciência dos caracteres"[11]? A relação que Norbert Elias mantinha com essa literatura parece-nos ao mesmo tempo singular. Se ela vincula explicitamente o surgimento de um pensamento científico à capacidade de distanciamento em relação à natureza e, portanto, às transformações da economia psíquica pelo processo de civilização, ele não estende de modo nenhum a comprovação às ciências da sociedade. Ao contrário, ele afirma não sem uma certa provocação, o conhe-

---

11. B. Gracián, *L'Homme universel*, Paris, Gérard Lebovici, 1991, p. 123.

cimento das sociedades sofrera a imitação servil de ciências da natureza, que faziam suas provas (*ED*, p. 32). Acrescentando uma provocação suplementar, Norbert Elias explica, por outro lado, que pôde escrever seus trabalhos graças à sua relativa ignorância da sociologia. De certo modo, trata-se, para ele, de reatar com uma postura de distanciamento e uma lucidez que permite analisar os mecanismos sociais.

O que Norbert Elias designa pelo termo genérico "literatura mundana" engloba, na verdade, vários gêneros literários: memórias em Saint-Simon, manual em Gracián, coletânea de aforismos em La Rochefoucauld, retratos e cenas com La Bruyère. Se todos descrevem a corte ou o cortesão, a diversidade dos gêneros basta para assinalar as diferenças de *status* das proposições. Esses autores enunciam os segredos da vida de corte: como decodificá-la por trás de suas aparências enganadoras? Uma resposta de método é formulada por todos esses autores em termos análogos: o autocontrole não é suficientemente perfeito para dominar todas as expressões. O observador perspicaz é capaz de perceber essas pequenas autotraições graças ao que se pode chamar uma leitura indiciária. Além disso, esses indícios fazem sentido em função de uma grade de interpretação. Quais são as molas efetivas e secretas do comportamento? As paixões e os interesses são as motivações, ao mesmo tempo que explicam as carências do autocontrole[12]. A ambição, a "elevação" designam os objetivos perseguidos e disputados. São, de certo modo, os princípios gerais de ação que tornam as condutas compreensíveis, acessíveis à inteligência. As capacidades táticas de mascarar e de desmascarar determinam os ganhos respectivos na competição, para a elevação. Todos os autores descrevem um jogo de competição, mas alguns o explicitam. Em *O Homem de Corte*, Baltasar Gracián adianta esta primeira regra de conduta do cortesão: "Não há utilidade alguma, nem prazer, em jogar um jogo às claras"[13]. Esse preceito anuncia a sutileza das estratégias de falsas aparências. A dissimulação não pode ser unívoca, exceto em deixar adivinhar suas intenções pela repetição das mesmas artimanhas. "A vida humana é uma luta contra a malícia do próprio homem", retoma Gracián para recomendar que se alternem os procedimentos agindo "finamente" e, algumas vezes, "redondamente":

---

12. Mostrando como autores haviam preconizado a virtude dos interesses contra os perigos das paixões (*Les Passions et les Intérêts*, Paris, PUF, 1980). Albert Hirschamn, sem dúvida, apreendeu apenas uma dimensão de uma transformação geral da economia psíquica. Estendendo a investigação aos sistemas de interdependência social, os enunciados literários assumem um sentido mais amplo do que a visão retrospectiva de "justificativas políticas do capitalismo antes de seu apogeu". Ao mesmo tempo, isso abre novas perspectivas para compreender o estabelecimento e a extensão das relações de mercado e do capitalismo como sendo uma parte apenas das transformações globais do mundo social.

13. B. Gracián, *L'Homme de cour*, Paris, Ivrea, 1993, p. 2.

Aquele, pois, que quiser evitar de ser enganado acautela-se contra a artimanha de seu companheiro por meio de boas reflexões. Entende sempre o contrário do que se quer que ele entenda e, com isso, descobre incontinenti o fingimento. Deixa passar o primeiro golpe, para esperar de pé firme o segundo, ou o terceiro. E depois, quando seu artifício é conhecido, refina sua dissimulação, servindo-se da própria verdade para enganar. Muda de jogo e de bateria, para mudar de artimanha. Seu artifício é passar da dissimulação anterior à candura[14].

O jogo pode marcar a distância necessária para a conduta judiciosa num enunciado prescritivo e, também, constituir um enunciado analítico. Para La Bruyère, o conjunto das relações sociais e, portanto, a própria vida de corte se definem como um jogo a partir do momento em que os comportamentos cortesãos são estratégias calculadas para chegar a seus fins. A metáfora parece bastante penetrante para Norbert Elias para que a cite ao mesmo tempo em *A Sociedade de Corte* e em *A Dinâmica do Ocidente*: "A vida da corte é um jogo sério, melancólico, que exige muita atenção; deve-se arrumar suas peças e baterias, ter um desígnio, segui-lo, evitar o do seu adversário, arriscar algumas vezes e jogar caprichosamente; e depois de todos os seus devaneios e de suas medidas, dá-se um xeque, algumas vezes mate" (*SC*, p. 97). O "jogo utilitário" (*SC*, p. 103) que é a conversa da corte, segundo Norbert Elias, retoma claramente em ressonância o "jogo sério" de La Bruyère.

As diferenças dos gêneros e dos autores da literatura mundana deixam perceber propriedades comuns. Sem dúvida, o virtuosismo na arte da observação não se exprime nos mesmos tipos de propostas. Gracián escrevia um manual do cortesão no qual enunciava preceitos úteis e algumas recomendações morais; Saint-Simon descrevia os grandes e pequenos fatos quotidianos da corte; La Rochefoucauld propunha máximas sobre os segredos dos sentimentos humanos à sagacidade e ao comentário de seus leitores. La Bruyère compunha o quadro de uma comédia humana. Aqueles que se revelavam, assim, excelentes analistas dos mecanismos da corte não eram cortesãos "felizes" que poderiam ter-se gabado da excelência de seus pontos de vista por tê-los aplicados com sucesso. Por motivos diferentes, esses observadores eram *outsiders*. Devemos entender o termo ao mesmo tempo como uma posição marginal na sociedade de corte e como a improbabilidade de vencer na competição cortesã. É claro que não eram as mesmas posições marginais as de um jesuíta espanhol (Baltasar Gracián), de um par de França presente na corte mas mantido à distância dos favores sem haver perdido a esperança (Saint-Simon), de um grão-senhor crítico e aposentado (La Rochefoucauld), de um burguês rico e culto mas mantido nas funções subalternas do serviço de um grande (La Bruyère foi preceptor do neto do Grand Condé). Observadores familiares da

14. *Idem*, pp. 7-8.

competição, estavam excluídos dela irregularmente, porque já tinham perdido tudo ou parte de suas chances ou porque sua origem social lhes tirava de antemão qualquer chance. Diferentemente dos finos observadores envolvidos na competição, daqueles cortesãos ocupados com suas estratégias e cujas observações estavam inteiramente a serviço de sua elevação, o distanciamento do julgamento dos *outsiders* se alimentava de seu desprendimento em relação a um jogo cujos ganhos eram inacessíveis ou improváveis. Não ou menos interessados nas paradas do jogo, não eram apanhados por ele.

Como explicar a afinidade intelectual de Norbert Elias com os escritores mundanos? *A Sociedade de Corte* é primeiramente uma tese de mestrado de um pretendente à carreira universitária. Este empenhava-se, portanto, numa estrutura de competição. Segundo seu testemunho, o fato de estar em primeiro lugar na lista de habilitação de Karl Mannheim, enquanto estava no quarto lugar na de Alfred Weber, fizera-o decidir-se a acompanhar o primeiro de Heidelberg a Frankfurt. Tornar-se professor, é este o objetivo que se pode atribuir a um pretendente coerente. Pois bem, nesse projeto social, a relação entre esperanças subjetivas e chances objetivas era forçosamente complexa. Norbert Elias encontrava-se, quanto a isso, numa situação ambígua, na medida em que sua esperança era ao mesmo tempo lógica e incerta. O fato de pertencer a um grupo minoritário estigmatizado colocava-o naquela situação de *outsider*, que se pode traduzir de diversas maneiras, como a negação, o ressentimento ou ainda a redução das esperanças. Que postura Norbert Elias adotava em face da incerteza dessa competição? Estava de fato empenhado nessa situação paradoxal de um investimento de alto risco ou dificilmente capaz de satisfazer as esperanças sociais[15]. Estando Elias "muito ligado culturalmente à cultura alemã", como ele explicava em "Notas sobre os judeus enquanto participantes de uma relação estabelecidos-marginais" (*NE*, p. 151), a carreira universitária era valorizada por ele; pertencendo a um "grupo minoritário estigmatizado", suas chances eram reduzidas. Ele abordava essa competi-

---

15. As duras condições do recrutamento universitário eram amplamente conhecidas e, em sua célebre conferência de 1919 sobre a "vocação de *savant*", Max Weber pintava esse quadro bastante sombrio: "A vida universitária está entregue, portanto, a um acaso cego. Quando jovens *savants* vêm nos pedir conselho sobre sua habilitação, é-nos quase impossível assumir a responsabilidade de nossa aprovação. Quando se trata de um judeu, é-lhe dito naturalmente: *lasciate ogni speranza*. Mas também devemos em sã consciência fazer a seguinte pergunta aos outros candidatos: 'Vocês se acham capazes de suportar sem queixa nem amargura que, ano após ano, sejam preteridos em proveito de medíocres?' Evidentemente, obtém-se a toda vez a mesma resposta: 'Claro! Vivo apenas para minha vocação'. No entanto, conheci, pelo menos pessoalmente, apenas pouquíssimos candidatos que suportaram essa situação sem danos para a sua vida interior" (M. Weber, *Le Savant et le Politique*, Paris, Plon, 1959, p. 80).

ção com uma sólida segurança social adquirida ao mesmo tempo pela coesão e pela afeição de uma família da qual era filho único e, sem dúvida, pelos confrontos intelectuais com seus condiscípulos do colégio e depois da universidade. Por outro lado, tinha experiência de uma luta mais dura do que a competição universitária, a luta pela vida de um soldado da Primeira Guerra Mundial. Em suma, Norbert Elias enfrentava uma competição como *outsider* seguro de si mas não de seu sucesso. Tal como escreve a propósito da situação dos judeus na Alemanha de sua juventude, "era *de facto* um homem de segunda classe, mas essa não era uma razão para considerar-me um homem de segunda classe" (*NE*, p. 155). A seqüência de sua longa vida lhe oferece muito com que confortá-lo em sua autodefinição de marginal. Essa situação estava tão bem estabelecida que Norbert Elias podia, na oportunidade, entregar-se a um exagero na idealização negativa, apresentando sua carreira universitária inglesa como a de um "personagem de terceira classe" (*NE*, p. 86).

Apresentando o distanciamento como um ato, não temos certeza de que Norbert Elias não tenha ele próprio feito concessão a uma filosofia do sujeito, no entanto fortemente recusada. Contrariamente às ciências da natureza, em que as tendências ao comprometimento são "mantidas em rédea curta por procedimentos de controle institucionalizado" (*ED*, p. 13), o distanciamento científico nas ciências sociais se apoiaria sobre o desapego social numa espécie de substituto para controles muito poderosos. Como solução que concilia a auto-segurança e a incerteza das chances, esse desapego deve, contudo, primeiramente às coerções impostas por uma situação e menos a um ato de vontade, se não como interiorização e racionalização dessa situação. Pertencendo a um grupo minoritário estigmatizado, um intelectual dispunha, no entanto, de referências e recursos particulares. As análises racionalizadoras de Georg Simmel sobre o "estrangeiro" e de Karl Mannheim sobre os "intelectuais sem vínculos" participaram sem dúvida da constituição do sentido da experiência social. Essa postura ambivalente de comprometimento-desapego não o impedia de concorrer mediante uma relativização das regras e das apostas do comprometimento e a adoção de uma atitude de reserva em que se protege parcialmente a confiança em si mesmo ao se arriscar na competição. A dominação intelectual do mundo social, que já responde, sem dúvida, a essa percepção dos obstáculos sociais opostos ao sucesso, se libertava relativamente das sanções impostas pela competição social, da mesma forma que, ao contrário, a segurança ordena que se liberte das resseguranças sociais. "Isso não passa de um jogo", dizem normalmente os jogadores para dissipar a *illusio*, essa crença no valor da aposta, e consolar (se) de uma derrota por um retorno proclamado ao real. "Isso não passa de um jogo", começam aqueles que querem assinalar suas reservas quando se envolvem numa competição, ou então "não sou jogador", desculpam-se aqueles que se recusam a participar do jogo. Retrospectivamente, Norbert Elias não fazia outra coisa ao se manter afastado desse gosto pela caça evocado por aquele que fora seu patrão: "Aquele homem tinha algo de jogador. É a mesma sensação. Eu, porém, nada tenho de jogador, muito ao contrário" (*NE*, pp. 44-45). Frase surpreendente, na qual Norbert Elias não diz nada menos do que isso: o mundo é um jogo e não me interessa participar dele. Seu interesse está noutro lugar. O radicalismo realista de Norbert Elias se vangloriou muitas vezes dessas "verdades" brutais desferidas como que para se defender de todo comprometimento e de toda preferência pessoal. Não escolhi que o mundo seja assim, isso não corresponde necessariamente a meus pontos de vista e, aliás, que importam meus pontos de vista: as coisas são assim. "Estou falando de saber!" (*NE*, p. 55), protestava ele contra perguntas demasiado insistentes, a seu ver, sobre suas crenças, suas preferências e suas aversões. Essa recusa reiterada a prestar contas de sua própria posição não se compreende sem um fingimento de distância do analista para com seus objetos. O analista diz o que é e não o que deseja; ele não existe mais, inteiramente, senão pelas condições de distanciamento que fazem as análises corretas. Aprovar, denunciar seriam sair do seu papel e afastar-se da verdade do mundo social.

Nas proposições dos literatos mundanos, a lucidez crítica podia nutrir-se de ressentimentos diversos, e, por exemplo, ao opor o "verdadeiro mérito" àqueles que são consagrados pela competição cortesã, o nobre guerreiro La Rochefoucauld e o burguês letrado La Bruyère não tinham a mesma concepção disso. Afastados das lutas da corte mas familiarizados com a vida cortesã, tinham, não obstante, a segurança social para julgá-la e opor-lhe seus próprios valores. Gracián não renunciava a propor a santidade como modelo para o homem de corte. La Rochefoucauld chegava a apresentar a sinceridade a seu favor. Em suma, o olhar geralmente cínico lançado sobre o mundo social não só era produzido pelo senso crítico, mas também não suprimia um ponto de vista normativo relativamente transparente.

O fim da *Dinâmica do Ocidente* assume um tom profético ao qual quase não se deu atenção. Se todas as autocoerções sociais não tinham visivelmente um caráter positivo, elas eram momentâneas:

> As autocoerções irão reduzir-se àquelas das quais os homens terão necessidade para poder viver, trabalhar, fruir juntos, sem perturbação e sem medo. [...]. Não será mais, então, a exceção, mas a regra, o fato de o indivíduo encontrar esse equilíbrio psíquico excelente que as palavras sublimes "felicidade" e "liberdade" pretendem designar. [...] Somente então é que os homens poderão afirmar com um pouco mais de razão que são "civilizados". Até aí, eles estão, na melhor das hipóteses, envolvidos no processo de civilização (*DO*, p. 324).

As análises do debate alemão sobre civilização e cultura que haviam aberto a obra encontravam ultimamente uma ressonância discreta mas engajada. Norbert Elias podia ser chamado, com toda razão, um *Zivilisationsliterat*[16]. A antítese civilização-cultura fora analisada com a distância científica que faz desaparecer o analista. Ele contribuíra para o debate refazendo sua genealogia e sugerindo sua dimensão política. Tomava implicitamente posição ao focalizar sua atenção na civilização dos costumes no tempo da Alemanha nazista. Isso traduzia a confiança nos pontos de vista da ciência sobre os processos longos que acontecimentos, mesmo dramáticos, não podiam rediscutir. É verdade que, pouco depois, o Holocausto dava retrospectivamente um ar de desmentido ao que se tornava excessiva e ingenuamente otimista. Não era, assim, essa confiança corrigida tardiamente pelas explicações da função social do lazer? Se Norbert Elias nega todo juízo de valor, a simples existência de uma justificativa e seu próprio conteúdo soam como uma concessão:

Não escolhi descobrir que a luta e a sensação agradável que ela produzia forneciam um indispensável complemento para as retenções igualmente indispensáveis da vida. Se eu tivesse tido liberdade de escolher meu mundo, provavelmente não teria escolhido um mundo onde as lutas entre os humanos são consideradas excitantes e agradáveis. Provavelmente teria escolhido dizer: evitem a luta. Vivamos em paz uns com os outros. Mas acontece que, como cientista, não posso apresentar o mundo como gostaria que ele fosse (*QE*, p. 59).

"Como cientista" – a fórmula não é anódina pois resume todas as recusas de se comprometer no terreno das preferências. Norbert Elias não atravessou acontecimentos dramáticos ficando preso a posições já fixadas mas reforçando-as pela aguçada rejeição das ilusões do comprometimento e pelas exigências de distanciamento.

---

16. T. Mann, *As Considerações de um Apolítico*. Ver *Norbert Elias par lui-même*, op. cit., p. 119; e S. Stern, *Politique et désespoir: Les ressentiments contre la modernité dans l'Allemagne préhitlérienne*, Paris, Colin, 1990, p. 221.

Parte II

Habitus e Processo

1. Civilização, Formação do Estado e Primeiro Desenvolvimento do Esporte Moderno

Eric Dunning

Ao abordar o esporte no "processo de civilização", eu gostaria mais especialmente de dirigir minha atenção para certos aspectos das diferentes trajetórias da formação do Estado na Europa, cuja análise é particularmente pertinente para a compreensão dos primeiros desenvolvimentos do esporte moderno.

Por que esse tipo específico de prática lúdica se desenvolveu primeiramente na Inglaterra mais do que nos outros países europeus ou no resto do mundo? Antes disso, formularei algumas observações que me parecem fundamentais. Estão ligadas à teoria eliasiana do processo de civilização e resultam em grande parte de algumas incompreensões vinculadas comumente a essa teoria.

Parece, pelo menos na língua inglesa, estou menos certo disso no que se refere a outros idiomas, que um dos problemas ao qual os detratores dessa teoria se ativeram está ligado ao próprio sentido da palavra "civilização". A British Sociological Association, por exemplo, publicou recentemente um artigo intitulado "Anti-Racist Language: Guidance for Good Practice", no qual "civilização" é apresentada como uma palavra que conviria evitar na teoria sociológica e na pesquisa. O motivo alegado, segundo esse panfleto, é que o termo "civilização" "resulta de uma percepção colonialista do mundo". Estaria, como nos sugere o artigo, "associada freqüentemente ao darwinismo social e impregnada de juízos de valor implícitos e de ignorância sobre a história do Terceiro Mundo"[1]. En-

---

1. British Sociological Association, "Anti-Racist Language: Guidance for Good Pratice", brochura, sem data.

tretanto, os autores desse panfleto abrem uma exceção. O trabalho de Norbert Elias, dizem eles, não sofre esse tipo de crítica. Escrevem: "Em certos trabalhos, como o de Norbert Elias, o termo civilização tem um sentido diferente sem conotação racista"[2].

Esse reconhecimento da pertinência da teoria de Elias é um presente de boas-vindas. Seu objetivo é opor-se diretamente aos argumentos daqueles que, como Curtis[3], Giddens[4], Hargreaves[5], Hobbs & Robins[6], Horne & Jary[7], Leach[8], Newman[9], Taylor[10], Williams[11] e, na Alemanha, Duerr[12], afirmaram de diferentes maneiras que a teoria de Elias é uma teoria "evolucionista" e refutaram-na em massa por acontecimentos do século XX como o Holocausto. O objetivo deste trabalho é impugnar esses argumentos, porque, como reconheceram implicitamente os autores do panfleto da BSA, um dos principais objetivos que Norbert Elias procurou atingir em sua obra *Über den Prozess der Zivilisation* foi, a partir dos fatos, estabelecer a sociogênese do termo "civilização", analisar como esse último veio a expressar a imagem das nações ocidentais mais adiantadas e mais poderosas e a assumir conotações racistas e detestáveis sobre sociedades não-ocidentais mas igualmente sobre grupos e sociedades menos avançados no próprio Ocidente. Elias mostra, de forma totalmente interessante, como, durante a Primeira Guerra Mundial, a Grã-Bretanha e a França combateram a Alemanha em nome da "civilização" e como, particularmente nos séculos XVIII, XIX e no início do século XX, inúmeros alemães

2. *Idem.*
3. J. Curtis, "Isn't it Difficult to Suport Some Notions of 'the Civilizing Process'", in R. Rees, A. W. Miracle (eds.), *Sport and Social Theory*, Champaign (Ill.), Human Kinetics Publishers, 1986, pp. 57-66.
4. A. Giddens, *The Constitution of Society*, Cambridge, Polity Press, 1984.
5. J. Hargraves, "Sex, Gender and the Body in Sport: Has There Been a Civilizing Process?", in E. Dunnig, C. Rojek (eds.), *Sport and Leisure in the Civilizing Process*, London, Macmillan, 1992.
6. D. Hobbs & D. Robins, "The Boy Done Good: Football Violence, Changes and Continuities", *The Sociological Review*, 39 (3): 551-579, août 1991.
7. J. Horne & D. Jary, "The Figurational Sociology of Sport and Leisure of Elias and Dunning: An Exposition and Critique", in J. Horne, D. Jary & A. Tomlison (eds.), *Sport, Leisure and Social Relations*, London, Routledge and Kegan Paul, 1987, pp. 99-100.
8. E. Leach, "'Violence', a Review of Elias and Dunning's *Quest for Excitement*", *London Review Books*, October 23, 1986.
9. O. Newman, *Sociology*, 20 (2): 322 (Review of C. Rojek, *Capitalism and Leisure Theory*, London, Tavistock, 1985).
10. I. Taylor, "Putting the Boot into Working Class Sport: British Soccer After Bradford and Brussels", *Sociology of Sport Journal*, 4: 171-191, 1987.
11. J. Williams, "Having an Away Day: English Football Spectators and the Hooligan Debate", in J. Williams & S. Wagg (eds.), *British Football and Social Charge Getting into Europe*, Leicester, Leicester University Press, 1991, p. 177.
12. H. P. Duerr, *Nacktheit und Schau: Der Mythos vom Zivilizations-prozess*, Frankfurt, Suhrkamp, 1988, vol. 1.

manifestavam uma certa ambivalência a propósito do termo "civilização" e de seus referentes, preferindo expressar sua própria imagem através do conceito particularista de *Kultur*[13]. Essas poucas observações podem ser úteis para compreender o desenvolvimento do esporte moderno.

Como assinalei anteriormente, deveria estar claro que Norbert Elias reconheceu explicitamente o fato de que o termo "civilização" é, no uso corrente, um termo carregado de valor[14]. Ao contrário, no seu uso sociológico, e mais particularmente sob a forma do conceito de "processo civilizacional", é uma palavra técnica, diferente, utilizada sem nenhuma conotação em termos de valor[15]. Elias a usa, mais particularmente, para referir-se à seqüência potencialmente reversível das mudanças num longo tempo sofridas pelas sociedades dominantes da Europa ocidental, que fez com que seu desenvolvimento social levasse, num primeiro momento, os grupos dirigentes de suas sociedades e, mais tarde, os setores maiores de suas populações a se perceberem como "civilizados". O corolário dessa auto-imagem era, certamente, que os povos das outras partes do mundo eram percebidos cada vez mais pelos europeus como povos "incivilizados" e "bárbaros". Com efeito, nos séculos XVIII e XIX e, de maneira decrescente, no século XX, esses mesmos epítetos foram utilizados comumente pelas elites das sociedades européias ocidentais para qualificar os membros das "classes inferiores" de suas próprias sociedades.

Por outro lado, Elias, rejeitando explicitamente a idéia de que as sociedades ocidentais representam hoje o "supra-sumo", o "pináculo" do comportamento civilizado, procurou libertar sua teoria das teorias "evolucionistas" do século XIX e das conotações em termos de valor ligadas ao conceito comum de "civilização"[16]. Ele previa sobretudo que os historiadores futuros veriam provavelmente as pessoas de hoje como um conjunto que era um prolongamento das "idades médias"[17] e, em estudo posterior, chegou a definir os povos mais adiantados do mundo atual como os "últimos bárbaros"[18]. Além disso, o traço mais marcante da abordagem sociológica de Norbert Elias era seu caráter antiideológico e o fato de que ela se atinha exclusivamente aos fatos. O sociólogo, afirmava ele, deve ser um *Mythenjäger* – um caça-

---

13. N. Elias, *The Civilizing Process*, vol. 1, *The History of Manners*, Oxford, Blackwell, 1978.
14. *Idem.*
15. Depois de uma discussão que tive com Jonathan Fletcher, atualmente na Universidade de Amsterdã, percebi que era falsa minha primeira proposição segundo a qual a palavra "civilização" sempre fora usada por Elias num sentido ideológico. Cf. E. Dunnig & C. Rojek (eds.), *Sport and Leisure...*, op. cit., pp. 260 e s.
16. N. Elias, *The Civilizing Process*, op. cit., p. 33.
17. *Idem.*
18. N. Elias, *The Symbol Theory*, London, Sage, 1991, p. 147.

dor de mitos[19]. E, embora nunca o tenha dito exatamente nesses termos, reconheceu claramente não só o caráter exploratório da civilização moderna, mas também seu potencial genocidário. Contra a idéia amplamente difundida segundo a qual as barbáries como o Holocausto nazista não podem ser perpetradas normalmente nas sociedades mais desenvolvidas, que elas são atos excepcionais de "irracionalidade", resultados de "mentes doentias" ou "perversas" como Hitler, ele escrevia:

> Explicações como essas retiram da mente das pessoas a dolorosa idéia de que tais coisas ainda poderiam acontecer, que uma tal explosão de selvageria e de barbárie poderia resultar diretamente das tendências inerentes à estrutura das sociedades industriais modernas. Como as guerras de massa conduzidas cientificamente, o extermínio altamente organizado e planejado cientificamente de grupos inteiros de população, em campos da morte construídos especialmente para esse fim, e isolados em guetos, por privação de alimento, por asfixia com gás ou execução, não parece estar totalmente deslocado em sociedades de massa altamente tecnicizadas. Em lugar de se reconfortar pela idéia de que [tais acontecimentos] são excepcionais, seria mais frutífero estudar as condições das civilizações do século XX, as condições sociais que favoreceram as barbáries desse gênero e que poderiam favorecê-las no futuro. Como a pergunta que se faz é saber se tais horrores podem se repetir com freqüência antes que tenhamos entendido como e por que acontecem, e antes que os povos poderosos possam e queiram aplicar um conhecimento assim a fim de prevenir tais acontecimentos?[20]

Essas críticas se aplicam não só às atrocidades altamente mediatizadas como o Holocausto, mas igualmente aos "genocídios coloniais", menos famosos, perpetrados, entre outros, pelos descendentes do povo britânico na América e na Austrália[21]. Esses últimos, é claro, foram processos genocidários que estavam ligados à construção do Império britânico, isto é, ao desenvolvimento do poder britânico e, doravante, da "civilização" britânica nos séculos XVIII e XIX. E foi no contexto desse desenvolvimento que se inseriram os primeiros desenvolvimentos do esporte moderno.

É para esse processo que dirigirei agora minha atenção. Deveria estar claro que a teoria de Elias não é, em nenhum sentido do termo, uma teoria "evolucionista" ou uma teoria do "progresso". Ela está de acordo com a complexidade dos processos sociais de longa duração, tenta apreender o equilíbrio mutável entre desenvolvimento progressi-

---

19. *Idem, What is Sociology?*, London, Hutchinson, 1978, cap. 2. Na versão inglesa, *Jäger* foi traduzido por *destroyer* ("destruidor").
20. *Idem, Studien über die Deutschen*, Frankfurt, Suhrkamp, 1989, pp. 395-396.
21. Cf. A. E. Palmer, *Colonial Genocidies: Aborigines in Queensland, 1840-1897 and Hereros in South West Africa, 1884-1906*, London, L.S.E., University of London, 1993.

vo e desenvolvimento regressivo e não coloca o princípio de um aumento contínuo do autocontrole, mas antes um movimento da Europa ocidental para uma grande regularidade e estabilidade dos controles das emoções[22]. Mas voltemos aos primeiros desenvolvimentos do esporte moderno.

Um professor universitário africano, Ali Mazrui, escrevia em 1976: "As primeiras regulamentações jamais adotadas voluntariamente pelos homens, oriundos de uma grande variedade de culturas e de origens, são regras de esporte"[23]. É claro, ele fazia referência especialmente ao esporte moderno e, como Johan Huizinga observava, foi na Inglaterra que surgiu o "berço e o lar" do desenvolvimento dessa forma singular moderna de prática lúdica[24]. As principais razões não são difíceis de compreender. Estavam ligadas primeiramente ao dinamismo particular da configuração da Europa ocidental em seu conjunto.

Esquecemo-nos por vezes de que as sociedades da Europa ocidental foram, em certo sentido, unificadas no tempo do Império Romano e de que ainda hoje conservam os traços dessa experiência. É habitual falar de "idade das trevas" para qualificar o período que se seguiu à queda do Império Romano do Ocidente no século V e vê-lo como um período de desintegração total, de anarquia e de desordem. No entanto, se examinarmos esse período a partir do processo sociológico figuracional, convém proceder a uma distinção entre a unidade social e a integração social[25] e ver que o fim da dominação do Estado romano produziu não a desintegração, mas a emergência de uma nova forma de integração, menos unificada, mais conflituosa, entre unidades estatais embrionárias, e um deslocamento do equilíbrio da ordem social européia, resultante das pressões sociais centrípetas e centrífugas, em favor dessas últimas[26]. Isso equivale a dizer que a Europa da "idade das trevas" se caracterizou por uma forma de integração social instável, desunida e altamente descentralizada. Esse deslocamento inicial para unidades estatais feudais e descentralizadas – Elias falava, a esse pro-

---

22. Para um resumo conciso da posição de Elias sobre esse assunto, ver sua carta a Cas Wouters, relatada em C. Wouters, "Ja, ja, ik was nog niet zoo'n beroerde kerel, die zoo'n vrind had", *in* H. Israëls, M. Komen & A. de Swann (eds.), *Over Elias*, Amsterdam, Het Spinhuis, 1993, pp. 13-14.
23. A. Mazrui, *A World Federation of Cultures: An African Perspective*, New York, Free Press, 1976.
24. J. Huizinga, "The Play Element in Modern Sport", *in* E. Dunning (ed.), *The Sociology of Sport: A Selection of Readings*, London, Cass, 1971, pp. 11-16.
25. Apesar do retalhamento da Europa ocidental após a queda do Império Romano, pode-se considerar como um único campo social o conjunto das novas unidades estatais embrionárias, porque as ações de cada uma delas afetam as outras.
26. N. Elias, *The Civilizing Process*, vol. II, *State Formation and Civilization*, Oxford, Blackwell, 1982.

pósito, em "feudalização"[27] – era sem dúvida crucial para a instauração das pré-condições estruturais da dinâmica particular do Ocidente em relação aos outros "impérios do mundo", isto é, para o estabelecimento das bases do processo a longo prazo de lutas pela hegemonia, pela eliminação e pela constituição do monopólio, as quais, se Elias tinha razão, contribuíram para o advento dos Estados-nação modernos e, correlativamente, para a ciência moderna, para a industrialização e, mais significativamente no que nos diz respeito aqui, para o esporte moderno, ou aquilo que Elias, utilizando uma língua que está menos sujeita ao erro de *Zustandsreduktion*, chamava *the sportization of pastimes* ("a esportização das distrações")[28]. As guerras entre os Estados-nação e entre os Estados dinásticos e as formas feudais de "unidade de sobrevivência" que os precediam contribuíram, é claro, para o estabelecimento dessas pré-condições[29]. Esse conjunto de processos sociais interconexos contribuiu para sustentar, e foi reciprocamente dependente da hegemonia global emergente do Ocidente, um quadro de dominação global que se manteve por três ou quatro séculos e que só atualmente mostra os sinais de um deslocamento do poder global – se considerarmos como dada a hegemonia militar americana, principalmente econômica – para o Oriente. A hegemonia ocidental, e sobretudo até os anos 40 a da Grã-Bretanha, foi sem dúvida crucial para a difusão do esporte moderno. Mas voltemos às razões pelas quais foi no seio do "complexo de cultura" geral da Europa ocidental, na Grã-Bretanha, e principalmente na Inglaterra, que essa "esportização das distrações" sobreveio primeiro.

Como sugeri acima, as principais razões desse fato aceito de modo geral não são muito difíceis de determinar. Elas parecem estar ligadas fundamentalmente à trajetória específica da formação do Estado na Inglaterra em relação às trajetórias de formação do Estado em outros Estados-nação europeus emergentes. Por exemplo, a desunião da Alemanha e da Itália até o século XIX explica por que esses dois países não se tornaram sítios de "esportização". Decerto, os italianos haviam desenvolvido muito cedo, no século XVI, seu *calcio*, isto é, bem antes que os ingleses desenvolvessem o *soccer* e o *rugby*, porém, nesse país desunido, o *calcio* continuou confinado a Florença, com talvez algumas variantes em outras cidades. As tradições locais tendiam a prevalecer sobre as tradições nacionais. Na Alemanha, a unificação foi concluída sob a égide dos prussianos militaristas e, se a análise de Elias em *Studien über die Deutschen* for correta, uma cultura brutal do duelo esteve implícita de maneira central na incorporação da burguesia na

---

27. *Idem.*
28. N. Elias, introdução de N. Elias & E. Dunning, *Quest for Excitement: Sport and Leisure in the Civilizing Process,* Oxford, Blackwell, 1986.
29. N. Elias, *What is Sociology?, op. cit.*

classe dirigente, processo durante o qual os valores que Elias chamava *eine satisfaktionsfähige Gesellschaft* tornaram-se dominantes e suplantaram os primeiros valores humanistas[30]. Além disso, nasceu na Alemanha um movimento ultranacionacionalista em favor do desenvolvimento de ginásticas, *die Turnerbewegung*. No que se refere à resistência alemã aos "esportes ingleses", Christiane Eisenberg afirmou, de maneira muito convincente:

> A indiferença, ou mesmo ocasionalmente a resistência, da classe média alemã para com os esportes ingleses se explica por duas razões. Primeiramente, a *Bürgertum* (isto é, a burguesia) já havia desenvolvido sua própria forma de exercício no início do século XIX. A *Turnen* (ginástica), uma forma de exercício militar, que não repousava em princípios de competição ou de realização de uma façanha, absorveu em parte os recursos que a Inglaterra e os outros países tinham investido no desenvolvimento dos esportes. Além do mais, isso forneceu a base organizacional dos esportes de enfrentamento. Em segundo lugar, numerosos intelectuais pensavam que a inteligência e o gênio não eram compatíveis com a força muscular. Os esportes não pertenciam, segundo eles, à *Kultur* alemã, mas à civilização ocidental, que eles desaprovavam[31].

Isso vai ao encontro da discussão de Elias a propósito da antítese entre *Kultur* e *Zivilisation*, à qual eu fazia referência. O fato de que, contrariamente às *Turnen*, o "esporte inglês" está fundamentado sobre princípios de competição e de realização de uma façanha já traz alguns elementos de compreensão. Antes de voltar a eles, é conveniente analisar de mais perto as diferentes trajetórias da formação do Estado na Europa, e examinar como elas são determinantes para compreender os primeiros desenvolvimentos do esporte moderno.

Assinalei o caráter desunido dos italianos e alemães até o século XIX. Ao contrário da Itália e da Alemanha, a França e a Inglaterra estavam ambas relativamente unidas no plano nacional, e, em parte graças a isso, eliminaram seus primeiros concorrentes, como a Espanha ou a Holanda, da posição de "superpotência" européia.

No entanto, a França havia se tornado um país extremamente centralizado e posto sob a égide de um poder absoluto em que, retomando as palavras de Elias, o direito dos súditos "de formar associações de sua própria escolha era de modo geral restrito, quando não era, é claro, suprimido"[32]. Na Inglaterra, ao contrário, toda e qualquer eventualidade de um Estado absolutista ou altamente centralizado desaparecera no século XVII no curso da guerra civil, isto é, por ocasião da guerra entre Carlos I

---

30. N. Elias, *Studien über die Deutschen, op. cit.*
31. C. Eisenberg, "The Middle Class and Competition: Some Consideration of the Beginnings of Modern Sport in England and Germany", *International Journal of the History of Sport*, VII(2): 265-282.
32. N. Elias & E. Dunning, *Quest for Excitement, op. cit.*

e Cromwell, os "Cavaleiros" e os "Cabeças Redondas", uma guerra que convém entender como resultante, em parte, da tentativa dos Stuarts de impor uma monarquia absoluta e católica. Foi uma guerra na qual a vitória do Commonwealth se traduziu por uma redução importante do poder monárquico. Isso foi reforçado, como Elias ainda mostrou, pelo fato de a Inglaterra ser uma ilha e uma potência naval, que doravante não exigia mais aquela espécie de imensa burocracia centralizada que tende a crescer nos Estados continentais onde é necessário um importante exército de terra para defender as fronteiras[33]. Além disso, na Inglaterra, diferentes pressões sociais permitiram às classes superiores dos proprietários de terra, a grande e a pequena nobreza, conservar um alto grau de autonomia e, através do Parlamento, dividir as tarefas do poder com o monarca. No século XVIII, quando as paixões geradas pela guerra civil começaram a se acalmar, os membros dessas classes desenvolveram gradualmente – o que chamamos hoje de "partido político" – meios pacíficos de conduzir suas lutas políticas. Elias falava, a esse propósito, em "parlamentarização do conflito político" e afirmava, em primeiro lugar, que se tratava de um elemento central no processo de civilização inglês e, em segundo lugar, que aquilo que ele chamava a "esportização" das distrações sobreviera correlativamente a esse processo de parlamentarização, processo durante o qual o *habitus* mais civilizado desenvolvido pelos aristocratas e pelos *gentlemen* levou esses últimos a desenvolver maneiras menos violentas, mais civilizadas em seu lazer[34]. Essa relação é uma correlação e não uma relação de causalidade[35]. A parlamentarização revestiu as vidas políticas desses aristocratas e *gentlemen*, e a esportização, seu lazer.

Como sugeri em outro lugar[36], é útil pensar o início da esportização das distrações como tendo ocorrido em duas principais ondas: uma primeira onda no século XVIII, onde os principais divertimentos que começaram a emergir como esportes modernos compreendiam o críquete, o golfe, a caça à raposa, as corridas de cavalos, o boxe; uma segunda onda no século XIX, onde o *soccer* e o *rugby* adotaram sua forma moderna. Como Christiane Eisenberg mais uma vez observou com perfeição, os esportes que encetam sua modernização com a onda do século XVIII eram organizados por "clubes" fechados. Na modernização que teve início no século XIX, esses esportes se organizaram sob

---

33. N. Elias, "Studies in the Genesis of the Naval Profession", *British Journal of Sociology*, I(4): 291-309, 1950.
34. N. Elias & E. Dunning, *Quest for Excitement, op. cit.*
35. E. Dunning, "Figurational Sociology and the Sociology of Sport", *in* E. Dunning & C. Rojek (eds.), *Sport and Leisure..., op. cit.*
36. E. Dunning, "Sociological Reflections on Sport, Violence and Civilization", *International Review of Sport*, XXV(1): 65-82.

a forma mais aberta e universalista de "associações"[37], um fato que assinalou um deslocamento do poder dos grupos de proprietários de terra em favor dos grupos burgueses. O principal local de onde provinha inicialmente essa segunda onda de esportização era da elite das *public schools*, um tipo de escola que, de maneira especificamente inglesa, dispunha de alto grau de independência em relação ao Estado. Esse alto grau relativo de autonomia facilitou a inovação no seio das *public schools*, e isso, somado a um clima agudo de tensão e de competição entre elas, foi uma das condições da esportização do futebol, o processo durante o qual o *soccer* e o *rugby* começaram a emergir enquanto esportes modernos.

Por volta do final do século XIX, em relação com o que o historiador Harold Perkin chamou os impérios britânicos "formais" e "informais"[38], várias dessas formas de esporte – ingleses, na origem – começaram a propagar-se através do mundo. De fato, do mesmo modo que a Itália foi o principal local de nascimento da linguagem musical que é empregada hoje mundo afora, a Inglaterra foi o principal local de nascimento dos elementos do vocabulário e da prática do esporte moderno, como Agnes Bain Stiven escreveu em 1936:

> É fato bem conhecido que a Inglaterra foi o berço e a mãe afetuosa do esporte. [...] Parece que os termos técnicos ingleses que se referem a esse campo devem tornar-se o bem comum de todas as nações do mesmo modo que os termos técnicos italianos no campo da música. É verossimilmente raro que um elemento de cultura tenha migrado com tão poucas modificações de um país para outro[39].

Certamente, uma exceção maior desse modelo de difusão sem modificação significativa é fornecida pela difusão do *rugby* nos Estados Unidos, onde essa maneira de jogar futebol, que era originalmente inglesa, foi transformada num jogo de futebol radicalmente diferente[40]. Houve resistências igualmente à disseminação dos esportes ingleses na Europa. Tais esportes foram adotados eventualmente sem modificações significativas, mas Elias se refere a um aristocrata alemão que escrevia, em 1910, que "o esporte é intraduzível para um *gentleman*"[41], e que os membros do movimento *Turnen* procuraram deter o *soccer* na Alemanha criticando severamente testemunhos locais de incidentes,

---

37. C. Eisenberg, "The Middle Class and Competition", *art. cit.*
38. H. Perkin, "Teaching the Nations How to Paly: Sport and Society in the British Empire and Commonwealth", *International Journal of the History of Sport*, VI(2): 145-155.
39. Enfatizado por Norbert Elias *in* N. Elias & E. Dunning, *Quest for Excitement...*, *op. cit.*
40. D. Riesman & R. Denney, "Football in America: A Study in Cultural Diffusion", *in* E. Dunning (ed.), *The Sociology of Sport: A Selection of Readings*, *op. cit.*
41. N. Elias & E. Dunning, *Quest for Excitement...*, *op. cit.*

chamando-os de *Fusslümmelei* ("hooliganismo do foot") e *Englische Krankheit*[42] ("doença inglesa"), o que, entretanto, não anuncia em nada o hooliganismo dos anos 70 e 80.

Christiane Eisenberg cita um livro sobre o esporte, publicado na Alemanha em 1908, que ilustra também essa resistência localizada. Os clubes de esporte são comparados desfavoravelmente às fraternidades estudantis de duelistas. "Os contemporâneos familiarizados com as formas de sociabilidade sentiam que havia nos esportes atritos intensos (*Reibung*), mas sem real calor (*Wärme*)"[43]. De uma maneira bastante evidente, isso é típico daquele contraste que Elias tentara descrever entre *Kultur* e *Zivilisation*.

Tais processos de resistência constituem um terreno de pesquisa ainda não explorado na sociologia e na história do esporte. Entretanto, é menos interessante para nosso objetivo atual que o fato de, no início do século XX, o "sport" ter-se firmado não só como uma palavra alemã, mas também, com algumas modificações ocasionais locais, a exemplo de *deporte* em espanhol e *esport* em catalão, como uma parte do léxico de todas as línguas européias ou da maioria delas. Um processo de difusão que implica não só a exportação do modo de jogar *soccer* mas também o nome, ainda com algumas modificações locais como *Fussball* na Alemanha, *voetbal* em holandês e *futbol* em espanhol. Somente os italianos resistiram a essa difusão lingüística, preferindo conservar seu próprio termo, *calcio*, verossimilmente porque acreditam que Florença tem o direito de ser considerada o local de nascimento do futebol moderno. Quero precisar que a difusão dos esportes como o *soccer* da Inglaterra é a prova do nível de maturação que eles haviam atingido. Deixem-me agora, à guisa de conclusão, destruir alguns aspectos desse estado de fato enganoso.

Christiane Eisenberg emitiu uma outra idéia interessante, que se harmoniza perfeitamente com esse discurso. Depois de haver notado que "uma das características mais importantes do esporte moderno é sua capacidade de fornecer um quadro institucionalizado da sociabilidade", ela, numa tentativa de explicar as razões pelas quais o esporte de competição se desenvolveu primeiramente na Inglaterra, aplica o que chama as idéias "puramente teóricas" de Simmel sobre a competição como forma social. A idéia simmeliana de " 'forma pura de luta competitiva' em que [...] o preço do combate não está nas mãos de cada adversário mas de uma terceira parte é crucial", diz ela. Aplicando essa idéia ao esporte, Eisenberg escreve:

---

42. K. Planck, *Fusslümmelei: Über Stauchballspiel und Englische Krankheit*, Munster, Lityerlag, 1898.
43. C. Eisenberg, "The Middle Class and Competition", art. cit.

Em esporte, a terceira parte é o corpo governante que dá um prêmio, ou o treinador e um público bem informados. De fato, é seu reconhecimento e seus aplausos que os homens e mulheres esportistas buscam. Seus combates um contra o outro são apenas um meio para chegar a um fim. Em outras palavras, para chegar o mais perto possível da terceira parte, eles devem ajustar-se e estabelecer ligações com o outro, mas não feri-lo e mesmo, como em inúmeros esportes, não se tocarem mutuamente. Nesse contexto, "o combate de todos contra todos" é, segundo Simmel, ao mesmo tempo "o combate de todos por todos". A competição em sua forma pura neutraliza a necessidade de avaliar a vitória ou a derrota em termos morais e permite estabelecer a hipótese de que os homens e mulheres esportistas são racionais, seres éticos que não serão trapaceiros [44].

O fato de existirem esportes como o boxe, cuja finalidade explícita é fazer mal a seu adversário, demonstra que esse argumento simmeliano – frutífero mas extremamente abstrato – não pode explicar plenamente o desenvolvimento do caráter específico do esporte moderno. Com efeito, certos dados reforçam nitidamente o ponto de vista de Eisenberg. Ela nos diz como

mesmo os ideólogos do esporte na Alemanha, como os membros do *Zentralausschuss für Volks und Jugendspiele*, que tentaram introduzir o futebol e outros jogos nos anos 1890, não consideraram a competição como um aspecto do esporte ou como associações negativas. Inúmeros deles receavam que a competição despertasse as paixões das pessoas jovens e as distraísse de suas inofensivas brincadeiras de criança(s)[45].

Em outras palavras, os primeiros promotores alemães do esporte moderno não testaram a capacidade de seus protegidos de exercer o autocontrole adequado ou eficaz em situações altamente competitivas. Isso indica que o esporte moderno não é uma espécie de "forma pura de sociabilidade competitiva" na forma abstrata encarada por Simmel, mas envolve seres humanos concretos, que não são apenas racionais mas também emocionais, e cujas estruturas das personalidades e cujos códigos sociais interiorizados refletem uma etapa particular do processo de civilização. Nos séculos XVIII e XIX, os ingleses em geral estavam evidentemente muito mais adiantados do que os alemães nesse assunto. Isso concorda, certamente, com o que Max Weber escrevia em *A Ética Protestante e o Espírito do Capitalismo*[46].

O fato de uma das principais "exportações" da Inglaterra para a Alemanha e para outros países continentais nesses últimos anos ter sido o hooliganismo mostra que não se pode mais defender uma posição como esta – isto é, que os alemães se distanciaram dos ingleses,

---

44. *Idem*.
45. *Idem*.
46. M. Weber, *The Protestant Ethic and the Spirit of Capitalism*, London, Allen and Unwin, 1930.

sobretudo no campo econômico, e que os ingleses talvez estejam atrasados sob certos aspectos na questão da civilização[47]. Talvez seja útil lembrar aqui que, segundo Norbert Elias, a civilização é um processo contínuo, e que ele concluiu desse modo *Über den Process der Zivilisation*, citando, para fazê-lo, Holbach: "A civilização ainda não terminou"[48]. A escrever essas palavras, Elias tinha em mente principalmente autores como Oswald Spengler[49]. Em *The Symbol Theory*, Elias acrescentava que, segundo os astrônomos, nosso sol ainda brilhará por quatro bilhões de anos. Ele concluiu que isso deveria dar aos humanos a oportunidade suficiente para "orientar seu caminho para fora das alamedas escuras e ensinar a tornar mais agradável, mais significativa e mais satisfatória sua vida juntos"[50]. Tenho certeza de que Norbert Elias teria incluído aí o esporte e que teria aprovado a idéia de que esses quatro bilhões de anos dão às pessoas bastante tempo para desenvolver as melhores formas de prática dos esportes, no terreno de jogo e fora dele, melhores formas de jogar junto do que aquelas que geramos até aqui. Se ele tinha razão, porém, uma condição *sine qua non* para essa proposição repousa numa pesquisa mais aprofundada baseada no conhecimento e na compreensão dos processos sociais complexos que estão implícitos no esporte e em sua relação com as estruturas sociais mais amplas e seu desenvolvimento.

---

47. E. G. Dunning, P. Murphy & J. Williams, *The Roots of Football Hooliganism*, London, Routledge, 1988.
48. N. Elias, *The Civilizing Process*, vol. 1, *op. cit.*
49. Refiro-me ao *Decline of the West* de O. Spengler.
50. N. Elias, *The Symbol Theory*, *op. cit.*

2. Processo de Civilização e Processo Nacional em Norbert Elias

André Burguière

Os historiadores franceses descobriram (com entusiasmo) a obra de Norbert Elias no momento em que a história quantitativa e o paradigma socioeconômico que lhe estava associado desde os anos 60 marcavam passo; no momento também em que os métodos puramente descritivos e formalistas buscados no estruturalismo começavam a perder seus encantos[1]. O processo de civilização e, mais particularmente, a mudan-

---

1. A acolhida dada à obra de Norbert Elias na França, que ainda aguarda seu historiador ou seu sociólogo, merece que nos detenhamos nela por um instante. Quando foi lançada, em 1973, *La Civilisation des moeurs*, primeiro volume da tradução francesa de *Über den Prozess der Zivilisation*, obra publicada vinte e quatro anos antes, Norbert Elias era totalmente desconhecido na França, exceto por Raymond Aron, que havia percebido a importância do livro quando de sua publicação (no entanto, quase confidencial). Ele fizera uma resenha dessa obra em 1941 e apresentara-o a seus alunos bem mais tarde. Foi ele que sugeriu a Jean Baechler, responsável por uma coleção na Calmann-Lévy, que traduzisse o livro. O sucesso foi imediato entre os historiadores, em parte graças a uma resenha de François Furet, no *Nouvel Observateur*, que garantiu o lançamento do livro. Pela influência e pelas redes de amizades dos historiadores franceses é que o sucesso de Norbert Elias se propagou na Itália e depois nos Estados Unidos, suscitando as traduções para o italiano, para o inglês, e logo ganhou o mundo inteiro. Foi, portanto, a acolhida entusiasta de um público neófito que garantiu a Norbert Elias essa glória tardia, ao mesmo tempo internacional e interdisciplinar, e não o reconhecimento da universidade alemã, que manifesta mais consideração pelo sobrevivente da *intelligentsia* weimariana do que interesse pelo sociólogo, nem a fidelidade e a competência erudita do pequeno círculo dos discípulos que se constituíra na Inglaterra onde Elias lecionara por muito tempo, e sobretudo em Amsterdã.

ça modernizadora do Renascimento, descritos por Norbert Elias, prolongavam, para os historiadores franceses, a problemática introduzida por Philippe Ariès e Michel Foucault (mesmo que, na realidade, a obra do sociólogo alemão os tivesse precedido amplamente). A saber, a idéia de uma modernização da sociedade que não passa pela infraestrutura econômica mas por um processo de racionalização que afeta as mentalidades e o dispositivo social. Todavia, ao invés de descrever uma transformação puramente cultural ou mental, Norbert Elias se apóia na hipótese de uma interação entre as transformações das estruturas estatais (o Estado moderno) e das estruturas mentais. A relação que ele estabelece entre a *sociogênese* do Estado e a *psicogênese* do indivíduo oferecia aos historiadores uma dupla vantagem: a de reintroduzir a política há muito subestimada pelos "analistas"; e a de reabilitar o indivíduo e uma certa psicologia da pessoa, articulando-os ao movimento da História.

Os historiadores privilegiaram, na obra de Elias, a noção de autocontrole, que lhes permitia, ao mesmo tempo, engolir a pílula da psicanálise e anexar o estudo do corpo ao campo das práticas culturais (domínio das pulsões, aprendizado do senso de pudor, dissimulação das funções naturais etc.). Apegaram-se sobretudo à mutação da "primeira modernidade", a dos séculos XVI e XVII, que ocupa o maior espaço nas análises de Elias. O conceito de processo de civilização permitia, nesse caso, resolver ou, pelo menos, contornar um dos paradoxos do período considerado, que continuava inexplicado pelo paradigma marxista ou socioeconômico dos *Annales* dos anos 60: o de uma modernização do Estado sem modernização da economia.

A publicação da tradução de *A Sociedade de Corte*, algum tempo depois, levou os historiadores a superpor as problemáticas das duas obras. *A Sociedade de Corte* passava a ser o modelo social de um período, o do absolutismo e da centralização monárquica. A inclinação dos historiadores ainda era a da sociologia histórica preconizada pelos *Annales*. Ela se fazia mais socióloga do que o sociólogo, ao afirmar que a obra de Elias evidenciava formas gerais de evolução.

Ora, para Elias, não existe evolução geral e, sim, formas de diferenciação, isto é, o emprego de novas "configurações" que podem caracterizar tanto um período quanto uma sociedade na continuidade de seus traços culturais; isto é, naquilo que assegura seu caráter nacional. Os historiadores atraídos hoje pelo pensamento de Norbert Elias deram pouca atenção aos aspectos de sua obra que abordam a formação dos modelos nacionais; o que ele expõe, por exemplo, em *A Civilização dos Costumes*, desde as primeiras páginas consagradas à oposição entre a noção de cultura e a noção de civilização, como expressão da oposição entre o modelo cultural alemão e o modelo francês. É essa vertente do pensamento de Norbert Elias que eu gostaria de me ater aqui. Baseando-se nesse caráter exemplar, misturaram Norbert Elias e Max Weber, a *configuração* e o *ideal-tipo*. A exemplaridade não tem estatuto teórico em Elias, já que a história das sociedades se traduz por uma sucessão não programada de configurações diferentes. Temos então de prolongar a análise de Elias e, se necessário, criticá-la com a ajuda de seus próprios conceitos para considerar o caso francês não como um caso exemplar mas como um caso particular, como uma história singular, à imagem de todas as histórias nacionais. Essa singularidade, eu gostaria de evocá-la por dois traços que a História inseriu naquilo se pode chamar a identidade cultural da França. O primeiro, a figura do *honnête homme* que sobrevive no modelo de distinção cultural próprio da sociedade francesa, pertence, se retomarmos a comparação entre a França e a Alemanha feita por Elias, ao registro da civilização à moda francesa (concebida como aquilo que eleva o espírito). O segundo, a precocidade com que a população francesa se converteu à limitação dos nascimentos, pertence ao registro das maneiras de viver, dos hábitos profundos, isto é, à definição alemão de cultura.

AUTOCOERÇÃO E RACIONALIDADE

Partamos do mais conhecido na obra de Elias e daquilo que retomamos com mais prazer na análise do processo de civilização: reivindicando o monopólio da violência, o Estado monárquico impõe a repressão da violência privada e difusa, principalmente por meio das regras de manutenção da vida de corte, um modelo de autocoerção, de domínio das emoções, de ocultação do corpo e das funções orgânicas (inculcando o senso de pudor) que reestrutura a personalidade. Ele estimula o espírito de estratégia e de dissimulação para obter os favores do príncipe num dispositivo de poder em que a concorrência entre indivíduos é eufemizada, desmilitarizada e fixada sobre os recursos da astúcia e da previsão. Daí um desenvolvimento do cálculo racional e da introspecção para autodominar-se e adivinhar as intenções dos outros. Essa não é a parte mais nova do pensamento de Norbert Elias. Simmel, e Huizinga antes dele – e Elias conhece bem os trabalhos desses autores – insistiram no desenvolvimento dos comportamentos racionais às custas dos comportamentos pulsionais na história da humanidade. Lucien Febvre, cuja obra, e mesmo o nome, Elias ignorava, havia descrito, no mesmo ano em que foi publicado *Über den Prozess der Zivilisation*, em 1939, o reforço do senso de pudor, num artigo sobre "sensibilidade e história"[2]:

---

2. L. Febvre, "Comment reconstituer la vie affective d'autrefois? La sensibilité et l'histoire", *Mélanges d'histoire économique et sociale*, 1941.

E quanto mais as operações intelectuais se desenvolveram nos meios sociais em que todas as relações entre os homens se encontram cada vez mais regidas por instituições ou técnicas, mais forte ficou a tendência a considerar as emoções como uma perturbação da atividade, algo perigoso, importuno e feio: digamos, no mínimo impudico.

Essa normalização operada pela institucionalização da vida de corte, que enuncia um novo código de comportamento (explicitado pelos *tratados de civilidade*), e difundida amplamente no corpo social por intermédio do ensino elementar (os *manuais de civilidade pueril e cristã*) foi estimulada particularmente na França, devido à centralidade política e cultural da corte, bem como à eficácia excepcional do sistema curial. Em nenhum outro lugar a etiqueta atingiu tanto rigor e tanta sutileza quanto na corte de Luís XIV. Vinda das cortes principescas italianas, a curialização já opera, na França, no século XVI, uma certa normalização cultural, sobretudo lingüística: pensemos no grupo da Pléiade, que pretende depurar e embelezar a língua francesa. A corrente preciosa, durante e após a Fronda, corresponde à segunda etapa dessa normalização lingüística que modela o ideal clássico. O brilho literário da era clássica, a importância atribuída (tanto no teatro e no romance galante quanto na reflexão dos "moralistas") à análise psicológica atestam os sucessos do regime de autocoerção e do esforço para decifrar as intenções de outrem induzido pelas estratégias de astúcia e de previsão.

A cultura francesa – foi pelo menos assim que os historiadores, em sua maioria, entenderam a obra de Elias – seria apenas a mais acabada expressão de uma normalização que se estendeu a toda a Europa absolutista. Evocávamos os "moralistas", embora mal qualificados, já que seu sistema de pensamento consiste em desvendar, sob as justificativas da moral, escolhas estratégicas comandadas pelo amor próprio; é o caso de La Rochefoucauld, de La Bruyère etc. Ora, Elias opõe o realismo da autocoerção aristocrática (a de Gracián, Maquiavel e outros) ao moralismo da autocoerção burguesa que se acredita interpelada por uma voz interior. Devemos evocar aqui o momento jansenista? "O eu é odiável", diz Pascal. Nessa autonegação Lucien Goldmann[3] quis ver a tragédia não só de uma consciência mas também de uma classe infeliz: a burguesia de toga, que se sente traída depois das agitações da Fronda, durante a qual o mundo da toga se havia libertado da revolta dos senhores feudais. A tese de Lucien Goldmann é contestável do ponto de vista histórico quanto à fidelidade da gente de toga. Ma apresenta o interesse de enfatizar o papel motor desse meio no desenvolvimento da cultura clássica.

---

3. L. Goldmann, *Le Dieu caché*, Paris, Gallimard, 1955.

A CULTURA DO "BURGUÊS FIDALGO"

Norbert Elias não ignorou a importância do mundo da toga na construção do Estado monárquico na França. Ele chega a assinalar que o rei de França apoiou-se numa burguesia de funcionários, ou antes, de "gente do rei", para neutralizar os senhores feudais, mas evitando – diferentemente da Inglaterra – toda e qualquer forma de parlamentarismo. O único lugar, acrescenta ele, onde se pode exercer a rivalidade dessas elites colocadas em concorrência é a casa real e, logo, a corte. Todavia, talvez ele não tenha sublinhado bastante o que o modelo cultural francês devia a essa colocação em concorrência da toga e da nobreza antiga. Eu gostaria de lembrar seus principais elementos.

1. Françoise Autrand[4] descreveu o nascimento, já no século XIV, dos primeiros grandes corpos, como o parlamento de Paris. Na segunda metade do século XV, esse ambiente dos "senhores das leis" oriundos da burguesia se fortalece com o crescimento do Estado real. É uma escolha da monarquia, mas também um efeito de sua riqueza fiscal, que a situa bem acima das outras realezas européias e cria, para a burguesia, uma possibilidade de ascensão no aparelho de Estado. Por volta de 1525, no momento em que Carlos V recebe cinqüenta toneladas de ouro por ano sobre as rendas da América, Francisco I extrai de oitenta a noventa toneladas de ouro por ano do Hexágono.

Essa ascensão passa pela aquisição de um saber (antes de tudo, jurídico). Ficamos impressionados, quando percorremos os livros razão, bastante numerosos a partir do século XVI no meio da burguesia dos comerciantes e dos juristas, pela importância que atribuem à educação dos filhos e, em particular, à formação jurídica dos meninos. O capital intelectual é um vetor de sucesso, desde que venha acompanhado, no início, por um capital financeiro. Pela venalidade dos ofícios, a monarquia punha à venda parcelas do aparelho de Estado e da autoridade pública. Para tornar a compra atraente e conferir-lhe as insígnias da excelência social, desejada pela burguesia, certos ofícios foram dotados de um poder enobrecedor. Um dispositivo desses nada tem de anormal para a realeza, que detém o poder de enobrecer. Mas a aceleração da prática, no curso do século XVI, exacerbou a rivalidade entre a antiga nobreza e a nobreza de toga, provocando uma crise de identidade nobiliária cuja expressão são, em parte, as guerras de Religião.

2. Dentro desse contexto de rivalidade, tomou corpo, no final do século XVI, um novo modelo cultural no meio togado, cuja originalida-

---

4. F. Autrand, *Naissance d'un grand corps de l'État? Les gens du parlement de Paris, 1345-1354*, Paris, Publications de la Sorbonne, 1981.

de Georges Huppert[5] definiu muito bem. Esse modelo associa os valores que garantem e legitimam a ascensão burguesa (a atividade e a competência intelectuais) aos antigos valores nobiliários de heroísmo e de desprendimento. Montaigne, cuja família ilustra perfeitamente a ascensão do meio togado, é ao mesmo tempo o emblema e o teórico do novo ideal cultural. Ele exalta o comércio desinteressado das belas-letras com as melhores cabeças de todos os tempos, no retiro do mundo, isto é, em sua "biblioteca", onde ele vem buscar refúgio longe das preocupações dos cargos públicos ou da vida parlamentar. Um saber enciclopédico predominantemente humanista é exigido por esse ideal que valoriza a facilidade na exposição, a liberdade do amador e bane o pedantismo do especialista.

Assimilado pela sociedade de corte e amplificado por ela, esse ideal tornou-se o instrumento de uma integração cultural das elites, que terminou, como salientou Denis Richet[6], na era das Luzes. É esse o ideal do *honnête homme* que tem "clarezas de tudo", que prefere "as cabeças bem feitas às cabeças cheias" e se prende mais à elegância da expressão do que à solidez da argumentação. Esse ideal é aristocrático mas também meritocrático, pois está fundado na realização individual e no reconhecimento do *talento*. Desse modo são preservados nele o universalismo do espírito burguês e seus fermentos democráticos. Sua ambivalência permitiu-lhe sobreviver ao Antigo Regime e acompanhar a inspiração democrática da expansão escolar. Na França, ele persiste no generalismo e no elitismo das grandes escolas. Não é significativo que uma das mais recentes delas, a ENA, criada por Maurice Thorez, secretário do Partido Comunista, quando era ministro de Estado do general de Gaulle encarregado da Função Pública, tenha dado tanta importância à chamada prova "de cultura geral", isto é, a um autêntico exercício de salão? A resistência das humanidades e o reino duradouro da dissertação francesa nos debates e nas reformas do nosso sistema escolar ilustram a persistência do modelo. Para caracterizar a ética do desprendimento da cultura de corte, Norbert Elias cita *Para Além do Bem e do Mal*: "A linguagem da Corte é a linguagem do cortesão que não tem nenhuma especialidade, que mesmo falando de coisas científicas se proíbe o emprego cômodo de termos profissionais porque eles evocam a profissão". Será esse ideal totalmente tributário do papel aculturador da sociedade de corte tomada em sua generalidade ou das relações conflituosas entre as duas nobrezas, que são um traço de particularidade da Fran-

---

5. G. Huppert, *Bourgeois et Gentilshommes: La réussite sociale en France au XVI siècle*, Paris, Flammarion, 1983 (traduzido do inglês).
6. D. Richet, "Autour des origines idéologiques de la Révolution: Élites et despotisme", *Annales ESC,* 1969.

ça do Antigo Regime? Na esteira de Norbert Elias, os historiadores ressaltaram o papel de substituto representado pela inculcação e pela instituição escolares para difundir o ideal de corte às periferias populares do corpo social: Os *tratados de civilidade* para uso do aprendiz de cortesão tornaram-se *tratados de civilidade pueril e cristã*, utilizados como manuais de leitura nas *escolinhas* dos discípulos de São João Batista de La Salle.

Pois bem, na orientação dos critérios de excelência para a facilidade da exposição, para o primado da forma, a escolha escolar precedeu, sob muitos aspectos, a escolha curial. Uma mudança capital aparece nos colégios, na França, no início do século XVI: a retórica separa-se da dialética, considerada então a disciplina das disciplinas. É a escolha erasmiana contra a escolha alemã de Jean Sturm ou Rodolphe Agricola[7]. Retomada pela *ratio studiorum ad perfectum eloquentiam informare* dos jesuítas, essa promoção da retórica vai contribuir para fortalecer o lugar das humanidades literárias na educação e o modelo de excelência cultural das elites na França no século XVII. Deve-se admitir igualmente, em particular a partir do excelente estudo de John Dewald[8], que muitos valores característicos do novo ideal cultural, como a valorização do sucesso individual pelo talento e pela reputação, estavam presentes, em bom lugar, na mentalidade da antiga nobreza já no final do século XVI, antes da fusão cultural das elites operada pela corte de Luís XIV. A corte, lugar de competição generalizada e de integração das elites, só fez ampliar e rematar a cristalização de um modelo cujas bases haviam sido lançadas pela educação dispensada nos colégios dos jesuítas.

O HOMEM DE LETRAS, O UNIVERSAL E O POLÍTICO

A corte desempenhou um papel específico na formação do que se chama o "gênio francês", mas, para percebê-lo, devemos acrescentar o pensamento de Tocqueville ao de Elias. A centralidade da corte mas também o igualitarismo de fachada da política real, que pretende estar acima das classes sociais e da rede feudal, deram corpo ao mesmo tempo a um *tour d'esprit* abstrato, geralmente universalista, que se torna uma imagem de marca da produção intelectual, e à figura do *homem de letras*[9], ator social híbrido, presente ao mesmo tempo no

---

7. R. Chartier, M.-M. Compère & D. Julia, *L'Éducation en France du XVIe au XVIIIe siècle*, Paris, SEDES, 1976.

8. J. Dewald, *Aristocratic Experience and the Origins of Modern Culture: France 1570-1715*, Berkeley, University of California Press, 1993.

9. A. De Tocqueville, *L'Ancien Régime et la Révolution*, Paris, Le Club français du livre, 1964 (reedição), liv. 3, cap. I: "Como, por volta de meados do século XVII, os homens de letras se tornaram os principais políticos do país, e dos efeitos que daí resultaram".

campo literário e no campo político, ancestral direto do intelectual engajado. A centralidade da corte, para a qual convergem todos os desejos de ascensão social ou de consagração literária, no Antigo Regime, impõe aos talentos que querem se fazer reconhecer que renunciem a suas particularidades regionais ou sociais, não só para se ajustarem às regras da competição social, mas também para adotarem o ponto de vista centralista da corte. Quando sabemos que estamos colocados no centro do mundo, sentimo-nos obrigados a pensar em sua generalidade. Dessa maneira podem ser explicados tanto o desenvolvimento do espírito cartesiano quanto certos aspectos da ascese clássica: o recurso limitado aos adjetivos, ao descritivo, à expressão da cor ou do movimento, a tudo o que encerra os objetos, os sentimentos, os pensamentos nos contornos precisos de sua singularidade, ao invés de conferir-lhes uma significação universal.

Os franceses, segundo Tocqueville, adquiriram o senso da universalidade como uma espécie de derivado intelectual do sentimento de similitude, se não de igualdade, que a monarquia havia inoculado neles; isso porque "a França, escreve ele, era o país onde os homens se tinham tornado mais semelhantes entre si"[10]; semelhantes não por sua condição social, mas pela idéia que fazem dela e pelas aspirações que dela decorrem. O prestígio do homem de letras e a influência política da qual ele tira proveito desde o século XVIII se devem, em parte, à tendência do espírito francês a preferir encarregar-se dos valores universais a observar atentamente a realidade. A que se acrescentam as escolhas políticas da monarquia, que, diferentemente de sua vizinha inglesa, tudo fez para impedir a constituição de um sistema parlamentar que dê um *status* de legitimidade à representação dos interesses particulares. A função crítica do homem de letras e seu poder de interpelação literária substituem a existência de uma representação nacional: sua preocupação com o universal, que o leva a falar do homem em geral, prolonga a recusa da monarquia em dar a menor base legal à expressão dos grupos sociais e dos interesses particulares. Essa ambigüidade do *status* do homem de letras no final do Antigo Regime bastaria para explicar a sobrevivência estranha de sua função política na França contemporânea, na figura do intelectual peticionista inventada por Clemenceau para a luta em favor de Dreyfus ou do intelectual engajado de Sartre. Pode-se, porém, enriquecer a hipótese de Tocqueville se lhe acrescentarmos o que os trabalhos de Norbert Elias e de Georges Huppert nos ensinaram sobre a especificidade do modelo de distinção francês.

Concebido pelo mundo da toga para fazer frente ao ideal de heroísmo e de desprendimento da velha nobreza militar, o novo ideal de distinção intelectual tornou-se no século XVII o instrumento de uma

10. *Idem*, liv. 2, cap. VIII.

integração cultural das elites. Não só ele cria entre a antiga nobreza e os novos promovidos uma comunhão de pensamento, de valores compartilhados que fará de muitos grandes aristocratas, no século de Voltaire e de Rousseau, partidários entusiastas das idéias revolucionárias, mas também institui, entre os homens de letras e os homens de poder que saíram do mesmo meio, receberam a mesma formação, freqüentam os mesmos salões, uma proximidade social e intelectual que lhes pode dar a ilusão de serem intercambiáveis. A recusa da especialização e de um uso profissional do talento intelectual, a busca de um enciclopedismo de bom nível, de predominância literária (que orienta igualmente a educação dada nos colégios), mantêm no mundo elitista dos salões a ficção de uma democracia do espírito, de uma república das letras onde cada amador pode se considerar um escritor em potencial e cada filósofo que se preocupa com o gênero humano, um possível homem de Estado.

Essa impressão de conversibilidade das competências e das legitimidades, que convida a confundir os papéis, sobreviveu ao Antigo Regime, visto que era consubstancial para o modelo de distinção cultural que a França monárquica legou à França republicana. Ela mantém entre a elite da escrita e a elite política um vínculo de fascínio recíproco. Considerando unicamente o superego político atual, com uma surpreendente continuidade, na figura do intelectual engajado, de Voltaire a Foucault, esquece-se seu complemento: o superego literário do político, mais preocupado do que nunca, na hora em que os problemas presidenciais e o investimento mediático reforçam os efeitos de imagem, em declinar seus títulos de nobreza na ordem do espírito e do gosto.

CIVILIZAÇÃO CONJUGAL E CONTROLE DOS NASCIMENTOS

O declínio demográfico era um tema de inquietação na França muito tempo antes de se tornar uma realidade. E pode-se dizer que essa inquietação era um traço da cultura de Estado. Ao longo de todo o século XVIII (e mesmo bem antes), os especialistas se alarmam com a diminuição da população. Quando Vauban faz esse diagnóstico pessimista, no final do reinado de Luís XIV, ele enxerga com bastante precisão, pois se pôde mostrar recentemente[11] que a população da França perdera cerca de um milhão de pessoas durante as duas primeiras décadas do século XVIII. Uma regressão forte e totalmente excepcional (talvez a primeira desde o século XIV), que decorria dos efeitos acumulados de duas grandes crises de moralidade, a de 1694 e a de 1709,

---

11. J. Dupaquier, *La Population française aux XVIIe et XVIIIe siècles*, Paris, PUF, 1993.

muito próximas para que os habituais mecanismos de recuperação tenham podido funcionar plenamente, entre as duas. Todavia, quando Necker faz o mesmo diagnóstico, às vésperas da Revolução, revela sobretudo a que ponto os meios governamentais, na época dos aritméticos políticos e dos primeiros balbucios da estatística, desconheciam o movimento da população francesa. Isso porque, depois das avaliações de Vauban, a França havia aumentado mais de oito milhões de habitantes.

O erro de avaliação não era total. No curso do século XVIII, a limitação dos nascimentos começa a se difundir na França; muito pouco ainda para afetar a curva da natalidade, mas o suficiente para ter sido notado por algumas mentes da época, como Moheau[12], atentas aos fenômenos populacionais. Na segunda metade do século XIX, especialistas e políticos se alarmam com o progresso das práticas malthusianas. Mas, doravante, os efeitos demográficos são manifestos. A natalidade assinala uma clara diminuição na França, enquanto aumenta em todos os países circunvizinhos. Não é, aliás, a freqüência do despovoamento, como elemento de uma singularidade francesa produzida pela cultura de Estado, que desejaríamos analisar, mas o surgimento precoce do malthusianismo como componente do processo nacional. O populacionismo recorrente das elites dirigentes não nos interessa aqui senão na medida em que alimentou as primeiras hipóteses dos historiadores. Os sociólogos (como Le Play ou de Brandt), os demógrafos (como os Bertillon), que se preocuparam, na segunda metade do século XIX, com os efeitos negativos do desenvolvimento do controle da natalidade sobre o nível da população, atribuíam-no ao Código Civil, que havia imposto em toda a parte a igualdade na sucessão, ou de modo mais geral ao individualismo secretado pela Revolução. Essa explicação prolongava, atualizando-o, o registro argumentário dos primeiros observadores-denunciadores da difusão dos "funestos segredos"[13] no século XVIII: a expansão de um individualismo hedonista é que instigava a comportamentos mais egoístas e mais desligados da moral tradicional. Ela acrescentava a isso o peso de uma reviravolta histórica: a Revolução Francesa.

Os primeiros trabalhos dos historiadores demógrafos que chegaram a identificar com precisão a mudança dos comportamentos por meio do método de análise estatística da fecundidade conjugal inventado por Louis Henry pareciam confirmar esse núcleo de hipóteses: o surgimento do controle dos nascimentos era contemporâneo da Revolução[14]. Antes mesmo da criação do Código Civil, a descristianização e

12. Moheau, *Recherches sur la population de la France,* Paris, Moutard, 1778.
13. A expressão é de Moheau, *idem.*
14. E. Le Roy Ladurie, "Démographie et funestes secrets: Le Languedoc", *Annales de la Révolution Française,* 1966.

a miscigenação cultural (em particular para os jovens mobilizados pelo recrutamento em massa) haviam acelerado o desaparecimento da moral tradicional, submetida às leis da Igreja. Todavia, a acumulação de monografias de aldeias e logo de cidades em demografia histórica, as quais se inspiravam todas nos mesmos métodos e usavam os recursos dos registros paroquiais do Antigo Regime, obrigou bastante rapidamente os historiadores a remontar a muito mais longe o momento da mudança malthusiana: já nos meados do século XVIII para o campo e as pequenas aldeias da Bacia parisiense[15], e mesmo já no final do século XVII para algumas cidades importantes, como Rouen ou Genebra[16].

O deslocamento da cronologia nem por isso modificou o esquema de explicação dos historiadores. Já não se trata de uma ruptura brutal, tal como a descristianização revolucionária que permite libertar-se de maneira irreversível de uma proibição tão profundamente interiorizada, como Philippe Ariès propusera a hipótese, que se tornara impensável[17]. Trata-se de uma ruptura mais suave e lenta, a da secularização das consciências e das práticas. Todavia, a lógica continua a mesma: a sexualidade conjugal só pode mudar se os casais se resignarem a infringir a lei da Igreja[18]. Essa fixação sobre o respeito ou a desobediência à lei religiosa vai ao encontro do ponto de vista moralizador dos observadores do século XVIII, como Moheau, que foram os primeiros a desvendar e a denunciar a mudança dos comportamentos demográficos.

Esse modelo de explicação, cuja persistência pode surpreender, parece-me inadequado tanto para esclarecer a transição demográfica em sua generalidade quanto para elucidar o caso francês em sua particularidade. Várias pesquisas sociológicas, em moda nos anos 60, aplicadas a sociedades pertencentes ao que se chamava então Terceiro Mundo, que se propunham analisar a maior ou menor resistência das populações à introdução de técnicas contraceptivas, levaram a minimizar o papel das proibições religiosas. Um estudo comparado sobre o caso da Índia, muito resistente, e sobre o de Porto Rico, muito receptivo, mostrou que a interdição religiosa das práticas contraceptivas, inexistente no hinduísmo, rigoroso, ao contrário, na cultura formalmente católica dos porto-riquenhos, desempenhava um papel negligen-

---

15. Para uma visão sintética sobre o balanço atual das pesquisas, A. Bideau & J.-P.Bardet, "Flutuactions chronologiques au début de la révolution contraceptive", in J. Dupaquier (sous la dir. de), *Histoire de la population française*, Paris, PUF, 1988, t. 2, cap. VIII.
16. A. Perrenoud, *La Population de Genève du XVIe au XVIIIe siècle*, Genève, Droz, 1979; J.-P. Bardet , *Rouen aux XVIIe et XVIIIe siècles: Les mutations d'un espace social*, Paris, SEDES, 1983.
17. P. Ariès, "Interprétation pour une histoire des mentalités", in H. Bergues (sous la dir. de), *La Prévention des naissances; ses origines dans les temps modernes*, Paris, PUF, Cahier de l'Ined, n. 35, cap. 10.
18. J.-L. Flandrin, *Le Sexe et l'Occident*, Paris, Seuil, 1981.

ciável[19]. É a estrutura do casal que aparece, em contrapartida, como um fator decisivo: uma estrutura autoritária, no caso indiano, com grande diferença de idade, que quase não dá aos cônjuges as condições de discutir livremente e de decidir juntos; uma ampla autonomia da mulher, no lar porto-riquenho matricentrado, em que o parceiro, provisório por princípio, não tem nenhum poder de decisão.

Não se trata, no caso da França, de ignorar o papel das condenações religiosas, mas de situá-las melhor. Ora, os primeiros testemunhos eclesiásticos, bem tardios, é verdade, como a carta de monsenhor Bouvier, bispo de Le Mans, dirigida à Sagrada Penitenciaria em Roma em 1849[20], que enfatizam a difusão maciça das práticas contraceptivas no meio rural, obrigam-nos a inverter o vínculo de causalidade entre descristianização e malthusianismo. Segundo monsenhor Bouvier, que relata a experiência de um grande número de confessores, os homens, surpresos por serem interrogados em confissão sobre condutas conjugais das quais não pensavam ter de prestar conta, preferem afastar-se da Igreja a renunciar a suas práticas. Portanto, não foi a descristianização que abriu caminho para o malthusianismo, e, sim, o contrário.

Para manter sentido, o papel da interdição religiosa na passagem para o malthusianismo deve ser encarado em cima do modo weberiano. Não foi a atitude doutrinal do protestantismo em relação ao comércio do dinheiro que favoreceu o capitalismo. Lutero, Calvino e os outros pensadores da Reforma condenavam o empréstimo a juros tão firmemente quanto os teólogos católicos. Foram as disposições éticas derivadas da doutrina da graça desses pregadores e sobretudo de sua concepção da "vocação". Passando o enriquecimento a ser um sinal de eleição se for fruto de uma conduta moral rigorosa, a busca encarniçada do lucro associou-se estreitamente ao senso de poupança; uma conjunção ideal para o desenvolvimento do capitalismo[21]. De maneira análoga, não é a condenação da contracepção pela Igreja nem a atitude mais ou menos desobediente da população que podem explicar a conversão precoce ao malthusianismo, mas o coroamento de um processo de civilização no qual o controle religioso era parte importante. A importância atribuída por Norbert Elias, nesse processo, ao reforço da autocoerção, à privatização da esfera pulsional pode nos ajudar a compreender essa mudança desde que fixe nossa atenção sobre os caracteres específicos da normalização francesa; em particular a mistura de conivência e de concorrência das autoridades civis e religiosas.

19. M. Brewster Smith, "Motivation, Communications Research and Family Planning", *in Public Health and Population Change,* Pittsburgh, 1965; R. Hill, J. Mayone Stycos & K. W. Back, *A Puerto Rico Experiment in Social Change,* Chapel Hill, University of North Carolina Press, 1954.

20. *Apud* H. Bergues, *La Prévention des naissances, op. cit.,* cap. 8.

21. M. Weber, *L'Éthique protestante et l'esprit du capitalisme,* Paris, Plon, 1964.

Houve conivência do poder real e da Igreja na vontade de disciplinar os costumes ao encerrarem a sexualidade no interior da esfera matrimonial e de romper as instâncias locais de controle dos casamentos (a vizinhança, o grupo etário) que podiam fazer concorrência ao controle dos pais e do Estado. Ora, o enfraquecimento do controle local, como vimos no caso da luta contra os charivaris[22], contribuiu para o isolamento e o retraimento da célula conjugal. Todavia, houve também divergência a propósito do papel da autoridade dos pais na escolha de casamento que a monarquia francesa, a partir de meados do século XVI, quer que seja prioritária, ao passo que a Igreja pretende conservar um peso pelo menos igual, naquilo que fundamenta legalmente os laços do matrimônio, ao livre consentimento dos cônjuges[23].

Mais ainda do que essa divergência entre Igreja e Estado, foi a dissonância das reformas religiosas que desempenhou papel decisivo na transformação dos comportamentos demográficos. Isso porque a originalidade da França é ter passado, a partir do século XVI, por três reformas religiosas divergentes em particular acerca do controle da vida conjugal: a reforma protestante insiste na responsabilidade individual e na necessidade de cristianizar o curso cotidiano do estado matrimonial, que ela não mais considera (ao contrário da tradição católica) inferior ao celibato eclesiástico. Ela se proíbe, por outro lado, de intrometer-se, pelo interrogatório da confissão, na intimidade da vida do casal. A reforma católica, feita com o aval do Concílio de Trento, preconiza, ao contrário, uma vigilância precisa da esfera conjugal. Nos termos da casuística, as perguntas e os comentários circunstanciados do confessor, inclusive sobre as práticas sexuais do casal, devem especificar o nível de responsabilidade e, se necessário, de culpa de cada parceiro. Essa maneira inquisitorial e geralmente indiscreta de confessar era considerada indecente pelos jansenistas, que tinham horror à sexualidade. Prefeririam encobri-la com um véu de silêncio, por medo de que o simples fato de evocá-la já fosse uma incitação ao pecado. Mesmo após a condenação do jansenismo, um espírito jansenizante ou rigorista bastante difundido nos seminários manteve-se, até o final do século XVIII, em certas dioceses, e especialmente no baixo clero em contato permanente com a população. Se as obras do casuísta Sanchez, que detestava Pascal, tiveram um sucesso de livraria que superava em grande parte a simples curiosidade pelos problemas teológicos, nada prova que as técnicas sexuais contraceptivas, e a mais comum delas, o coito interrompido, tenham sido redescobertas graças a teólogos ou a

---

22. A. Burguière, "Pratique du charivari et répression religieuse dans la France d'Ancien Régime", in J. Le Goff & J.-C. Schmitt (sous la dir. de), *Le Charivari*, Paris, Mouton, 1981.
23. A. Burguière, "Les fondements d'une culture familiale", in A. Burguière & J. Revel (sous la dir. de), *Histoire de la France,* Paris, Seuil, 1993, t. IV, 1ʳᵉ partie.

confessores que haviam decidido designá-las com precisão em lugar de usar o termo genérico de *pecado contra a natureza*. Ainda seria preciso provar que essas técnicas, tornadas impensáveis, como afirma Philippe Ariès, haviam sido realmente esquecidas. Muitos testemunhos anteriores ao século XVI indicam o contrário.

Devemos considerar a mudança cultural como um fenômeno mais global, menos ligado diretamente à interdição religiosa. Se a adição, específica da França, de três reformas religiosas, que diferiam em particular acerca do controle da moral conjugal, contribuiu para transformar mais cedo do que em outros lugares os comportamentos demográficos, não foi porque ela difundiu precocemente o desejo de furtar-se à lei da Igreja. Mas os efeitos acumulados de estratégias de enquadramento religioso discordantes desencadearam um processo de civilização no espaço conjugal no qual a exortação à responsabilidade pessoal, isto é, ao autocontrole, a instigação a distinguir o que é lícito e ilícito na sexualidade conjugal e, enfim, a tendência ao silêncio nesse setor da vida privada davam consistência a uma esfera de intimidade e de segredo na qual os casais se sentiam livres de suas escolhas.

A essa autonomização do casal, oriunda paradoxalmente das novas formas de controle religioso, veio somar-se um substituto cultural que a obra de Norbert Elias tornou familiar para nós: o da corte e de seus satélites de vanguarda, os salões preciosos, que elaboraram, em meados do século XVII, um novo código de relações entre sexos, baseado na celebração utópica da mulher, no refinamento da linguagem e dos sentimentos. A dupla origem religiosa e curial do novo clima conjugal explica que os primeiros sinais da mudança malthusiana tenham aparecido, no final do século XVII, numa conjuntura não de descristianização mas, ao contrário, de surgimento do espírito devoto, no seio de uma elite que, tanto na vida religiosa como na vida de corte, passava por grupo pioneiro[24].

A centralidade da corte permitiu que a galanteria preciosa que doravante coloria as relações entre homens e mulheres se espalhasse de forma tão ampla no corpo social quanto no modelo de distinção intelectual evocado acima, e se introduzisse até na vida conjugal. Em meados do século XVIII, o padre Feline, um dos primeiros homens da Igreja a comprovar, a partir de sua experiência de confessor, a difusão das práticas contraceptivas, imputa a responsabilidade, nas classes superiores, à "complacência demasiado grande dos maridos com suas mulheres". "Eles se tornam sensíveis demais, acrescenta ele em seu *Catecismo das Pessoas Casadas*, às queixas que elas lhes fazem.

---

24. L. Henry, C. Lévy, "Ducs et pairs sous l'Ancien Régime: Caractéristiques démographiques d'une caste", *Population*, 1950.

Evitam ofender sua excessiva delicadeza"[25]. Vários substitutos culturais permitiram que esse modelo de corte atingisse as classes populares: o substituto escolar, é claro, com os *manuais de civilidade pueril e cristã* (cópias, para uso das crianças do povo, dos tratados de civilidade) que os padres salesianos usavam em suas escolinhas para o aprendizado da leitura, no final do século XVII; os manuais de cortesia também, difundidos pela literatura de ambulantes, como *Le Jardin de l'honnête Amour* ou *Le Secrétaire des Amants*, que indicam fórmulas prontas para fazer uma declaração de amor ou um pedido de casamento; porém, talvez mais diretamente ainda, as canções, que tocam amplamente os ambientes menos alfabetizados e modificam em profundidade os hábitos lingüísticos, pois aqueles que as retomam nas vigílias ou em alguma reunião de classe etária aprenderam-nas de cor. Estudando as expressões usadas em suas *Memórias* por Louis Simon, um estamenheiro (artesão têxtil de aldeia) do Maine no século XVIII, para traduzir o gracejo amoroso, Anne Fillon pôde encontrar torneios, fórmulas metafóricas tiradas diretamente das canções cujas coletâneas, difundidas pelos vendedores ambulantes, circulavam na época na região[26].

Lentidão na circulação das modas no corpo social: é em meados do século XVIII, no momento em que a elite, conquistada pelo rousseauísmo e ávida de autenticidade e de simplicidade campestre, deserta as pompas de Versailles, sua etiqueta de espartilho e os complicados refinamentos da galanteria preciosa, que camponeses apaixonados se põem realmente a falar como os personagens de *L'Astrée*. Com sua linguagem depurada e florida, o estilo precioso introduzia certas posturas sentimentais e uma preocupação de refinamento nas relações entre homens e mulheres que civilizaram a intimidade conjugal. Todavia, contrariamente à maneira pela qual muitos historiadores utilizam-nas para explicar as transferências culturais, nem o mimetismo nem a circulação da inovação das elites rumo às classes populares são automatismos da mecânica social. Para serem imitadas, as modas devem ser desejáveis. Ora, a particularidade da conversão à limitação dos nascimentos na França, que tomou a dimensão de um *habitus* nacional, talvez se deva menos à precocidade de seu aparecimento do que à precocidade de sua difusão a todas as camadas sociais.

Na segunda metade do século XVII, os *peers* ingleses parecem ter sido pioneiros do controle dos nascimentos tão precoces quanto os duques e pares de França[27]; a alta e a pequena burguesia gene-

25. Père Feline, *Catéchisme des gens mariés*, Caen, 1782. Reimpressão: Rouen, Lemonyer, 1850.
26. A. Fillon, *Les Trois Bagues aux doigts: Amours villageois au XVIIIe siècle,* Paris, Robert Laffont, 1969.
27. T. H. Hollingsworth, "A Demographic Study of the British Ducal Families", *Population Studies*, 1957.

brina[28] Rouen (final do século XVII), a primeira das grandes cidades francesas[29], no estado atual das pesquisas, a adotar a contracepção. É verdade que a idéia de uma anterioridade da França no recurso à limitação dos nascimentos deve-se em ampla escala à abundância dos trabalhos feitos nesse país sobre o assunto pelos demógrafos historiadores e ao atraso das pesquisas sobre a maioria dos países vizinhos. O que singulariza a França, em contrapartida, é a extensão relativamente precoce da mudança malthusiana às classes populares, em particular no mundo rural, e o caráter irreversível dessa mudança que, a partir de meados do século XIX, se traduz por um nítido declínio da natalidade. Já na segunda metade do século XVIII, as pequenas cidades e logo os campos da Bacia parisiense eram atingidos por esse novo comportamento. Contudo, é na época da Revolução, como mostrou David Weir, que o fenômeno se torna bastante maciço e geral para modificar o fluxo demográfico[30].

Essa ampliação revolucionária do fenômeno dá razão em parte às mais antigas explicações. A descristianização e, mais imediatamente, a derrocada da autoridade da Igreja levaram, sem dúvida, inúmeros casais a se libertar das interdições religiosas. No entanto, em certas regiões rurais, sobretudo na Bacia parisiense, os efeitos conjugados e contrastados de uma reconquista religiosa bastante agressiva na segunda metade do século XVII e de um enquadramento jansenizante no século XVIII, hostil às formas de devoção espetaculares, ao uso demasiado freqüente dos sacramentos (em particular da confissão) e silencioso sobre a sexualidade conjugal, haviam preparado amplamente essa libertação. A extensão do controle dos nascimentos na época da Revolução é anterior à promulgação do Código Civil, denunciado no século XIX por sua concepção igualitária em matéria de herança. Todavia, da abolição do direito de primogenitura pela Constituinte à lei de Nivoso ano II que impõe a estrita igualdade das partilhas, o desmantelamento das práticas de sucessão do Antigo Regime instaurou um clima de ansiedade em muitas famílias camponesas, que temiam a fragmentação de seu patrimônio fundiário, e instigou os casais a limitarem sua progenitura. Sem dúvida, a preocupação com o patrimônio também havia desempenhado um papel importante na conversão da aristocracia para o controle dos nascimentos, um século antes. Não se tratava apenas de precaver-se contra a fragmentação do patrimônio fundiário, que a partilha nobre protegia muito bem, mas de evitar a multiplicação dos dotes que pulverizava perigosamente a fortuna patrimonial, e, portanto, o poder dessas famílias ilustres. Tanto no cume quanto no sopé

---

28. L. Henry, *Anciennes Familles genevoises: Étude démographique XVIe–XXe siècle*, Paris, PUF, Cahier de l'Ined, 1965.
29. J.-P. Bardet, *Rouen aux XVIIe et XVIIIe siècles, op. cit.*
30. D. Weir, *Fertility Transition in Rural France*, Ann Arbor, 1983.

da escala social, o objetivo patrimonial constitui, sem dúvida, o principal motivo da conversão à limitação dos nascimentos. Ele nos revela o que a tornou desejável, e não o que a tornou possível. Para explicar a revolução mental que levou os casais a achar que podiam modular sua fertilidade em vez de conformar-se ao decreto de Deus ou da natureza, devemos levar em conta o processo de aculturação da vida conjugal que descrevemos acima.

Foi esse modelo conjugal, que mistura uma ética da intimidade e uma polidez galante oriunda da cultura de corte, que a massa da população foi buscar junto às classes superiores. Não por um mimetismo maquinal que faria das classes populares as imitadoras obrigatórias das elites, mas porque a estrutura centralizada do reino, e em particular a centralidade da corte, levava todos aqueles que se achavam na periferia da sociedade a olhar para o centro. Toda a província tem os olhos voltados para Paris (ou Versailles, que é seu duplo curial), e toda a sociedade, para a nobreza de corte.

A cultura de corte descrita por Norbert Elias elabora, a partir de uma reorganização das estruturas de poder, um novo equilíbrio psicológico no qual o desenvolvimento do autocontrole e do raciocínio previsional reforça as atitudes estratégicas às custas das atitudes reacionais. A função exemplar da corte, que dispõe de poderosos substitutos culturais no aparelho eclesiástico reformado pelo Concílio de Trento, como a instituição escolar, difundiu o novo modelo de comportamento até à periferia do corpo social. No caso da França, a irradiação da cultura de corte é reforçada pelas tendências centralizadoras da monarquia que, instalando o poder real ao mesmo tempo no cume e no centro da sociedade, apresentam este como uma instância que equilibra as diferenças e os antagonismos de classe. Em sua realidade, a França do Antigo Regime é uma sociedade de ordens que oferece uma escala bastante ampla de dignidades e de *status* desiguais, reconhecidos pelo rei sob a forma de privilégios. Esses privilégios não são individuais. São corporativos, e a lógica financeira da realeza, no fim do Antigo Regime, leva o governo a reforçar os privilégios dos corpos amoedando esses reforços (pela multiplicação dos ofícios venais, dos empréstimos compulsórios etc.). Contudo, em sua retórica e em seu esforço permanente para desarmar os poderes locais, a monarquia se apresenta como um recurso para todos e como uma distribuidora de igualdade. Essa ideologia igualitária não igualou as condições mas, como observou Tocqueville, inoculou nos franceses um grande desejo de igualdade. Tornou-os semelhantes não em seus direitos ou em seus meios, mas em suas aspirações. Essa uniformização do horizonte social conferia ao modelo cultural da elite, antes e depois da Revolução, um prestígio incontestável.

Naquilo que leva as classes populares (inclusive no campo) a adotar as práticas contraceptivas já presentes no seio das elites, pode-se distinguir um aspecto *mimético*, que as leva a apropriar-se do código de polidez galante das pessoas de qualidade porque ele exprime o bom gosto e a distinção, e um também aspecto *estratégico*, pois a limitação dos nascimentos que as classes superiores usam para preservar seus patrimônios, fundamento de seu poder social, pode servir igualmente para conquistar ou conservar a autonomia mínima que subtrai os camponeses à miséria. No entanto, a centralização monárquica, que propõe a todos o mesmo modelo de sucesso social, acrescenta, no caso da França, uma tensão particular que aguça o desejo de promoção e incita mais facilmente a sacrificar-lhe outras satisfações. Um bom meio século antes da publicação de *A Civilização dos Costumes*, um sociólogo, Arsène Dumont, preocupado com o declínio da natalidade que afetava a França, em lugar de relacionar o malthusianismo dos casais com uma mentalidade egoísta, descristianizada ou decadente, como fazem os outros observadores da população de seu tempo, vê nele a marca de um comportamento fortemente civilizado. É nas populações mais educadas que a limitação dos nascimentos é mais acentuada; como a da ilha de Ré[31], onde o alcoolismo é raro e a prática da leitura muito difundida – quer se trate da freqüência assídua às bibliotecas itinerantes ou da leitura dos jornais –, onde o espírito cívico é muito desenvolvido (participação elevada nas eleições, atitude disciplinada com relação aos impostos).

Ao contrário, estudando o impacto da industrialização na Normandia, que atrai para a fábrica uma classe rural de microproprietários, ele observa a elevação paralela do alcoolismo e da natalidade[32]. Para o espírito de poupança do microproprietário que se priva para proteger sua independência duramente conquistada e subir na escala social, a segurança (ilusória) do salário substituiu uma despreocupação anárquica. Na base de nossas sociedades democráticas está, segundo Arsène Dumont, o mecanismo de *capilaridade social* que leva todos a querer elevar-se[33]. Mas ele se reveste, em nosso país, de uma tensão particular, em virtude da herança da centralização monárquica, que continua, na França republicana, a pôr todo o mundo em competição (por exemplo, pelo sistema dos concursos) e a propor a todos o mesmo modelo de promoção. O recurso à limitação dos nascimentos, que teve na França uma difusão particularmente precoce e ampla, obedecia a um culto exacerbado da ascensão social. Prefigurando o procedimento de Norbert Elias pela ligação que ele estabelece entre a estrutura do Estado e a estruturação dos comportamentos individuais, Arsène

---

31. A. Dumont, "Essai sur la natalité dans les îles de Ré et d'Oléron", *Bulletin de la Société d'anthropologie de Paris*, 1890.
32. *Idem*, "La natalité dans le canton de Lillebonne, Seine-inférieure", *Bulletin de la Société d'anthropologie de Paris*, 1891.
33. *Idem*, *Dépopulation et Civilisation*, Paris, 1890.

Dumont esboça aqui, acerca do significado cultural da conversão precoce dos franceses à limitação dos nascimentos, uma explicação, aceitável pelas ciências sociais, da gênese dos particularismos nacionais.

3. Norbert Elias e a Construção dos Grupos Sociais: da Economia Psíquica à Arte de Reagrupar-se

GUILLAUME COURY

> *A questão de saber de que maneira e por que motivos os homens se ligam entre si e formam juntos grupos dinâmicos específicos é um dos problemas mais importantes, para não dizer o mais importante de toda a sociologia*[1].

A economia psíquica percorre a obra de Norbert Elias sob denominações aproximadas e definições convergentes. Encontramos aqui e acolá o *habitus* psíquico, a alma humana, a autocondução psíquica, ou simplesmente o *habitus*[2]. Conforme o caso, ela se aplica a um indivíduo situado, a um grupo social ou ainda a um grupo nacional. Todas essas aplicações levam, no entanto, à sociologia do conhecimento, permitindo "mudar nossa visão do processo cognitivo humano"[3]: trabalhar a implicação dos indivíduos na construção dos grupos por intermédio das categorias e das atividades mentais instituídas para perceber e estabelecer sua diferença.

---

1. N. Elias, *La Société de cour*, Paris, Flammarion, 1985, p. 232.
2. Não trataremos das relações da economia psíquica de N. Elias com o *habitus* e o *ethos* de P. Bourdieu, porque essas construções conceituais remetem a problemáticas centrais da sociologia e porque é difícil distinguir a parte de cada uma delas em seus respectivos trabalhos.
3. Reencontramos aqui o projeto durkheimiano de sociologia das instituições tal como é reformulado por M. Douglas a fim de definir uma nova abordagem da ação coletiva mediante uma abordagem das teorias da escolha racional dos instrumentos da antropologia simbólica (*Ainsi pensent les institutions*, Paris, Usher, p. 59).

A hipótese central de Norbert Elias é audaciosa: os indivíduos são condicionados socialmente ao mesmo tempo pelas representações que fazem de si mesmos e por aquelas que lhes são impostas pelos outros com quem entram em relação. É nessa audácia que se situa a pista aberta por Norbert Elias para uma sociogênese dos grupos sociais: tomar o "cérebro" dos homens como objeto de análise para observar o que se forma nele, essa capacidade de perceber-se como pessoa no espelho da sociedade e, por isso mesmo, de reagrupar-se escolhendo como prova de sua singularidade sua pertinência a um grupo social reconhecido pelos outros. A economia psíquica é observada, então, como um instrumento de percepção: a arte de observar, citada muitas vezes por N. Elias, permite que a pessoa se domine ao dominar os outros. Doravante, os indivíduos em sociedade sofrem as representações que os outros fazem deles (quer estejam em relações diretas com eles, ou nunca tenham se encontrado[4]). Essas representações são pertinentes porque são percebidas por qualquer um no olhar dos outros, mas igualmente no conjunto dessas "mediações concretas" que permitem observar e encontrar seus semelhantes[5].

Ao analisar a configuração da corte real, N. Elias utiliza muitas vezes esse conceito de economia psíquica[6]. Devido ao monopólio exercido pelo soberano sobre os impostos e a violência legítima, os aristocratas são obrigados a viver junto dele. Essa relação social de face-a-face, nova, duradoura e localizada, acarreta duas conseqüências: um equilíbrio das tensões entre os diferentes grupos presentes na corte e uma configuração particular na qual os grupos dominantes não têm interesse em fazer aliança contra o soberano. Essa monopolização é pensada ecom respeito à modificação da estrutura social que tem relação, em primeiro lugar, com o *processo de diferenciação*. A cada uma dessas novas categorias sociais pensadas como diferentes corresponde uma ampliação da cadeia de interdependências que liga os indivíduos. A cada ampliação da cadeia correspondem posições sociais disponíveis mas que suscitam problemas de tipificação e, por isso mesmo, de ação. Enfim, nota-se a conseqüência desse processo no surgimento de um *autocontrole* e de uma *autocensura* que são observados principal-

---

4. Essa especificação é fornecida por S. Mennellem sua análise da noção de interdependência e na refutação das críticas que lhe foram feitas. Ver *N. Elias: Civilization and the Human Self-Image*, Oxford, Basil Blackwell, pp. 94-111.

5. Retomamos aqui o termo e a problemática de F. Héran e M. Bozon em sua reformulação da escolha do cônjuge ("La découverte du conjoint. I. Évaluation et morphologie des scènes de rencontre", *Population*, 6: 994, 1987).

6. Ele ressalta que também experimentou *in actu* ao descobrir que pertencia a um grupo minoritário estigmatizado na Alemanha. Uma vez exilado, libertou-se com isso da marca dos olhares que incidiam então sobre ele ("N. Elias ou la sociologie des continuités", frases recolhidas por R. Chartier, *Libération*, 5 décembre 1985).

mente através de um controle mais severo das emoções e dos afetos, do desenvolvimento de um domínio das pulsões e da pacificação de certas zonas do espaço social[7]. No final das contas, o que aparece é o *homem civilizado* caracterizado por uma economia psíquica particular (chamada autocontrole psíquico) que se constrói desde a infância (é até utilizado o termo condicionamento social). Essa nova estrutura mental é marcada pela "interiorização individual das proibições que antes eram impostas a partir do exterior"[8].

A ECONOMIA PSÍQUICA OU O ANTI-*HOMO CLAUSUS*

A economia psíquica oferece a oportunidade de assistir a um estranho diálogo entre esse filósofo de formação convertido à sociologia histórica e o psicanalista Sigmund Freud, que buscava então uma explicação do sofrimento do homem civilizado. Esse diálogo tem por tema aquilo que ambos chamam "processo de civilização"[9]. Sua interrogação comum tem como objeto a "grande mudança [que] intervém a partir do momento em que a autoridade é interiorizada"[10]. As demonstrações de ambos acentuam que o homem civilizado é dotado dessa capacidade psíquica de "adaptar suas funções ao meio"[11]. Ambos demonstram no final que o remate do processo de civilização se deve ao "princípio da renúncia às pulsões"[12].

Mas o diálogo se interrompe bruscamente. Simplesmente, N. Elias está sozinho para retomar, desenvolver e sistematizar o que não passava de um esboço em S. Freud[13]. O sociólogo reformula, por exemplo, a

7. É. Durkheim já havia dirigido sua atenção para a pacificação mas ainda em estado de dedução, em *Le Socialisme*, Paris, PUF, 1992, p. 237.
8. R. Chartier, "Formation sociale et économie psychique: La société de cour dans le procès de civilisation", préfacio a *La Société de cour, op. cit.*, p. XIX.
9. Para situar o emprego desse conceito em S. Freud reportar-nos-emos principalmente a seu ensaio de 1929, *Malaise dans la civilization* (reeditado pela PUF, "Bibliothèque de Psychanalyse", Paris, 1971, pp. 46 e s.).
10. *Idem*, p. 82.
11. *Idem*, p. 30.
12. *Idem*, p. 47. Entretanto, devemos notar que os dois autores não utilizam o mesmo termo alemão por trás da tradução francesa de "civilização". Onde S. Freud usa o termo *Kultur*, N. Elias emprega *Zivilisation*. A respeito desses termos, remetemos às especificações dadas por N. Elias na primeira parte de *La Civilisation des moeurs*, Paris, Calmann-Lévy, 1973.
13. Podemos encontrar uma discussão crítica do *Homo clausus* freudiano na obra de N. Elias & J. L. Scotson, *The Established and the Outsiders: A Sociological Enquiry into Community Problems,* London, Frank Cass, 1965, pp. XLII-XLIII. Para encontrar uma aplicação da análise freudiana "a essas novas personalidades" trabalhadas na linha de N. Elias devemos reportar-nos igualmente à obra de R. Muchembled, *L'Invention de l'homme moerne: Sensibilités, moeurs et comportements collectifs sous l'Ancien Régime* (Paris, Fayard, 1988, p. 11).

hipótese de que, relativamente à formação psíquica, "a conservação do passado é mais uma regra do que uma estranha exceção"[14]. Ele distingue e enfatiza o sofrimento e o perigo provocados por nossas relações com os outros nas sociedades modernas. Finalmente, ataca e desenvolve aquilo que S. Freud confessava não saber, ou considerava inexplicável: aquela necessidade, para o homem civilizado, de viver em sociedade em grupos, quando ela é o remate de um processo de individuação ou, em outro terreno, o problema da influência das condições da civilização instaurada nos "homens de antigamente"[15]. No quadro do trabalho de N. Elias, a economia psíquica constitui um instrumento de ruptura com a compartimentação disciplinar entre psicologia, história e sociologia. Forma, porém, uma pista ainda pouco explorada – certamente porque essa noção resiste à apreensão – para apreciar os processos de construção dos grupos sociais. Uma vez apreendida, ela permite, no entanto, formular um problema central da sociologia e canalizar a imaginação sociológica para o conhecimento do político.

Para captar a nova dimensão da alma humana que consiste no surgimento do "foro íntimo do homem", podem ser distinguidos três qualificativos comuns, aplicados ao homem moderno. Para cada um deles, a economia psíquica constitui ao mesmo tempo a síntese sociológica e a explicação histórica. Cada um a seu modo – mas rearticulados sociologicamente apenas nessa noção –, esses qualificativos permitem romper com um psicologismo espontâneo que enviesa a análise fazendo com que seja automática essa concepção individualista do sujeito conhecedor. Além dessa ruptura, essas qualificações permitem igualmente formular três tipos de questões sociológicas relativas à formação dos grupos sociais[16].

O Homem Equilibrado

O equilíbrio psíquico dos indivíduos é uma consideração muitas vezes subentendida quando não é afirmada diretamente. Segundo parece, não pode ser mais clara e, ao mesmo tempo, parece ser das mais obscuras. Não pode ser mais clara, porque as ciências sociais subentendem que o equilíbrio mental de diferentes categorias de indivíduos é automático. Mas obscura ao mesmo tempo, porque as ciências sociais raramente buscam as lógicas e os *processos de interiorização* que

---

14. S. Freud, *Malaise dans la civilisation, op. cit.,* p. 15.
15. *Idem,* p. 36.
16. Essa arte de colocar questões a N. Elias subsiste certamente em sua trajetória: de tanto ter sido deslocado geograficamente e de ter conseguido com dificuldade posições institucionais, tudo se passa como se seu ultrapassamento das fronteiras acadêmicas mais tradicionais (história/sociologia/psicologia...) lhe permitisse colocar questões que os membros de suas disciplinas não podem, ou raramente podem, se colocar.

permitem garantir o equilíbrio de um indivíduo numa sociedade diferenciada[17]. Além disso, seria preciso reconstituir as lógicas da instauração do equilíbrio do psiquismo dos indivíduos com as categorias de percepção da normalidade psíquica nas chamadas sociedades "complexas". N. Elias precisava que o observador "se encontra preferencialmente diante dos problemas de equilíbrio entre as exigências da organização social que os indivíduos juntos constituem e as exigências desses mesmos indivíduos tomados isoladamente"[18].

As questões sociológicas dizem respeito, portanto, ao indivíduo nas sociedades complexas e permitem que não se tenha mais de decidir entre os comportamentos individuais considerados normais ou patológicos[19] nos diferentes setores sociais. Essas questões são declinadas desse modo: de que maneira os indivíduos garantem seus comportamentos nos diferentes lugares que freqüentam, quando das relações sociais que os ligam uns aos outros e nos campos em que estão inseridos, sem confundir os lugares, os indivíduos, os campos e os comportamentos que devem ter aí? Essa questão é ainda mais sensível quando os indivíduos são estigmatizados socialmente: de que maneira eles se deslocam socialmente, se ligam com outros mesmo quando são considerados e olhados como relativamente incapazes, como indivíduos deslocados? De que maneira, enfim, o processo de conversão dos recursos e dos capitais individuais permite tornar eficientes aqui e agora recursos constituídos em outra parte?

Essa primeira utilização sociológica da economia psíquica remete a um uso controlado do esquema da psicanálise desenvolvido por S. Freud, a psicopatologia da vida cotidiana[20], no sentido de que "cada um está empenhado continuamente numa análise psicológica do seu vizinho"[21]. O que está em jogo aqui é a sociologia do conhecimento e não uma psicologia das multidões qualquer, ou mesmo uma psicossociologia[22]. O interesse heurístico dessa concepção da economia psíquica reside em duas problematizações sociológicas de pistas até en-

---

17. L. Boltanski já observava essa carência da pesquisa francesa em sua análise da patologia do fracasso dos executivos (*Les Cadres: La formation d'un groupe social,* Paris, Minuit, pp. 451-459).
18. *La Société des individus,* Paris, Fayard, 1991, p. 164.
19. Poder-se-á reconhecer as oposições ideológicas contornadas por É. Durkheim em *As Regras do Método Sociológico.*
20. S. Freud, *La Psychopathologie de la vie quotidienne,* Paris, Payot, 1989.
21. Apud S. Foukles, *Psychothérapie et analyse du groupe,* Paris, Payot, 1970, p. 157. Não evocaremos aqui nem o debate Freud–Marcuse–Elias em torno das teses relativas à dimensão repressiva das sociedades modernas, nem a ideologia *völkisch* à qual essa concepção remete na Alemanha dos anos 30. Sobre esse ponto, cf. P. Bourdieu, *L'Ontologie politique de Martin Heidegger,* Paris, Minuit, 1988.
22. S. Foukles e N. Elias trabalharam, aliás, durante muito tempo em sintonia para elaborar terapias de grupo. Observa-se seu interesse recíproco antes da Segunda Guerra Mundial com as resenhas feitas por Foulkes das obras de Elias (*in*

tão fechadas. A primeira diz respeito ao surgimento, à elaboração, à estabilização, à manutenção e à obsolescência das lógicas sociais e dos conhecimentos interiorizados que produzem o equilíbrio mental enquanto as próprias situações mudam e a sociedade se diferencia. Esse é o centro das inter-relações entre estrutura social e estrutura mental. Para fazer isso, é preciso rearticular a evolução da estrutura social com a estrutura mental, porque a hipótese forte diz respeito à pesquisa das repercussões do processo de diferenciação de uma sociedade sobre o equilíbrio mental de um indivíduo[23]. A segunda pista se refere às lógicas sociais que se instalam e permitem o aparecimento das categorias de percepção da normalidade psíquica – desse homem equilibrado –, de julgamento das pulsões que eram consideradas até então invisíveis ou inapreensíveis em sociologia[24]: N. Elias lança aqui as bases de uma reflexão sobre os usos sociais dos coletivos nas trajetórias individuais ou, para retomar um termo que ele apreciava, da individuação da estrutura social.

O Homem Moderado

Apreende-se igualmente a economia psíquica como a conclusão de um *processo de moderação*, de restrição que se baseia numa nova racionalidade individual, a do homem civilizado. O indivíduo, em todo lugar e em presença de qualquer pessoa, deve doravante moderar seus ardores, seus gestos e expressões. Com efeito, esse indivíduo deve sua identidade à representação que os outros lhe remetem: tudo repousa, doravante, na interdependência ampliada e na arte de observar seus semelhantes. As transformações da economia psíquica estão imbricadas nas da estrutura social e acarretam uma nova racionalidade: doravante, é preciso que cada ato seja proporcional à relação na qual ele se insere. Essa dimensão do indivíduo moderado está ligada às conseqüências do processo de diferenciação (a emergência do estado moderno, sobretudo) e à "coabitação social dos homens"[25]. Ela implica a estabilização de estruturas cognitivas que permitem que cada um estabeleça

---

Internationale Zeitschrift für Psychoanalyse, em 1959 e em 1941). Encontramos ainda sua expressão nas obras posteriores do psicoterapeuta.
23. Encontramo-nos aqui no domínio da sociologia durkheimiana: aquela que estimula a imbricar as estruturas cognitivas nas estruturas sociais (ver principalmente *Les Formes élémentaires de la vie religieuse*, Paris, PUF, 1960).
24. Pelo menos era essa a ambição final da primeira versão de "A denúncia", de L. Boltanski que, para trabalhar a "relação sempre problemática e difícil" entre os indivíduos (que possuem um corpo separado mas "uma identidade definida por referência a coletivos"), louvava-se na noção freudiana de sublimação para captar a passagem do singular ao coletivo (L. Boltanski *et al.*, *Actes de la recherche en sciences sociales*, 51: 39-40, 1984).
25. *La Dynamique de l'Occident*, Paris, Agora, p. 242.

relações sociais. Essas repousam, de fato, no autocontrole e, igualmente, numa "condenação daqueles que se deixam ir"[26].

O interesse dessa segunda retomada da economia psíquica reside principalmente no fato de que ela permite situar no tempo e no espaço as conjunturas nas quais certas transformações do estado de uma estrutura social se encadearam para resultar numa nova configuração. É igualmente uma fonte extraordinária de imaginação sociológica quando convida a centrar-se naqueles momentos de "mistura dos gêneros"[27], naqueles lugares ou naquelas práticas que, no espaço de um instante ou de maneira mais duradoura, puseram em relação (direta ou mediatizada) tanto dois indivíduos como cem mil, quando até então não se conheciam e não tinham, portanto, de estabelecer e justificar uma ligação que os associasse ou dissociasse[28]. As ciências sociais ganham com isso em reflexão sobre as formas e os graus de objetivação dos grupos sociais. Certos traços bastam para demonstrar essas evoluções não programadas. São observáveis através da economia nova de comportamentos ou em sua inadequação a uma determinada configuração. São também identificáveis a partir da emergência de "novos" comportamentos produzidos por ocasião das relações sociais que se impõem a indivíduos que até então não tinham que se encontrar ou que se ver assim (des)considerados. Todavia, com muita freqüência, N. Elias convida a analisar os objetos, os imóveis, os rituais e as normas de conduta que, impondo-se nos locais freqüentados por esses indivíduos, permitem-nos que nos aproximemos o mais possível do que eles são socialmente, do que percebem e do que os sensibiliza. Não há necessidade de explicar que as oposições comuns do material e do simbólico, do intelectual e do físico, do micro-macro ou do passado-presente são postas aqui, muito particularmente, em condições de não prejudicar.

As pistas de pesquisa implícitas nessa definição são as seguintes: como, onde e em que espelhos os indivíduos percebem o olhar dos outros? Como conceber a incidência dessa moderação, dessa restrição do espaço dos possíveis sobre os comportamentos políticos, sobre a ação coletiva? De que modo os grupos sociais, cuja heterogeneidade é ressaltada pelas recentes análises feitas em ciências sociais, são aparentemente coerentes?

---

26. *Idem*, p. 212.
27. R. Muchembled, *L'Invention de l'homme Moderne, op. cit.*, p. 83.
28. É, como já salientamos, a sociedade de corte, mas é também o navio, o campo de esporte, os novos meios de transporte, a rua, as grandes lojas de departamento, as salas de exposição...

O Homem Evoluído

O terceiro e último uso sociológico da economia psíquica se refere ao *processo de evolução* – "essa condição da identidade constante da pessoa"[29] –, que ordena os diferentes estados da trajetória que um indivíduo conhece num eixo cronológico linear. Um novo indivíduo aparece, esse ecônomo doravante dotado de uma arte de bem conduzir sua vida. Desse processo decorre nossa capacidade de abarcar a vida de um homem como um todo e de julgá-la de uma só vez. A economia psíquica do homem civilizado permite essa "boa condução" no tempo, essa boa administração ao longo de sua vida, em seus deslocamentos e em todas as suas relações. O surgimento dessa capacidade nova permite não só encontrar as lógicas que condicionam esse ou aquele comportamento, mas também descobrir as categorias de percepção dos comportamentos observados nos outros. O processo de diferenciação participa certamente da pacificação das relações sociais. Mas essa produção da harmonia social não deixa de descartar inúmeros ajustes de contas que muitas vezes operam ao longo da vida de um indivíduo: aqueles que não sabem se manter são considerados deslocados, aqueles que pertencem a tal categoria são "por natureza" inqualificáveis... O problema diz respeito então à permanência relativa dos grupos sociais. Contudo, os indivíduos que os integram sofrem diretamente esses desqualificativos durante toda a sua vida, sem nem por isso romperem com sua identidade. Ademais, gerações se sucedem sem que sua estrutura mental seja organizada de maneira idêntica. Como no que diz respeito ao *habitus* desenvolvido por P. Bourdieu, a economia psíquica também permite passar além da dimensão temporal induzida pelo tempo de vida dos indivíduos: se há economia psíquica, esse instrumento é operatório para além mesmo da vida daqueles em quem se pode observá-la em atos. Isso quer dizer que a economia psíquica é, por sua vez, uma tentativa de apreender ao mesmo tempo a interiorização da exterioridade e a exteriorização da interioridade[30], mas no quadro de uma sociologia do conhecimento e não mais unicamente no de uma sociologia da ação. Com essa terceira dimensão da economia psíquica, abrem-se novas pistas. Elas dizem respeito aos processos dispersos e não planejados de construção dos grupos sociais. A questão principal passa a ser a seguinte: como, onde e quando a pessoa nota seus semelhantes e se liga duradouramente a eles? Essa questão está ligada igualmente ao tempo e à permanência das identidades sociais, mas deve, sobretudo, estimular a dominar nossa concepção contemporânea dos grupos mais legítimos: por que o ofício é a formação concebida como a mais

---

29. *La Société des individus, op. cit.*, p. 242.
30. No sentido dado a este elemento da definição do *habitus* por P. Bourdieu in *Le Sens Pratique*, Paris, Minuit, 1980, pp. 98 e s.

aglutinadora em nossas sociedades diferenciadas, quando mesmo a vida de um indivíduo conhece outras atividades sociais?

Nesse estágio, impõe-se um paradoxo: todas essas questões se articulam em torno de um programa de sociologia do conhecimento, ignorando aparentemente os grupos sociais. Poder-se-ia até pensar que os coletivos desapareçam pouco a pouco dos centros de interesse das ciências sociais, pois o indivíduo se impõe nas sociedades ocidentais. Esse paradoxo é exatamente o meio de encontrar os grupos sociais para melhor apreendê-los: "A necessidade de autonomia [do indivíduo] caminha junto com a de pertinência ao grupo social"[31]. Formulando de outra maneira, o lugar preponderante assumido pelo "eu" em nossas sociedades não afastou por isso o "desejo de estar com outras pessoas que amamos"[32]. Na seqüência da atenção que Norbert Elias dirigiu à arte de observar, à arte de inovar e à arte de manejar seus semelhantes do homem civilizado, uma nova dimensão característica desse ser social necessita de um instrumento de análise complementar: a arte de reagrupar-se.

A ARTE DE REAGRUPAR-SE

Essa arte permite que os indivíduos que se encontram num espaço social percebam nos outros seus interesses e formem juntos grupos até então imperceptíveis. Ela não lhes permite compor essas formas a não ser garantindo-lhes a distinção no espaço social dos indivíduos com os quais pensam poder estabelecer um vínculo social. Ela se manifesta graças à produção, à difusão e à apropriação de formas de agrupamentos disponíveis numa estrutura social. Essa arte pode decompor-se analiticamente da seguinte forma: a arte da colocação dos indivíduos em presença, as competências dos diferentes porta-vozes e dos representantes, as categorias estéticas de avaliação dos grupos assim objetivados, as repercussões das representações exógenas sobre os produtores.

O recurso à noção de arte do reagrupamento tem dois objetivos. Em primeiro lugar, trata-se de desfamiliarizar o analista com as práticas e as formas coletivas instituídas. A postura adotada por A. de Tocqueville diante das associações norte-americanas constitui seu ponto de referência. Confrontado com esse multidão de associações acerca das quais ele sublinha que lhe escapam ao não caírem facilmente sob o sentido "porque quase nunca temos visto nada de análogo", ele se reporta à "arte de se unir a seus semelhantes" para entender esses indivíduos que se procuram "e, quando se encontram, se unem", cons-

31. *La Société des individus, op. cit.*, p. 202.
32. *Idem*, p. 262.

tituindo, a partir de então, um "poder que se vê de longe, e cujas ações servem de exemplo; que fala e que é escutado"[33]. Trata-se então de articular a formação dos grupos e a formação psíquica dos indivíduos que os investem no processo de diferenciação que os afeta. Nesse programa, uma questão é central: será que os indivíduos se autolimitam e se autocoagem em matéria de ação coletiva como em outras atividades? Responder positivamente a essa questão oferece novos eixos de reflexão: se as ações coletivas são repertoriadas socialmente (segundo o sentido dado a essa noção por C. Tilly), como esses repertórios são construídos socialmente por aqueles que se limitam a essas ações? Como reconstituir a constituição progressiva desses repertórios sob o ângulo de um autoconsentimento à restrição progressiva do espaço dos possíveis? O segundo interesse dessa noção é que ela permite explicar o aparecimento dessa competência política, como sua desigual apropriação pelos indivíduos, nos setores diferenciados da sociedade. Devemos então insistir nas três dimensões da sociogênes dos grupos: a produção da semelhança, a localização desses semelhantes e a sublimação dos agrupamentos.

A Produção da Semelhança

N. Elias permite envolver-se na reconstituição da construção social dos traços específicos de um grupo como processo não planejado como tal, que toma indivíduos espalhados mesmo fora das relações sociais diretas entre eles e de todas as intervenções divinas ou providenciais de um grande orquestrador. Acompanhando N. Elias, gostaríamos de mostrar que a objetivação da diferença entre grupos sociais provém com muita freqüência de uma busca consciente da semelhança[34]: a concorrência que agentes fazem entre si em torno da utilização de bens e de práticas aparentemente semelhantes está na origem de um reforço mútuo e paradoxal da diferença.

Certamente, a descoberta desses processos constitui uma crítica aberta das concepções correntes do mimetismo. É, com efeito, uma maneira comum de explicar a formação e a especificidade dos grupos sociais: a homogeneidade dos grupos proviria da imitação que indivíduos fazem dos outros (geralmente os mais desprovidos em relação aos mais dotados) utilizando os mesmos objetos ou "macaqueando" então suas práticas. N. Elias, depois de É. Durkheim, ultrapassa as

---

33. A. De Tocqueville, "De l'usage que les Américains font de l'association dans la vie civile", *De la Démocracie en Amérique,* Paris, Gallimard, 1968, pp. 253 e s., col. "Idées".
34. Essa afirmação consiste num retorno às estratégias de distinção estudadas por P. Bourdieu, sobre essa diferença que nem sempre é o resultado da busca consciente da diferença (*Réponses*, Paris, Seuil, 1992, p. 76).

explicações consagradas por essas "leis da imitação"[35] ou do "contágio"[36]. É principalmente o esquema de difusão dos bens que convida a contornar esse escolho da psicologia das multidões. Esse esquema ideal-típico não é o que geralmente prevalece: não se parte sistematicamente da elite para invadir as baixas categorias, mas a difusão se faz na concorrência e na adaptação, por certos grupos, das maneiras de agir utilizadas por outros. Essa pseudo-imitação produz em cada uma de suas manifestações uma prática nova que não mais corresponde àquela observada inicialmente e tirada dos outros, pois ela foi apropriada e utilizada por um novo usuário. Esse esquema se revela particularmente pertinente para reconstituir a fabricação da diferença (ou da semelhança) dentro dos grupos ou entre os grupos. Dois exemplos tomados de campos distintos permitem verificar sua pertinência: a impossível constituição de uma organização política dos patrões no campo político e a instauração das regras uniformes de condução na estrada na sociedade francesa.

Antes que as agências administrativas e governamentais oficializem as diferentes formas de reagrupamento, inúmeros grupos sociais já haviam autocensurado e autolimitado tanto suas práticas coletivas quanto suas maneiras de manifestar-se. No entanto, como acontece que certas formas de agrupamento sejam instituídas em determinados campos e não em outros? No que se refere à forma partidária, é, com efeito, bastante comum acharmo-nos em presença de grupos sociais cujos porta-vozes repetem à exaustão que não podemos cogitar de permitir a organização de atividades consideradas políticas dentro de seus agrupamentos. Ao lado dessa recusa explícita, não é raro assistir à constituição de agrupamentos dificilmente classificáveis: nem verdadeiramente sindicais, nem unicamente políticos, mas suficientemente originais para permanecerem inqualificáveis. Ora, quando tais organizações aparecem, fenômenos de censura se produzem como se doravante existisse um código de comportamentos coletivos que proíbe que todo grupamento não político assuma a forma partidária e que sanciona a não-declaração do objeto da organização (a "razão social").

O exemplo mais explícito é o do Partido Comercial e Industrial francês, fundado em 1901, "em oposição ao partido operário de M. Guesde", que é obrigado a abandonar as preocupações da política para voltar-se para a economia e, ocasionalmente, mudar de sigla (torna-se então a Confédération des groups commerciaux et industriels)[37]. Não é

35. É supreendente notar a similitude das duas reflexões quando elas não têm nem os mesmos adversários (Durkheim contra Tarde), nem as mesmas soluções sociológicas.
36. Ver a discussão que Freud faz do contágio em G. Le Bon *in* "Psychologie collective et analyse du moi", *Essai de psychanalyse*, Paris, Payot, 1980, pp. 86 e s.
37. P. Nord, "Le mouvement des petits commerçants et la politique en France entre 1888 et 1914", *Le Mouvement Social*, janvier-mars 1981, p. 46.

apenas a sigla que se transforma; as práticas desenvolvidas pelos empresários seguem também a mesma evolução. Certas práticas religiosas desaparecem: é o caso das apresentações de candidatos às eleições legislativas por agrupamentos ambivalentes (meio-políticos, meio-econômicos), como acontece nos bairros de Paris com a Ligue syndicale pour la défense des intérêts du travail. É o caso também das leis eleitorais e dos programas de governo: quando das eleições legislativas de 1914, a Union des intérêts économiques intervém na campanha mandando divulgar na França inteira sua recusa ao "polvo do Estado" e à jornada de oito horas[38]. Alguns anos depois, é feita outra tentativa pelo Redressement français: fazendo seus membros prestarem juramento de não se engajar num partido, ele prevê a publicação, em 1927, de um programa válido para uma legislatura[39]. No entanto, passada essa data, o recurso à forma política – ou a qualquer outra forma ambígua que permitisse agir ao mesmo tempo no campo político e no campo da representação econômica – é proscrito definitivamente.

Essa impossível investida na forma partidária pelos empresários e comerciantes não é a conseqüência de uma hipotética singularidade psicológica marcada por sua hostilidade à política – o que equivaleria a postular que a política já é concebida por eles como uma atividade externa. Em compensação, é muito mais interessante observar que esses empresários e comerciantes tentaram fazer como outros indivíduos: empreender em política graças a organizações estruturadas. Não conseguiram apropriar-se de um bem que percebiam, entretanto, nos outros (no caso, os operários) e extrair disso um uso apropriado: a "imitação" nada criou, senão a difícil investida na forma partidária no campo econômico. Ao contrário, o sucesso da forma sindical é apresentado muitas vezes como a difusão mais ou menos lenta do sindicalismo profissional – o mesmo raciocínio vale para outras formas de agrupamentos disponíveis: associações, clubes... Essa explicação subentende que existe uma única forma sindical que se implanta aqui ou ali, sem compreender que para cada espaço social é uma forma sindical original que é iniciada, apropriada e utilizada por causa desse esquema de difusão e apesar da aparente semelhança de todas essas formas doravante diferenciadas socialmente, mas classificáveis politicamente (os sindicatos, as associações...).

O esquema utilizado por N. Elias permite igualmente circunscrever melhor os processos de codificação mediante a ligação do mundo dos objetos (e das regras e técnicas de fabricação) ao dos homens (e suas maneiras de conduzir-se). A instauração das regras de condução na estrada decorreu de dois imperativos sociais a par-

---

38. Sobre esse agrupamento, ver G. Lefranc, *Les Organisations patronales en France*, Paris, Fayard, 1976, p. 64.
39. *Idem*, p. 94.

tir dos anos 1890: normalizar os usos sociais dos veículos e regular os conflitos oriundos dos encontros acidentais entre pessoas de categorias sociais diferentes.

Os grupos que estão em interdependência na normalização das regras de conduta são os seguintes: nobres, burgueses urbanos, construtores, parlamentares, engenheiros do Estado, empresários, condutores, médicos. Somente os condutores e os empresários de transportes automotivos ainda não são vistos como uma categoria específica porque ainda se confundem os diferentes tipos de motoristas – o motorista de veículos particulares como o de veículos pesados e mesmo ainda os cocheiros e *wattmen* – e porque o empresário de transportes ainda é concebido como um industrial. A codificação das regras de comportamento na estrada tem por efeito deslocá-los ao longo de um eixo de oposição dos diferentes tipos de empresários e de condutores de veículos de uso profissional, indo do pólo "luxo" ao pólo "vulgar". A esses deslocamentos sucessivos corresponde a modelagem de um economia psíquica. Os indivíduos que são vistos dessa maneira passam a reconhecer-se através das categorias de percepção que os designam aos olhos dos outros: gordos, pesados, malcheirosos, calados e solitários. O grupo que participa de forma mais eficaz do deslocamento dos motoristas industriais e dos empresários de transportes na estrada é o dos construtores, que comprovam que esses novos usuários monopolizam as máquinas que construíram e desenvolvem usos que não correspondem ao que eles antecipavam: uns fazem fortuna graças ao gênio dos engenheiros sem lhes dar nenhum reconhecimento em troca. Os outros se conduzem de qualquer modo com esses objetos, dos quais toda a graça ainda era enfatizada e que, por causa desses novos usos, se tornam desgraciosos.

Fora dos grupos envolvidos nesse processo de diferenciação, a codificação das regras de comportamento também tentou trazer soluções para as relações acidentais que acarretavam problemas a esses indivíduos que não tinham o hábito de coabitar socialmente: o camponês e o burguês das cidades, o nobre e o ministro, a mulher aristocrata e o operário. As regras de comportamento foram elaboradas para permitir pacificar essas relações e para fazer de modo que aquilo que ainda não era automático o seja doravante[40]: quem é o responsável? De acordo com quais critérios? Quem é prioritário? Quem pode fazer-se notar? Quem é sempre notável?

Acumulando essas duas experiências que participam da formatação jurídica do código da estrada, podemos reconstituir a modelagem psí-

---

40. Voltamos a encontrar aqui a importância concedida por P. Bourdieu a essas interações sociais problemáticas em sua abordagem antropológica da codificação (*"Habitus*, code et codification", *Actes de la recherche en sciences sociales*, n. 64, 1986).

quica de indivíduos que são pouco a pouco pensados como diferentes e, pensando-se como tais, transformam suas práticas, não se sentem mais autorizados socialmente a agir dessa ou daquela maneira. O resultado desse processo está contido numa etapa da construção de um grupo social – os "rodoviários" – que agrupa tanto condutores quanto empregadores, esses indivíduos que, no entanto, tudo opõe no papel mas que o olhar dos outros reuniu socialmente.

Fora dos processos de difusão dos bens simbólicos, pode-se descobrir os processos de ajuste dos comportamentos incompatíveis com o espírito de grupo que participam, assim, da fabricação da semelhança pela normalização dos comportamentos. Constatam-se, com freqüência, fenômenos de autolimitação consciente: a modéstia, a apreensão de determinadas práticas, a exclusão de outras. Encontramos igualmente reconsiderações daqueles que ou fazem demais, ou não fazem o bastante: é o exemplo do "pão-duro" e do "mão-aberta" (aquele que nunca paga para beber e aquele que paga o tempo todo), descrito por G. Noiriel[41], que permite apreender a manutenção do grupo nos momentos de sociabilidade, a fabricação do equilíbrio que procede da interiorização dos coletivos. Às vezes, é o próprio rótulo do grupo que traz problema para os indivíduos em presença. Alguns estudos dedicados aos grupos sociais ressaltaram a importância das representações sociais produzidas fora do grupo. O trabalho de C. Charle sobre os intelectuais insiste nessa ambigüidade característica dos membros desse grupo: a representação que eles têm de si mesmos está exposta diretamente àquelas que aqueles que lhes são exteriores lhes remetem. O que está em jogo então, exatamente, é a própria noção de grupo: recusada por aqueles indivíduos que "se pensam por diferença em relação às outras elites", ela reaparece por intermédio "daqueles que se definem a si próprios contra ele"[42]. Todavia, mesmo no caso dos indivíduos que se pensam como membros de um grupo social, convém apreender a incidência dessas representações sociais sobre o grupo que está se formando. Na maioria das vezes, essas representações são descobertas graças à sua refração sobre os agentes que intervêm no reagrupamento. São todas essas definições negativas que balizam as trajetórias profissionais: os executivos, nem patrões nem operários, estudados por L. Boltanski, ou os artesãos, nem patrões nem empregados, examinados por B. Zarca.

Qualquer que seja o terreno de observação escolhido, esse esquema permite, por conseguinte, reconstituir como os homens, "porque estavam agrupados e se pensavam sob a forma de grupos [...], agruparam socialmente os outros seres"[43].

41. G. Noiriel, *Les Ouvriers dans la Société Française*, Paris, Seuil, 1986, p. 55.
42. C. Charle, *Naissance des "Intellectuels"*, Paris, Minuit, 1990, pp. 10 e 55.
43. É. Durkheim & M. Mauss, "De quelques formes primitives de classification:

A Localização dos Grupos

A arte de reagrupar-se pode estimular os indivíduos a compor grupos em determinados lugares, precisamente aqueles nos quais eles vão poder reencontrar[44] seus semelhantes, ou aqueles nos quais vão descobrir os "outros" (aqueles com quem talvez não seja preciso estabelecer uma ligação, qualquer que ela seja). Estamos aí no centro das relações de face-a-face, e, ao mesmo tempo, confrontados com as caminhadas que levaram indivíduos a estabelecer uma relação e com as lógicas e categorias de percepção que a tornaram possível[45]. Então, devem ser levados em consideração dois casos: aquele em que o reagrupamento decorre de indivíduos que, já agrupados, não o sabem ainda mas vão descobri-lo, e aquele no qual o acaso ou o acidente fazem coabitar duradouramente aqueles que nunca deveriam ter-se encontrado ou que não tinham o hábito de fazê-lo (fenômenos como o êxodo rural, a escolarização obrigatória ou o recrutamento são, a esse respeito, primordiais em nossa história social).

Os lugares intervêm na associação ou na dissociação dos grupos de indivíduos. Certos lugares provocam imagens simples, fantasmas sociais[46], devido à presença maciça de indivíduos que têm neles as mesmas atividades, ao serem escolhidos socialmente para estarem neles. É o caso da fábrica e dos locais de sociabilidade operários próximos, sobre os quais P. E. Prestwitch salienta, em seu estudo sobre o alcoolismo na França, que permitiram imputar às categorias populares o flagelo do álcool, porque eram observáveis ao mesmo tempo nos mesmos lugares por múltiplos observadores que adotaram esse mesmo ponto de vista que produz *de facto* a mesma representação[47]. As pesquisas sobre o modo de vida operário comprovam, então, o que outros tinham a impressão de já saber porque os representantes dos operários já guardavam esses temas para representar seu grupo.

Contribution à une étude des représentations collectives", *L'Année sociologique*, 1901-1902, pp. 1-72.

44. É o que A. Giddens chama uma "ocasião social", noção formulada a partir da de "reunião" de E. Goffman (*La Constitution de la Société*, Paris, PUF, 1987, p. 120).

45. O trabalho de A. Cabantous sobre a gente do mar (aqueles indivíduos que só conhecemos através do olhar dos outros entre os séculos XVI e XVIII) permite levantar uma outra experiência de construção de um grupo: uma "alteridade reconhecida no cais e na praia" fabricada pelos outros durante suas ausências, descoberta pelos marinheiros quando voltam, atestada pelos estigmas físicos que eles são os únicos a carregar (*in Les Citoyens du large: Les identités maritimes en France, XVIIe-XIXe siècle*, Paris, Aubier, 1995, pp. 11-19, col. "Historique").

46. P. Bourdieu sublinha a importância desses "lugares difíceis de descrever e de pensar", quando eles estão no centro dos discursos mediáticos (a cidade, a escola), *in La Misère du monde*, Paris, Seuil, 1993, p. 9.

47. P. E. Prestwitch, *Drink and the Politics of Social Reform: Antialcoolism*

Se os lugares intervêm porque permitem que os outros observem assim agregações de indivíduos através de categorias que eles interiorizaram, eles também dispõem dos indivíduos juntos quando não se encontravam anteriormente. É essa, decerto, a importância dos lugares de sociabilidade – círculos, pensões, bares, restaurantes – mas, sobretudo, o grau de seleção da clientela que vive nesses locais abertos ou fechados[48].

A Sublimação dos Grupos

Tão logo essas formas elementares da vida coletiva são percebidas pelos indivíduos, pode intervir o processo de sublimação[49]: o significado dessas formas se transforma e se separa de seu significado original para adotar uma definição social cada vez mais reconhecida pelos outros. Daí por diante, inúmeros grupos sociais são pensados como entidades coletivas sem levar em conta sua forma primária, graças a um "objetivo mais elevado e de maior valor social"[50]. Somente a partir dessa definição elementar, que partindo "das coisas se estendeu às pessoas"[51], é possível compreender o surgimento e a superposição de outras classificações cada vez mais evidentes para cada um – posições em cerimônias ou filas num cortejo, lugares à mesa, projetos de exposição, de feira, depois categorias econômicas, jurídicas, todas formas de pensamento de Estado.

A arte de reagrupar-se, ligada à economia psíquica do homem civilizado, conhece períodos de intensa produção e, conforme esses períodos, não torna manifestos nem os mesmos grupos, nem as mesmas formas de reagrupamento. Pode-se então tentar entender a sua

---

in France since 1870, Palo Alto, The Society for the Promotion of Science and Scholarship, 1988.

48. Todos esses critérios são os considerados por F. Héran e M. Bozon para explicar as lógicas sociais que permitem os encontros ("La découverte du conjoint...", *art. cit.*).

49. Essa noção freudiana está próxima da de "transmutação" usada por P. Bourdieu para caracterizar as diferentes seqüências da existência dos grupos: aquelas em que a existência é "bastarda" porque os ofícios não têm nome ou denominações demais, e aquela em que a imposição do nome dos ofícios opera uma "verdadeira transmutação da coisa nomeada" (*La Distinction*, Paris, Minuit, 1979, p. 506). Parece-nos, porém, que a sublimação permite insistir melhor sobre a imaginação social dos agentes – e, portanto, sobre o jogo das categorias de percepção – numa determinada estrutura social e num instante preciso, quando a transmutação indica a colocação em conformidade ou a sincronização de uma categoria política com as regras em vigor num campo, deixando inteiro o mistério da situação que implicou essa brutal e duradoura transformação social.

50. S. Freud, *Cinq Leçons sur la psychanalyse,* Paris, Payot, 1977, p. 64.

51. É. Durkheim, *Les Formes élémentaires de la vie religieuse, op. cit.,* p. 208.

evolução? Permite a grade de trabalho elaborada por N. Elias determinar a incidência da diferenciação social sobre as estruturas mentais?

A ERA DOS GRUPOS SOCIAIS

Como acontece que os grupos sociais contemporâneos conheçam aproximadamente o mesmo período de euforia e de redefinição criativa? Por que inúmeros estudos feitos sobre os grupos sociais nos levam de volta ao célebre decênio dos anos 30? O indício apresentado com mais freqüência é o do aparecimento dos nomes dos grupos. É o caso dos "patrões", que, salienta I. Kolboom, antes da Primeira Guerra Mundial, "não são concebidos como um conjunto social homogêneo" e preferem "suas antigas denominações particularizantes" ao categorema "patrões"[52], e depois, na seqüência dos acontecimentos de 1936, adotam-no progressivamente. É o caso igualmente das classes médias: a redefinição dos engenheiros em executivos como a comum definição dos transportadores e condutores em rodoviários.

Se esse período é tão importante na construção desses grupos sociais, não é porque os indivíduos são de repente condicionados de maneira diferente. Ao contrário, esses foram moldados psicologicamente entre 1880 e 1920, isto é, durante o período que antecede a redefinição desses grupos. Se essa conjuntura dos anos 30 constitui o período durante o qual se operam tantas transformações, é, de certo modo, porque os espíritos se libertam, inovam e permitem que atue o processo de sublimação dos grupos. Todavia, essa conjuntura é igualmente importante por outro ponto de vista: porque ela influiu nas relações com a política de certos grupos sociais então em construção. É, portanto, antes dos anos 30 e do surgimento dos categoremas sociais mais estáveis de nossa sociedade (patrões, executivos, artesãos...) que essas diferentes categorias de indivíduos são modeladas psicologicamente. Essa modelagem psicológica é observada por uma redução do espaço dos possíveis, a autocensura da economia psíquica. Ela tem por efeito imediato levar os termos de uma economia psíquica da renúncia a agir, a não se considerar autorizado socialmente a utilizar, por exemplo, determinadas tecnologias da ação coletiva. Essa predisposição a considerar-se indigno (o "não é para nós") implica analisar os encontros efetuados por esses agentes com diferentes indivíduos que se vangloriam de poder remediar seus males. A questão, aqui, é reconstituir, certamente, a arte de reagrupar-se, mas para analisar tanto aqueles que se ligam a um agrupamento, quanto aqueles que se recusam a pertencer a ele. Para fazer isso, devemos considerar um outro

---

52. I. Kolboom, "Patron et patronat: Histoire sociale du concept de patronat en France au XIXe et au XXe siècle", *Mots*, 9: 99-101, 1984.

elemento da grade utilizada por N. Elias – a estigmatização[53] – e explicar em que ela permite apreender o vínculo que mantém juntos o representante e seus mandantes.

Profissionalização da Política e Efeito de Histerese

Com os trabalhos relativos à profissionalização da política, dispomos de uma situação social que é exatamente o inverso daquelas experimentações sociológicas a que N. Elias se entregava. Não são mais relações sociais de face-a-face ou uma interdependência que se instauram e transformam a estrutura mental dos indivíduos. São, ao contrário, relações de face-a-face entre notáveis e cidadãos que se desvanecem em proveito de relações anônimas, deslocalizadas e descontínuas entre profissionais da política e cidadãos[54]. Poder-se-á, a exemplo do processo de curialização, trazer à luz processos que estruturaram as relações de diferentes grupos sociais na França com a política?

Essa nova cartada política pode ser apreendida através de três hipóteses. Em primeiro lugar, a política profissional e seus princípios de divisão do mundo social acarretariam um problema de racionalidade para certos grupos sociais na sociedade do final do século XIX: como aceitar os produtos políticos oferecidos quando eles negam a unidade social? Os exemplos dessa distância para com o político são inúmeros. Segundo S. Maresca, os camponeses desconfiam da política "porque ela divide e contradiz a tradição local de unidade"[55]. A desconfiança para com a política é um fenômeno tão corrente quanto os diferentes atos de fidelidade que ela suscita: nem por isso foi estudada com tanta freqüência. Essa recusa mais ou menos explícita da política pode ser apreendida através da construção dos grupos sociais. Dentro dessa lógica, descobrimos lugares e acontecimentos considerados pouco interessantes (quando não insignificantes) pelos pesquisadores, mas que contribuem para a edificação da fronteira que separa profissionais da política de grupos sociais pouco mobilizados. É o caso, por exemplo, de bom número dos conhecimentos de acompanhamento das tecnologias de ação coletiva: escrever e difundir um "órgão" sem fazer política, falar e manter uma tribuna sem ser ouvido como um político. Mesmo fora dos agrupamentos formalizados, encontramos essa referência negativa à política profissional: M. Palmer lembra que a fórmula

---

53. Podemos encontrar um exemplo de utilização *in* N. Elias & J. L. Scotson, *The Established and the Outsiders: A Sociological Enquiry into Community Problems, op. cit.*

54. Vamos encontrar a formulação dessa hipótse nos trabalhos relativos à transformação da estrutura da oferta política de A. Garrigou (ver, entre outros, "Le secret de l'isoloir", *Actes de la recherche en sciences sociales*, n. 71-72, 1988).

55. S. Maresca, *Les Dirigeants Paysans*, Paris, Minuit, 1983, p. 177.

do "concurso" na imprensa popular tem sucesso porque bane "quase toda referência política explícita"[56].

Outros estudos citam com bastante freqüência essa recusa mais ou menos virulenta da política no antiparlamentarismo ou no extremismo desse ou daquele grupo. No entanto, são raras as análises que reordenam essas representações de si com referência à política em relação com o ser social que as utiliza para distinguir-se numa determinada configuração social. Esse extremismo mais ou menos marcado, que se traduz por tomadas de posição mais ou menos extremas sobre política, é uma das repercussões da modelagem psicológica desses indivíduos. Essas expressões sobre o que não se deve fazer, ou sobre os "porcos", constituem um exemplo dessa "função de defesa ou de tranqüilização que lhes permite sustentar um discurso num campo em que eles estão desprovidos dele"[57].

A segunda hipótese refere-se ao exame da continuidade das relações com o político mantidas por determinados grupos sociais, relações que não se modificam imediatamente quando o quadro da situação se transforma (a histerese em P. Bourdieu). Encontramos sobretudo aí as reivindicações das classes médias, ou de certas categorias agrícolas que exigem a permanência de uma certa maneira de fazer política (ainda e sempre mais bens divisíveis): o deputado é então considerado o "representante natural" e, ao contrário, aqueles que monopolizam o poder e os instrumentos de coerção suscitam a desconfiança (os ministérios, principalmente). Essa histerese, situada muito precisamente no espaço social, ainda hoje produz efeitos, mesmo quando todo mundo concorda em pensar que a política não passa de um negócio de profissionais.

A terceira e última hipótese diz respeito ao esquema da estigmatização. Apropriando-se das representações produzidas pelos outros, os membros de um grupo condicionam suas relações com seus representantes, a tal ponto que não podem de modo nenhum aceitar ser representados por alguém considerado estranho à sua causa. Não há, portanto, vínculo "natural" entre os interesses de certos eleitos e os de determinados grupos sociais, mas uma alquimia social que faz manter a representação política onde outros não serão considerados "um dos nossos".

Estigmatização e Escolha das Representações

A economia psíquica funciona com a noção de estigma. No entanto, o estigma não é interessante em si mesmo. O que prima é sua apro-

---

56. M. B. Palmer, *Des petits journaux aux grandes agences: Naisaance du journalisme moderne*, Paris, Aubier, 1983, col. "Historique".
57 D. Gaxie, *Le Cens caché*, Paris, Seuil, 1982, p. 190.

priação concomitante por indivíduos e as relações que eles começam assim a manter com todos os indivíduos que querem trazer-lhes uma solução. Era isso o que E. Goffman adiantava ao salientar que a aceitação ou a recusa mais ou menos virulenta dos médicos ou dos charlatães de toda espécie que se apresentam perante esses indivíduos é a conseqüência de sua apropriação dos estigmas sociais[58]. No caso, os indivíduos estigmatizados recusam certos tipos de práticas e vêem, na maioria dos indivíduos que encontram, apenas olhares concupiscentes. Ao mesmo tempo, outros agentes se prendem a esses indivíduos e tentam achar soluções para seus estigmas.

Essa economia psíquica põe fora das disposições sociais de determinados grupos tecnologias de ação coletiva disponíveis nesse período. Em igualdade de condições, por outro lado, essa modelagem psicológica deve ser levada em conta para entender como indivíduos podem romper com esse estado de coisas e considerar como de seu domínio certas tecnologias específicas de ação coletiva. Essa ruptura com um espaço dos possíveis é feita muitas vezes pelos recém-chegados a um campo. Todavia, os indivíduos que inauguram uma relação duradoura com outros ambientes são raros e suas experiências difíceis de apreender. S. Maresca observa que apenas os dirigentes da classe camponesa tomaram consciência do mal-estar de seu grupo, ao perceberem nos outros "desprezo ou condescendência" quando fizeram seus estudos, os serviços militares ou estiveram em cativeiros[59]. Portanto, para se encontrar onde o mal-estar foi percebido precisamos dispor de indivíduos cujas trajetórias ou bifurcaram para esse grupo, ou tiveram ramificações pouco conformes com aquelas adquiridas em outros lugares pelos membros do grupo.

Poderes Públicos, Oficialização e Nomeação dos Grupos

Muitas vezes também representações exógenas decorrem das observações feitas pelos poderes públicos. Inúmeras análises vêm corroborar essa onipotência dos governantes que, pelo fato de monopolizarem instrumentos jurídicos, podem nomear e fazer aparecer esse grupo e não aquele outro. Encontramos então a construção da classe camponesa tal como é analisada por S. Berger[60]. No entanto, de modo geral, parece difícil ignorar essa fonte, tão determinada ela é por nossa concepção de política, quando não por aquela que os indivíduos estudados têm dela. É difícil então captar o caráter exemplar desse ou daquele grupo através dessa ingerência do Estado nas formas de objetivação

---

58. E. Goffman, *Stigmates: Les usages sociaux des handicaps*, Paris, Minuit, 1975.
59. S. Maresca, *Les Dirigeants Paysans*, op. cit., p. 92.
60. S. Berger, *Les Paysans contre la Politique*, Paris, Seuil, 1975.

do grupo. No máximo, encontramos muitas vezes essa contribuição do Estado para a criação de grupos pela outorga de instituições próprias, ou ainda pela imposição das formas legítimas de ação coletiva na república[61].

Também aqui o decênio de 30 é particularmente sensível. Antes de mais nada, porque põe os poderes públicos em relação com inúmeras organizações representativas de grupos sociais. Alguns exemplos permitem apreender essa interdependência: os gabinetes ministeriais se interpõem entre os titulares das pastas ministeriais (cada vez mais numerosos e, além disso, vinculados a setores da sociedade) e os altos funcionários que até então filtravam as demandas e não (ou muito pouco) as recebiam devido à sua percepção administrativa da ordem social. A entrada em jogo dos gabinetes ministeriais, dos homens de confiança dos ministros, permitiu instaurar relações entre agrupamentos de representação e poderes públicos. Ao lado dos gabinetes, assiste-se à reconversão de inúmeros juristas e de altos funcionários nos agrupamentos profissionais e, por conseguinte, a um trabalho de universalização daquilo que, até então, não passava de categorial. Finalmente, os conflitos sociais, os conselhos superiores, o Conselho Nacional Econômico instituem transações entre diferentes grupos e participam da estabilização das definições sociais.

Esse período é igualmente importante por ser marcado pela urgência: tanto a urgência manifestada em 1919 por determinados políticos para dispor de interlocutores estáveis nos meios econômicos a fim de garantir a reconstrução, quanto a que se manifesta com o surgimento dos diferentes eixos da política econômica. Por exemplo, ao instaurar a política dos transportes, a coordenação dos meios de transporte conforme o termo usado então, era preciso dispor de agrupamentos profissionais, as únicas pessoas morais autorizadas a participar dessa política. Como essas formas de agrupamentos não existiam sempre, foi preciso participar de sua criação, às vezes criá-los em todas as suas peças e até mesmo agir sobre aqueles que existiam para impor-lhes as "boas formas": contra as câmaras corporativas, contra as técnicas de eleição profissional com o levantamento da mão, contra os congressos profissionais que não dão a palavra e não têm tribuna, contra certas fórmulas retóricas, contra os mandatos vitalícios...

Durante esse período, e em inúmeros setores, os indivíduos não podem mais considerar que as formas de agrupamento disponíveis não são utilizáveis: eles têm de se decidir a usá-las pois a ordem que emana dos poderes públicos o impõe ("Fiquem agrupados" continua a ser uma injunção emitida com bastante freqüência entre 1919 e 1939). Essa resolução meio forçada acarreta a apropriação de formas de agrupa-

---

61. B. Zarca, L'*Artisanat français: Du métier traditionnel au groupe social*, Paris, Économica, 1986, pp. 27-34.

mento disponíveis: aqui sindicatos profissionais, ali associações, acolá câmaras sindicais. Mas essa imposição, essa imitação forçada ("Faça como os operários fizeram" ou "Para ser fortes, sejam numerosos") nem por isso garantiu uma adaptação sempre feliz (de fato, os agrupamentos assim criados nem sempre correspondem às esperanças dos políticos), nem teve sucesso em todos os campos (teremos de esperar as legislações dos anos 60 para reinstaurar agrupamentos profissionais que há alguns anos estão desmantelados aqui ou ali). Entretanto, nesses anos 30, cada grupo social assim mobilizado tem então a impressão de estar fazendo uma pequena revolução em seu próprio setor; e ele a faz, criando aqui ou ali o que era imprevisível, aquelas múltiplas formas homólogas de agrupamentos que, se são percebidas daí por diante graças às mesmas categorias políticas (os "sindicatos"), não deixam de ser o produto das diferentes e desiguais competências exigidas pela arte de se reagrupar que preside à sua formação.

O esquema tirado dos trabalhos de N. Elias permite circunscrever um período inaugural na constituição de um grupo social. Esse pode ser determinado graças à transformação da economia psíquica que condiciona os estilos de vida dos indivíduos. Assistimos assim a um relativo estreitamento da distância social que antigamente separava esses indivíduos dos outros. Algumas dessas experiências são conhecidas: êxodo rural, recrutamento, migração, escolarização. Conforme os indivíduos, alguns aprofundam e endurecem as fronteiras sociais onde outros tentam transgredi-las. Esse esquema permite, além disso, descobrir experiências pensadas intuitivamente como anódinas, lugares de encontro, manifestações diversas, como acontecimentos da vida urbana.

Mas o propósito dessas pesquisas não se restringe a esses lugares, nem a esses objetos, nem a essas maneiras de pensar. Eles só são analisados porque nos permitem decodificar as representações sociais em vigor dentro de uma determinada configuração, levar mais adiante, mostrando como os indivíduos percebem no olhar dos outros quem são. Eles são um meio para explicar o papel desempenhado pelos outros na conservação e na transformação da realidade subjetiva[62]: a confirmação das identidades interiorizadas por um indivíduo. Enfim, essa noção oferece àqueles que desejam aceitar tal jogo de pistas uma oportunidade de nunca privilegiar uma disciplina, mas de acumular numa mesma problemática as diferentes questões que dizem respeito à sociedade dos indivíduos, esse "homem confrontado consigo mesmo".

---

62. P. Berger & T. Luckmann, *La Construction Sociale de la Réalité*, Paris, Méridiens Klincksieck, 1986.

4. Elementos para uma Teoria da Individualização. Quando o Criado Mozart se Achava um Livre Artista

CHARLES HENRY

A relação entre "indivíduo" e "sociedade" é um dos problemas recorrentes em ciências sociais. Durante toda a sua vida, Norbert Elias pretende ter feito dessa relação um eixo central de reflexão. Com referência a seus trabalhos, gostaríamos de reexaminar essa questão a partir da seguinte consideração: se a relação entre "indivíduo" e "sociedade" coloca um "real" problema, talvez não seja apenas porque é um problema "real", "objetivo". Poderia ser também por causa da maneira pela qual os pesquisadores lhe dão forma. Assim, desfocar o olhar oferece a oportunidade de tomar a medida do que esse "problema" deve às próprias condições do exercício da profissão de cientista.

Precisamente, a obra *Mozart, Sociologia de um Gênio*, de Norbert Elias[1], parece muito indicada para quem quer refletir sobre a construção social da realidade individual. Muito indicada porque o leitor é exposto imediatamente a oscilar entre dois tipos de uso, um biográfico, o outro sociológico, que podem ser considerados representativos de dois modos de pensamento, um "substancialista", o outro "relacional". O caráter problemático da relação entre "indivíduo" e "sociedade" não consistiria em passar do primeiro modo de pensamento ao segundo ou, para retomar uma categoria bachelardiana, em romper com o espírito pré-científico?[2] Por mais que Norbert Elias esclareça o debate indiví-

---

1. N. Elias, *Mozart, sociologie d'un génie*, Paris, Seuil, 1991 (ed. original: *Mozart, Zur Soziologie eines Genies*, Frankfurt, Surhkamp Verlag, 1991).
2. G. Bachelard, *La Formation de l'esprit scientifique*, Paris, Vrin, 1938.

duo/sociedade, a presente contribuição não visa, porém, a retomar o que às vezes assume a aparência de uma polêmica de métodos. O inventário a ser levantado, que aqui só poderá ser sumário, é, em primeiro lugar, o dos obstáculos à constituição de um pensamento relacional.

Essa reorientação da interrogação poderia servir para determinar "anomalias", no sentido de T. Kuhn, no tratamento da relação indivíduo/sociedade, e abrir novas direções de pesquisa. Nessa perspectiva, proporemos alguns elementos do que poderia ser uma teoria da individuação, que seria, ao mesmo tempo, uma teoria do indivíduo e da sociedade[3]. Seria uma maneira de apropriar-se da noção de sociedade dos indivíduos apresentada por Norbert Elias[4], procurando ao mesmo tempo prolongá-la. No entanto, na medida em que o termo "individuação" encerra a idéia de processo, "indivíduo" e "sociedade dos indivíduos" são fórmulas que devem ser ancoradas na história. Não mais iremos tratar, pois, de uma teoria da sociedade em geral, mas de uma teoria relacionada com as sociedades contemporâneas desenvolvidas, da mesma maneira que Norbert Elias trata da sociedade de corte e do Estado parlamentar, situados historicamente. Isso vale da mesma forma para "indivíduo": falar dos indivíduos da sociedade da Idade Média quase não tem sentido, porque o ser humano enquanto individualidade constituída socialmente não existia no mesmo grau que nos chamados sistemas complexos[5]. Evidentemente, essas conversas são perigosas: elas convidam a retomar vieses evolucionistas. Mas talvez devamos correr esse risco a fim de articular pensamento "relacional" e pensamento "evolucional", já que ambos são necessários para pensar a individuação.

A TENTAÇÃO DE UMA LEITURA BIOGRÁFICA

Se a conjuntura na qual a publicação de *Mozart, Sociologia de um Gênio* veio à luz aumentou sua visibilidade, também favoreceu uma certa apropriação do trabalho intelectual. De fato, as manifestações por ocasião do bicentenário da morte do músico – por exemplo, o filme *Amadeus*, de Milos Forman – não predispunham à acolhida de análises sociológicas[6]. Será que os operadores não tinham o objetivo de retifi-

---

3. Que o termo individuação não chame demasiada atenção. Evidentemente, ele manifesta um distanciamento maior do que individualização em relação àquele outro que é individualismo e em relação às teorias originárias do individualismo metodológico. Não encontramos mais *ad hoc* do que individuação para marcar ao mesmo tempo a idéia de processo e a de individualidade.
4. *La Société des individus*, Paris, Fayard, 1991 (ed. original: 1987).
5. N. Luhmann, *The Differentiation of Society*, New York, Columbia University Press, 1982; M. Dobry, *Sociologie des crises politiques*, Paris, Presses de la FNSP, 1986, particularmente o cap. III.
6. Na época de seu lançamento, o *Mozart* estava na prateleira de musicologia na FNAC dos Halles em Paris e não era encontrado na de sociologia.

car o sentido da história por um puro ato de celebração para com aquele que, em vida, não teve toda a atenção e o reconhecimento que se diz que deveria ter gozado?[7] De maneira mais geral, esses efeitos de conjuntura alertam para uma das tensões da relação entre um leitor e um autor, pois nada obriga que um trabalho sociológico seja lido sociologicamente, muito particularmente quando o objeto de estudo é um indivíduo[8]. É verdade que a tentativa de Norbert Elias de (re)conciliar o homem e o artista, oferecendo alguns aspectos da intimidade de Mozart, e o emprego da palavra "gênio" levam a uma leitura biográfica.

Para dizer a verdade, não é tão fácil especificar o objeto de análise de Norbert Elias na medida em que se trata de um trabalho inacabado. Embora diga respeito a Mozart, o estudo devia ser apenas uma peça de um projeto mais amplo com o título anunciado de *O Artista Burguês na Sociedade de Corte*. "Mozart" é, portanto, apenas uma das entradas, e tem o *status* de revelador da figura social do músico tomado entre dois mundos sociais. O trabalho exigia um método comparativo apenas esboçado pelo autor entre Bach e Beethoven. Indicar esse pano de fundo modifica consideravelmente a leitura, visto que nele "Mozart" é reduzido a um estudo de caso. Ele perde sua singularidade ou, antes, esse estudo faz sentido apenas com relação a outros atores sociais cuja construção ainda está por fazer, sob pena de ler como biografia o que deveria ser lido como sociologia.

Abandonar o indivíduo Mozart "em si" e tomar a medida da condição social de músico de corte é começar a se desfazer da abordagem estritamente biográfica. Se seguirmos Norbert Elias, a trajetória de Mozart é a ilustração de uma série de tensões: entre uma sociedade aristocrática composta de múltiplas cortes e uma sociedade burguesa embrionária, entre o músico a serviço da corte e o músico aspirante à independência cujas condições de possibilidade mal emergem, entre aquele que vive objetiva e subjetivamente uma relação de dominação e aquele que imagina poder libertar-se dela para estar a serviço de sua arte, entre aquele que não cessa de buscar o reconhecimento dos nobres entre os nobres – a corte imperial de Viena – e aquele que procura valorizar outras normas musicais. Em seu tempo, Mozart não era nem mais nem menos do que um criado e, por outro lado, isto é, secundariamente, músico. Produzia música para aquele a quem prestava serviço, o príncipe, que lhe fazia a encomenda e escolhia a platéia por convite. Produção de tipo artesanal, a música devia, antes de tudo, satisfazer os gostos daqueles de quem o músico dependia diretamente, e isso numa

---

7. Para ter uma idéia dos atos de celebração, ver N. Heinich, *La Gloire de Van Gogh: Essai d'anthropologie de l'admiration*, Paris, Minuit, 1992.

8. "Os riscos de mal-entendidos na transmissão do discurso científico ao mundo social devem-se, de maneira bastante geral, ao fato de que o leitor tende a fazer com que os enunciados da linguagem construída funcionem tal como funcionam no uso comum" (P. Bourdieu, *Homo academicus*, Paris, Minuit, 1984, p. 34).

relação face-a-face fortemente assimétrica: uma proximidade espacial muito reduzida (a corte) e uma distância social enorme (nobres/criados). Quantos contrastes com a condição do artista independente! Esse último vive a serviço de sua arte, podendo conseguir fazer valer seus próprios critérios de julgamento estético diante de um público mais numeroso, mais diversificado, que paga ingresso e é caracterizado por um anonimato mais marcado tanto em sua relação com o músico quanto entre os membros da platéia. Exatamente Beethoven estava próximo da condição de artista independente, apesar de um provável exagero: "Minhas composições me rendem muito, posso dizer que tenho mais encomendas do que poderia quase atender. E, para cada coisa, tenho seis, sete editores e mais ainda, se o coração mo ditar; não negociam mais comigo: eu exijo e me pagam"[9]. Se tivéssemos de resumir numa palavra e numa única o que separa o artista artesão do artista independente, seria o "não" que este último pode opor àquele que faz encomendas[10].

Qual era a margem de ação do artista artesão? Mudar de corte era uma possibilidade objetiva, porque existia um bom número delas e também porque eram hierarquizadas pela concorrência que faziam entre si pelas chances de prestígio, sendo a rivalidade em matéria de arte a continuação da política por outros meios. Decerto, Mozart abandonou seu príncipe empregador de Salzburgo, mas sem garantir um novo cargo, imaginando que podia viver de sua música[11]. Ele realizou criações de maneira autônoma e às vezes conseguiu sucesso com subscrições abertas para imprimir as partituras de suas composições, ou para concertos. Contudo, diferentemente de Beethoven, o público anônimo e pagante ainda era muito restrito para que ele pudesse viver duradouramente de e para sua música. Pode-se, portanto, interpretar o drama de Mozart, com sua parcela de dissonâncias e frustrações, como a resultante das representações que ele tinha do artista livre – ou seja, do livre arbítrio em matéria de definição do julgamento estético –, que estavam *adiantadas* em relação à situação prática esperada, cujas condições de possibilidade não eram suficientemente realizadas.

Embora a explicação seja pertinente, a expressão "suas representações estavam adiantadas" é problemática. Se a distinção entre representações e práticas for fundamentada analiticamente, ameaça levar a

9. Carta de Beethoven que data de 1801, citada por N. Elias, *Mozart...*, *op. cit.*, p. 66.
10. Exemplo da mudança nas relações é a réplica de Beethoven ao príncipe Lichnóvski: "Príncipe, o que sois viestes a ser pelo acaso do nascimento. O que sou, sou por mim mesmo. Príncipes existem e ainda existirão aos milhares. Beethoven, só existe um" (J. e B. Massin [sous la dir. de], *Histoire de la musique occidentale*, Paris, Fayard, 1992, p. 563).
11. A rebelião de Mozart contra seu empregador em maio de 1781 geralmente é apresentada como "o 14 de Julho dos músicos".

colocá-la em exterioridade, como se elas pudessem existir umas sem as outras. Numa versão matizada, a distinção corre o risco de ser entendida como uma hierarquização, levando a pensar que as representações comandam as práticas – opção idealista – ou que aquelas são o reflexo destas – opção materialista. O "adiantadas" é muito mais ambíguo: as práticas de Mozart o eram tanto quanto suas representações! Sobretudo, a expressão convida a retomar uma leitura biográfica ilustrada pelo retorno de fórmulas do gênero "Mozart não foi compreendido no seu tempo" ou "foi incompreendido pela sociedade". Para falar a verdade, é tentador ceder a essas frases. Isso porque se proíbe a pesquisa ao oferecer uma explicação pronta sem outro processo de reflexão, "adiantadas" apresenta algum grau de pertinência. Mozart teve realmente a sensação de não ser compreendido, reconhecido, aceito pelo que pretendia ser.

O problema revelado por aquilo que reativa o reflexo de uma leitura biográfica, ou, se se preferir, a depreciação de um trabalho sociológico a uma leitura comum, é o da relação entre indivíduo e sociedade. Uma outra fórmula, empregada anteriormente e encontrada no texto de Norbert Elias – Mozart tomado entre dois mundos sociais – é, nesse sentido, duas vezes sugestiva. Em primeiro lugar, a título de hipótese, aquilo em que pensamos espontaneamente. E ela o é de uma segunda maneira, mais sutil, já que envolve um modo de raciocínio que será dissimulado do mesmo modo que é posto em ação à altura da fecundidade suposta *a priori* da hipótese. Variante da imagem do torno, essa frase não é outra coisa senão um realismo metafórico que vai buscar sua força, e que, em troca, a compensa, na percepção de duas realidades, o indivíduo e a sociedade, dotadas de existência própria. Essa maneira de falar, em afinidade com uma percepção fenomenal que ela consagra, é extremamente pregnante: corpo/espírito, interioridade/exterioridade, físico/espiritual, objetividade/subjetividade, material/simbólico, privado/público. A distinção-oposição não está menos presente, em política, entre o liberalismo e o socialismo, entre a liberdade e a igualdade, ou ainda naquelas discussões para saber se se deve começar por mudar as mentalidades, para mudar a sociedade, ou o inverso. Pertinente no plano da linguagem, a distinção indivíduo/sociedade conduz, assim, ao objetivismo, sendo a realidade da idéia tomada pela realidade do objeto. Mozart não evoluía, portanto, em dois mundos sociais. Se a formulação fisicalista, variante do objetivismo, é útil para a construção do objeto, não deve fazer esquecer que não é somente o "pequeno" (o elemento Mozart) que está no "grande" (o conjunto sociedade), mas também o contrário. O que está em jogo, portanto, é menos uma questão de escrita que o modo de pensamento em ação. Recortar a realidade segundo a percepção fenomenal é transcrever distinções que terão a força das evidências primeiras; é consagrar uma visão dicotômica de mundo de sorte que não se poderá mais tratar dessas distinções pensadas no modo das polaridades senão em termos opostos.

UM ALGORITMO NATURALIZADO

Embora saibam que uma sociedade não existe sem indivíduos e que o indivíduo não existe sem sociedade, os pesquisadores têm uma certa dificuldade em se desfazer do raciocínio estruturado por essas polaridades. Apreendendo "polarmente" indivíduo e sociedade, estão condenados a mantê-los juntos pela introdução de "paradas" que são também "anomalias". Se alguns cedem ao antropomorfismo, a maioria tenta escapar dele, mas talvez para melhor voltar a cair, insidiosamente, fazendo "contextualismo", quer dizer, elevando o contexto ao *status* de variável explicativa. De maneira geral, o recurso a um raciocínio e a um vocabulário centrados na noção de interação a fim de fugir da alternativa – partir do indivíduo ou da sociedade (dos grupos, das estruturas, do ambiente, do sistema, do contexto) – é apenas o pior que pode acontecer. É deixar sempre acreditar na existência de duas realidades dotadas de uma essência, irredutíveis, como é o caso do singular e do coletivo, do particular e do geral, que são também pares de oposição constitutivos de um algoritmo naturalizado do qual o indivíduo e a sociedade são as raízes de múltiplas declinações, a começar por liberdade/determinismo. Seria redutor levar à conta exclusivamente de querelas de métodos a impotência de superar a alternativa que se assemelha à da galinha e do ovo. Isso porque os debatedores têm razão, com referência, mas apenas com referência, à percepção fenomenal. Longe de desenredar o problema, a distinção-oposição individualismo/holismo só faz obcurecê-lo, ao pô-lo em forma de uma maneira tal que ele se torna um objetivismo metodológico ou, se preferirem, uma versão da razão kantiana, tudo se passando como se indivíduo e sociedade fossem tratados como formas *a priori* do entendimento humano.

A descoberta de algumas das leituras possíveis de *Mozart* é outra maneira de calcular como se desenvolve o esquema indivíduo/sociedade apesar das intenções de sair dele. Por exemplo, Norbert Elias poderia ser saudado por ter se arriscado a transgredir as fronteiras disciplinares entre sociologia e psicologia. No mesmo movimento, pode acontecer que alguns sociólogos manifestem alguma irritação diante do emprego recorrente dos termos "pulsão" e "sublimação", embora aprovando a resolução de não separar o homem do músico. Aquele que mostra interesse pela socialização e pela reprodução teria por que ficar satisfeito com a aplicação do que é possível chamar sociologia de um destino individual: entre um pai músico e pedagogo que projeta em seus filhos, primeiro na filha e depois no filho, ambições de ascensão social – estar a serviço de uma corte mais prestigiosa do que Salzburgo – e o jovem Wolfgang, a quem se oferece o exemplo da irmã mais velha, com quem entra em concorrência pelo amor do pai. Aquele cujo esforço é consagrado à mudança social encontraria matéria para construir o conflito de normas aristocráticas/burguesas como elemento de uma sociologia de uma sociedade em transição. A menos que se leia esse conflito em termos de sociologia do desvio, Mozart também tinha comportamentos desequilibrados, atípicos e de rebeldia. Aquele que estuda a criação artística poderia munir-se de elementos para uma sociologia do estilo em relação com as estruturas sociais: se a música clássica conserva suas cartas de nobreza, segundo uma fórmula consagrada e feliz na matéria, o que se convencionou chamar de música contemporânea depende de outras modalidades sociais de criação e de execução. Do mesmo modo, nada proibiria que o cientista político pusesse em relação estruturas sociais, estruturas políticas e produção artística; a riqueza musical na Alemanha, na Áustria, e na Itália, comparada à situação na França e na Inglaterra, é estimulada pela multiplicidade das cortes que fazem concorrência entre si, sugere, aliás, Elias.

Embora interessantes, essas entradas não revelam nenhuma inovação. Em compensação, como Elias as mantém todas juntas? Se estudar Mozart remete a tudo isso, bastaria convocar os observadores que têm cada um deles seu próprio ângulo de visão, para ter, *ipso facto*, uma mais-valia intelectual? Diante do que é às vezes a interdisciplinaridade, nada é menos seguro[12]. A observação é clássica. Mas formulá-la apenas nesses termos é voltar à oposição entre interdisciplinaridade e especialização – e não é difícil ver para que lado penderá a balança – sem que haja necessidade de estabelecer seus respectivos méritos. Visto como intelectual, o debate tem, sem dúvida, uma função de justificativa, porque é grande a tentação, para cada um, de refugiar-se em sua torre de predileção. Nesse sentido, pensar interdisciplinaridade *versus* especialização é uma outra forma de objetivismo metodológico.

O debate interdisciplinaridade *versus* especialização não deixa de apresentar alguma homologia com um sobre individualismo *versus* holismo. As duas formas de objetivismo distinguidas devem ser compreendidas como duas racionalizações, mais ou menos encaixadas, do mesmo problema: a relação entre indivíduo e sociedade. O mapa intelectual, como ilustram as diferentes leituras de *Mozart*, revela a pregnância da distinção indivíduo/sociedade com referência às fronteiras disciplinares e intradisciplinares, aos campos de estudo e aos métodos: entre a sociologia e a psicologia, em sociologia – individua-

---

12. "Afora certos casos precisos, na maioria das vezes técnicos, nos quais essa prática tem efetivamente seu lugar, a interdisciplinaridade continua a ser uma prática mágica, serva de uma ideologia, na qual os cientistas (ou pretendentes a cientistas) fazem uma idéia imaginária da divisão do trabalho científico, das relações entre as ciências e das condições da 'descoberta', para darem a impressão de apreender um objeto que lhes escapa" (L. Althusser, *Philosophie et philosophie spontanée des savants*, Paris, Maspero, 1974, p. 47).

lismo *versus* holismo –, em economia – micro *versus* macro –, assim como, em psicologia, com a psicologia social. Mais uma vez, o "real" problema constituído pela relação entre indivíduo e sociedade deve ser pensado também no que ele deve ao universo mental e prático dos pesquisadores. Que nos lembremos da justificativa dada, pelo menos na França, à sociologia durkheimiana que então nascia. Antecipava-se um argumento de lógica e de paridade, segundo o qual não existe razão para que a sociedade não seja objeto de ciência, com a mesma justiça que os fenômenos naturais[13]. O outro argumento era de "territorialidade": devia ser dada atenção aos fatos de sociedade entendidos em primeiro lugar segundo seu caráter coletivo, fatos que nenhuma outra ciência tomou por objeto. Assim, o "social" era constituído numa realidade nem física, nem biológica, nem psicológica[14]. O campo da sociologia foi apresentado primeiramente, se não se pensou nisso, "no vazio"[15]. Temos aí uma das molas das infinitas discussões sobre indivíduo e sociedade, inato e adquirido, natureza e cultura; no próprio movimento de pensar os problemas, as disciplinas foram delimitadas por fronteiras, a ponto de existir, com essa evidência, evidências primeiras que elas acabaram por adquirir.

PARA UM HISTORICISMO SOCIOLÓGICO

Assim, a condição de pesquisador está ligada àquela espécie de desafio de ter de fazer com o duplo modo de existência dos problemas "reais": pensar em termos intelectuais – por exemplo, como se pode fazer com que o equipamento biológico "comande" o "social" sem ser sua programação? –, pensando ao mesmo tempo em termos disciplinares, a divisão acadêmica que superdetermina o trabalho intelectual[16].

Seria, no entanto, redutor achar que a rivalidade inter e intradisciplinar – interiorizada de forma desigual e, portanto, sentida de forma desigual –, mensurável pelos efeitos de censura ligados à rotinização dos problemas e problemáticas legítimos em tal "meio", seria o único

13. P. Fauconnet & M. Mauss, "La sociologie: objet et méthode", *in* M. Mauss, *Essais de sociologie*, Paris, Seuil, 1971. Trad. bras., São Paulo, Perspectiva, 1981.
14. "Eis o que são os fenômenos sociais, livres de todo elemento estranho. Quanto a suas manifestações privadas, elas têm realmente algo de social, pois reproduzem em parte um modelo coletivo; mas cada uma delas depende também, e em larga escala, da constituição orgânico-psíquica do indivíduo, das circunstâncias particulares nas quais ele está colocado. Elas não são, portanto, fenômenos propriamente sociológicos" (É. Durkheim, *Les Règles de la méthode sociologique*, Paris, PUF, 1990, p. 10. 1ª edição: 1895).
15. Esse trabalho de definição deve ser entendido como uma parte do trabalho de legitimação necessário à institucionalização da disciplina.
16. Um exemplo impressionante, aquele que é tirado de Marx deve provavelmente mais ao recorte entre filosofia, economia e sociologia do que ao raciocínio dialético.

ou mesmo o principal obstáculo para sair das alternativas aprisionadoras. Mais decisiva é a maneira pela qual os pesquisadores, misturadas todas as disciplinas, se acomodam com o que consideram um dado pesado: a ordem do vivente e a ordem do social obedecem a temporalidades sem medida comum. É esse o fundamento da idéia da passagem da natureza à cultura, segundo a fórmula consagrada, que *deveria* conduzir a apreender o "social" como que procedendo dele mesmo[17]. Ora, não ocorre sempre assim. Deve-se ver aí a amnésia da gênese das invenções sociais que está no princípio de uma apreensão naturalista do "social": o adquirido chega a ser visto como inato, e a cultura como natureza[18]. Esse "viés" essencialista provém, em parte, do fato de que, no "social", se tudo não é medido pela mesma escala, tudo não se transforma no mesmo ritmo, de modo que determinadas realidades sociais parecem existir como dados intangíveis. A amnésia da gênese provém igualmente da dificuldade de conceber que invenções são da alçada dos homens sem que nenhum deles, nem mesmo cada um deles, esteja conscientemente na sua origem. Isso quer dizer que o homem contemporâneo, individualizado, com sua intimidade, ao se entregar à introspecção passa por um *datum*, enquanto existe toda uma condição para acreditar que raciocinar em termos de indivíduo e de sociedade é uma invenção do homem tanto mais esquecida quanto ninguém a quis expressamente. Entre a Idade Média e o século XX, não foram somente as estruturas sociais e as condições materiais de existência que mudaram. Se o indivíduo biológico é o mesmo, o comportamento do ser social foi modificado profundamente, quer se trate das formas de sensibilidade, da relação consigo mesmo ou da relação com os outros, numa palavra, a de Norbert Elias, sua economia psíquica[19]. A conseqüência é que a forma dominante do ser humano passou a ser a individualidade, ou, se preferirem, o indivíduo biológico individuado socialmente.

A maneira pela qual é tratada a relação entre indivíduo e sociedade convida a compartilhar as palavras de Norbert Elias que alguns considerarão severas: "Eu gostaria de aprofundar uma questão geral: como

---

17. Sobre a "dessincronização" entre as duas ordens, a estabilização da evolução do homem enquanto hominídeo, sua especificidade que é primeiramente da ordem do vivente (um aparelho reflexo "insuficiente" compensado por capacidades de adaptação e de invenção) e o desenvolvimento cerebral (condicionado pela preensão e pela postura vertical), ver A. Leroi-Gourhan, *Le Geste et la Parole*, Paris, Albin Michel, 1964, e J. Ruffié, *De la biologie à la culture*, Paris, Flammarion, 1983.

18. Sobre a reificação e a ontologização do "social", P. Berger & T. Luckmann, *La Construction sociale de la réalité*, Paris, Méridiens Klincksieck, 1986 (ed. original em inglês: 1967).

19. Ver também R. Muchembled, historiador que se louva em N. Elias, *L'Invention de l'homme moderne: Sensibilité, moeurs et comportements collectifs, sous l'Ancien Régime*, Paris, Fayard, 1988.

os homens passam do pensamento mitológico ao pensamento científico? Em sociologia, e ainda hoje é esta a minha convicção, sempre somos bloqueados na fase pré-científica"[20]. Sair da alternativa indivíduo/sociedade consistiria então em operar uma revolução copernicana que nada mais seria que passar de um pensamento substancialista para um pensamento relacional, como ocorreu na passagem da física aristotélica para a física moderna[21]. Não se segue que devamos "copiar" a física e as ciências da natureza, mesmo que a importação de conceitos de um campo para outro nada tenha de ilegítimo. O "nó" da questão é compor com a multiplicidade da temporalidade do "social", levando em conta o fato de que é impossível dar-lhe razão pela aplicação de leis atemporais ou, melhor, a-históricas. Trata-se de abrir caminho para a prática de um historicismo sociológico, ou seja, pensar "relacionalmente" e "evolucionalmente".

Precisamente, o programa de Norbert Elias consiste em pensar *juntas* estruturas mentais e estruturas sociais. *A Sociedade de Corte* é a esse respeito exemplar. Como seus antecessores, Luís XIV trabalhava para submeter os Grandes. No entanto, o que habitualmente é designado por absolutismo não é outra coisa senão essa configuração social, esse sistema de relações construído por cada um dos protagonistas, mas nem buscado nem dominado por nenhum enquanto tal, no qual a competição pelas chances de prestígio teve como resultado a submissão dos Grandes em favor do monarca. A estabilização progressiva, não linear e não sem choques – como testemunham os episódios da Fronda –, do centro de gravidade para a vantagem da posição real aconteceu concomitantemente com a invenção do novo nobre, aquele que abandona a espada pela etiqueta, o papel de chefe de guerra pelo de cortesão, invenção ainda aqui involuntária mas resultante do comportamento de uns *relacionalmente* com os outros e cuja realidade acaba por impor-se a todos. O que está em jogo nessa época não é apenas a constituição de um centro e a monopolização das chamadas funções regalengas; é também, no mesmo movimento, a transformação das estruturas mentais com o nascimento do homem civilizado no sentido de Norbert Elias, que deve aprender a aparecer, a usar das boas maneiras de comer, de beber, de vestir-se, de abordar o outro, de falar, de ouvir, de olhar e de olhar-se, ou seja, dar provas de discrição e controlar suas emoções de acordo com as regras da etiqueta.

20. N. Elias, *Norbert Elias par lui-même*, Paris, Fayard, 1991, p. 56.
21. A física aristotélica estabelece uma diferença radical entre repouso e movimento, quando, na física moderna, o repouso é um movimento nulo. Na primeira, o repouso era uma qualidade natural, intrínseca aos corpos, sendo o movimento apenas perturbação. Na segunda, repouso e movimento são independentes dos corpos e não passam de uma modificação das relações entre eles, de sorte que um corpo pode estar ao mesmo tempo em repouso e em movimento. Ver F. Balibar, *Galilée, Newton lus par Einstein*, Paris, PUF, 1986, pp. 13-31.

O historicismo sociológico permitiu a Norbert Elias subverter o esquema indivíduo/sociedade. Se o indivíduo é visto como uma realidade individual, como uma individualidade, é, a acreditar em Elias, porque chegamos a um "estádio" de evolução marcado pela predominância do "eu" sobre o "nós", ficando entendido que o "eu", embora fortemente substancializado, só tem sentido relacionalmente ao "nós", que os referentes desses pronomes não são idênticos na Idade Média e no século XX, nem mesmo no curso da vida de um indivíduo[22]. Ao analisar esses referentes, torna-se possível articular estruturas sociais e estruturas mentais. Qualquer que seja a importância do "eu", ele só pode ser apreendido pelo lugar ocupado por um indivíduo numa configuração social, quer se trate de uma família, de um jogo de cartas, de uma empresa, de uma nação ou de uma conversa; no caso, toda situação empírica de interdependência[23]. Assim, é permitido compreender o que há, ao mesmo tempo, de "verdadeiro" e de "falso" em nossa percepção de hoje. De um lado, temos razão de imaginar Bach, Mozart e Beethoven como pertencentes à mesma espécie, a dos grande músicos[24]. Para a grande maioria, inclusive, talvez, para aqueles que reivindicam uma competência de melômano, os produtos musicais são diferentes apenas ou essencialmente porque os músicos são *diferentes enquanto pessoas*: a identificação dos estilos é assimilada mais ou menos à identificação das pessoas. Temos motivos para ver indivíduos, o que eram, mais precisamente indivíduos individuados porque, daí por diante, percebemos o indivíduo dessa forma. De outro lado, erramos porque projetamos retrospectivamente nossas categorias e nossas estruturas mentais. Em vida, Mozart não podia, de fato, ser um gênio, porque as condições sociais não estavam reunidas para que fosse possível pensar nesses termos. Erramos ainda na medida em que, entre Bach e Beethoven, existe pouquíssima continuidade sob toda uma série de aspectos que realmente têm pouco a ver com o talento de um ou do outro, quer se trate da relação entre o músico e o público, do *status* de músico, da função social da música, da relação do músico com a música que ele produz ou ainda da relação do músico consigo mesmo[25]. Daí a dificuldade de falar

---

22. N. Elias, "Les transformations de l'équilibre 'nous-je' ", último dos três ensaios de *La Société des individus, op. cit.*, e *Qu'est-ce que la sociologie?*, Paris, L'Aube, 1991 (ed. original em alemão: 1970), pp. 146-161.

23. Pensemos nos esportes: as individualidades podem ser fortes, como no futebol, mas só existem relacionalmente ao "nós" da equipe, ao passo que no voleibol a possibilidade de individualizar-se é menor. Mesmo nos esportes individuais, o indivíduo só tem sentido porque existem vários competidores.

24. A categoria "grandes músicos" tem como propriedade colocar fora do tempo aqueles aos quais ela é aplicada. A "pedestalização" esmaga assim a cronologia, condição necessária à imposição de uma equivalência entre histórias sociais embora distantes várias dezenas de anos como em relação a Bach (1685-1750), a Mozart (1756-1791) e a Beethoven (1770-1827).

25. Uma medida da distância percorrida é dada pela distância entre o músico

de Mozart, cuja condição corresponde em parte à de Bach e em parte à de Beethoven, sem ser, por isso, nem uma nem outra. Criança-prodígio, indo de corte em corte através da Europa, teve as honras de artista independente *avant la lettre*; adulto, teve que voltar às fileiras dos criados. Nesse sentido, sua trajetória, produto e produtora de uma série de tensões, se assemelha à crônica de uma morte social anunciada. Embora mais considerado do que os outros criados, ele se via primeiro como músico, enquanto individualidade dotada de uma autoconsciência superior à de seus antecessores, e àquela que correspondia a seu *status*, procurando ser reconhecido menos pelos serviços prestados do que por sua música, prefigurando o personagem social do artista soberano que não tem contas a prestar senão a si mesmo e a seus pares.

O ALONGAMENTO DAS CADEIAS DE INTERDEPENDÊNCIA

Convém, porém, evitar uma avaliação normativa, reflexo social desativado por formulações como as de criado músico, de artista independente, soberano, ou de livre artista, para a qual não faltam termos para fazer com que se perceba a mudança como a marca do progresso. Se o artista se manifesta enquanto individualidade pela aspiração a viver, inseparavelmente, de e para sua arte, sua independência, sua consciência de si, sua sensação de liberdade – admitamos esse último termo – não podem ocultar o percurso para ser reconhecido como um profissional, por não ser um profissional conhecido. Sua trajetória e sua condição nada mais são que uma sucessão de relações de interdependência, enquanto ser chamado a tornar-se adulto e enquanto aprendiz de artista chamado a tornar-se artista, sob a reserva de cumprir os ritos de passagem. Para falar apenas de música, mencionemos: o ensino na escola, as escolas municipais, os conservatórios, a imprensa especializada e o corpo dos críticos, os chamados programas culturais de rádio, os profissionais da promoção, da indústria e da difusão dos produtos musicais (gravação e organização dos concertos), assim como a gestão dos direitos autorais e a distribuição da renda (através de um sistema específico de indenizações em caso de desemprego).

O que aparece e é vivido como uma evolução para a liberdade é, assim, o *pendant* do alongamento das cadeias de interdependência[26].

---

e o público. A relação face-a-face quase desapareceu, tanto espacial quanto esteticamente, com o risco de criar o isolamento por auto-segregação, como acontece com músicos de jazz que chegam até a evitar o olhar das *"caves"* (o público comum que não conhece nada de jazz e que ama o "comercial'), a fim de não ter que atender pedidos, não ser comandado, não interpretar trechos, e chegam a pôr cadeiras entre eles e o público à guisa de barreira. Ver H. S. Becker, *Outsiders*, Paris, Métaillié, 1985 (ed. original em inglês: 1963).

26. Sobre a fecundidade do conceito de cadeias de interdependência, ver C. Henry, *La Rationalité en miettes: ÉconoRmistes et soRciologiques au travail*, V[es]

Chocando-se com uma concepção substancialista de liberdade, não é contraditório afirmar, de um lado, que o indivíduo nunca teve tanta condição de existir enquanto individualidade, enquanto "eu", e, de outro, que o indivíduo nunca esteve a tal ponto dependente de tantos outros indivíduos. Formidável paradoxo das chamadas sociedades desenvolvidas! As noções doravante familiares que são as de indivíduo, individualidade, talento, dom, aptidão e gênio não são, portanto, em nada universais, e ainda menos naturais, enquanto até mesmo a tendência à sua generalização seria reconhecida.

No entanto, Norbert Elias parece retroprojetar a categoria de gênio a propósito de Mozart ao aplicá-la à sua vida. Devemos nos interrogar sobre esse ponto: uma das imagens públicas dos sociólogos não é a de desencantadores do mundo? A hipótese segundo a qual Elias identificar-se-ia com Mozart não é inconsistente em relação às similitudes de suas trajetórias de *outsiders*[27]. Se a auto-identificação for possível, é porque Norbert Elias se pensa fortemente como "eu". Essa observação, certamente banal, teria a ver com o fato de que ele não carrega a convicção, sociologicamente falando, quando tenta especificar o gênio em geral e o de Mozart em particular[28], ficando muito pouco apartado de seu próprio "eu".

Entre os obstáculos que impedem pensar a relação indivíduo/sociedade, haveria o "eu" intelectual. Com efeito, os cientistas, os intelectuais em geral, têm em comum inúmeros pontos com os artistas. Por exemplo, existem "cérebros poderosos", considerados fora do comum: Darwin, Einstein e Sartre. Correm à conquista de troféus, tornando mais ou menos consistente o "eu": prêmio Nobel, Collège de France, Sorbonne, *agrégation* etc. Alguns pensam explicitamente em entrar para a História: "As gerações futuras irão julgar", dizia Schumpeter[29]. Quanto aos produtos científicos, são relacionados com as pessoas por meio das assinaturas. Carreira, competição, distinção: o pesquisador deve ser uma individualidade. Numa certa medida, é-lhe custoso construir o objeto indivíduo, porque ele deverá abandonar uma parte de si, sacrificar uma parte de sua identidade e, eventualmente, tornar-se presa de dúvida.

Não se precisaria acreditar que a individuação enquanto esquema de análise vale apenas para as figuras sociais fortemente estruturadas

---

Journées de sociologie du travail, Université de Lyon, Pirtten-CNRS, 13-15 décembre 1991.

27. Norbert Elias trabalhou sobre o conceito de *outsider*, embora não o empregue em *Sociologia de um Gênio*.

28. Por falta de espaço, não desenvolvemos este ponto: ver, entretanto, *Sociologie d'un Génie, op. cit.*, p. 99 e p. 130 em particular.

29. C. Henry, "Le 'je' intellectuel et le 'je' interdisciplinaire. Méthode et discours sur la méthode de l'économiste J. Schumpeter entre mathématisation et histoire", *Le Genre humain*, n. 33, mars 1997.

pelo "eu", como os artistas e os intelectuais. Parece, ao contrário, que a individualidade é um traço dominante, embora compartilhado de forma desigual, dos indivíduos das chamadas sociedades desenvolvidas. São inúmeros os seus marcadores sociais: nome, carteira de identidade, *curriculum vitae*, roupa, automóvel etc., mas também, como mostrou Elias, a toalha de mesa com o prato e o garfo, que são atributos individuais. Todavia, a individualidade deve ser compreendida *relacionalmente* na medida em que o indivíduo deve sempre compor com os outros indivíduos, o "eu" com o "nós". Ele se vê confrontado com essa tensão de dever ser como os outros ao se distinguir. Escolher um "bom" nome é oscilar entre a originalidade e o comum, sem cair nem na excentricidade (original demais) nem no banal (comum demais). Isso quer dizer que a individualidade não se reduz aos sinais exteriores, "objetivos". Ela existe também mentalmente. O indivíduo vive, de certo modo, duas vezes, agindo, falando, e pensando como individualidade, auto-refletindo-se.

Como sugere a comparação entre a condição do criado músico e a do livre artista, a diferença do lugar do "eu" se deve à transformação da configuração, isto é, das relações entre os indivíduos que os constituem. O que ocorre entre individuação e configuração nas sociedades desenvolvidas, entendidas como sistemas complexos, a saber, uma estruturação das atividades sociais em espaços autônomos ou setores, fortemente institucionalizados e auto-referenciais?

Nessa perspectiva, o estudo de Alain Garrigou consagrado ao voto é instrutivo[30]. A rivalidade entre pretendentes ao poder, entre 1875 e 1914, na França, não se reduz à substituição de uma elite – os notáveis – que vêem a política como um prolongamento natural de sua dominação social por uma outra – os profissionais da política – que vêem a política como um atividade própria, que lhes permite viver dela, como de um profissão. A transformação da política em atividade social especializada, profissionalizada, aconteceu concomitantemente com uma transformação das modalidades do voto. Embora sempre se trate de sufrágio universal em vigor desde 1848, de coletivo, o voto tornou-se um ato individual: a cabine de votação, principalmente, teve por efeito individualizar o eleitor. De festivo, o voto tornou-se sério, solene, ao final de um esforço de moralização, como mostra o autor: doravante a política é um caso de opinião pessoal em relação com a definição que a nova elite se impõe. A transformação da relação com a legitimidade deve, assim, ser analisada como uma transformação das estruturas sociais e das estruturas mentais.

De maneira muito geral, a favor da divisão de trabalho e da profissionalização, as configurações se tornam espaços relacionais autôno-

---

30. A. Garrigou, *Le Vote et la Vertu: Comment les Français sont devenus élécteurs*, Paris, Presses de la FNSP, 1992.

mos, mais ou menos objetivados pela institucionalização. É possível então entrever a relação entre individualidade e sistemas complexos, isto é, o que a percepção em termo de "eu" deve à setorização: o indivíduo é, entre outros, um "eu" profissional. Todavia, da mesma maneira que uma configuração é um sistema de relações constituído de indivíduos em interdependência – só existindo o "eu" em relação aos outros "eus" e ao "nós" –, os setores devem também sua autonomia ao fato de estarem em interdependência e, diremos para não cedermos a uma visão estritamente funcionalista, também às transações colusivas[31], isto é, às marcas de reconhecimento mútuo, como a espécie de acordo, tácito, de não-ingerência. Da mesma forma que as transações colusivas têm por efeito consolidar, objetivar "pelo exterior", a autonomia setorial, a individualidade deve à interdependência dos setores e aos efeitos colusivos um suplemento de realidade. Todavia, ao mesmo tempo que o "eu" se adensa, que a individualidade se reforça, eclipsando o "nós", por causa das interdependências múltiplas, o alongamento das cadeias de interdependência produz um efeito de contra-individualidade já que se torna cada vez mais difícil para um indivíduo ter uma clara percepção das conseqüências de seus atos. Por exemplo, o político deve contar com seus rivais, mas também com o jornalista, com o pesquisador, eventualmente com o jurista, sabendo que cada um desses profissionais deve, por sua vez, contar com seus colegas mais ou menos rivais em suas respectivas esferas.

Acontece que, fazendo da individualidade um dos traços dominantes das chamadas sociedades desenvolvidas, existe a tentação de pensar a história como uma marcha para a individualidade e cuja "causa" seria a individuação. E como não ser enviado para o pólo evolucionista depois de haver reivindicado a prática de um historicismo sociológico, articulando pensamento "relacional" e pensamento "evolucional"! Gostaríamos então de sugerir algumas pistas sobre o "real" problema da evolução.

EFEITOS DE TRAVA E EFEITOS DE REMANÊNCIA

Como para a relação entre indivíduo e sociedade, o "real" problema da evolução se deve à maneira como ele existe na cabeça dos pesquisadores. Poderia acontecer que as tomadas de posição se distribuíssem entre dois extremos, os "evolucionistas" e os "fixistas", passando pelos "ciclistas", renovando, sob uma forma eufemizada, a distribuição entre "progressismo" e "conservantismo". Sobre a evolução, o próprio Elias não está isento de crítica na medida em que tende, numa ótica funcionalista, a fazer da integração de unidades territoriais numa unidade mais ampla do processo de autocoerção as duas direções da

---

31. M. Dobry, *Sociologie des crises politiques*, op. cit., pp. 110-113.

evolução da humanidade[32]. Então é fácil compreender a tensão em que se encontram os pesquisadores: convencidos de que existe "evolução" mas advertidos dos vieses evolucionistas, eles descartam essa questão. No que se refere ao "real " problema, em lugar de uma problemática centrada no termo evolução e que exige a descoberta de "fatores" ou de "causas", talvez conviesse pensar o "social" em termos de *diferencial de objetivação*.

Num alto grau de generalidade, o "biológico" parece "duro", "sólido", e o "social" parece "efêmero", "frágil": o homem biológico continua, enquanto as civilizações desaparecem. Modificando o ponto de vista de sorte que o "biológico" não sirva mais de comparação, o "social" parece ora "sólido", "imutável", ora "frágil", "evolutivo". Dizer que no "social" tudo não se transforma no mesmo ritmo é apenas uma comprovação, ainda por cima banal. Contudo, não basta apelar para a amnésia da gênese das invenções sociais como registro de explicação. Sem dúvida, ela tem a ver com uma percepção naturalista. Mas a "solidez" do "social" não se reduz a isso. Imaginemos que estejamos muito bem informados da gênese do Estado, do mercado, do voto ou da moeda. Apesar desse conhecimento, cabe perfeitamente acreditar que essas realidades conservariam o essencial de sua força. Não é porque de naturais elas se tornariam sociais que deixariam de ser coerções no sentido durkheimiano.

O estado atual da pesquisa não permite dispor de uma teoria suficientemente explicativa da objetivação diferencial do "social". Todavia, é possível observar que o "social" é produtor de *efeitos de trava* e de *efeitos de remanência*. O estudo de E. Kantorowicz consagrado ao direito pode deixar entrever o que entendemos por "efeitos de remanência"[33]. Habitualmente, da rivalidade entre o papado e a realeza sobre a legitimidade do poder guarda-se apenas o resultado. O rei acabou por levar a melhor sobre o papa, o "temporal" sobre o "espiritual". Apresentar as coisas dessa maneira é esquecer que as condições do exercício do poder foram transformadas em virtude mesmo das condições do desenrolar da rivalidade. Na luta que as opunham, as partes em presença, em busca de apoios, apelaram a exegetas do direito cuja missão era justificar, por um trabalho de racionalização, o fundamento do poder. Certamente o rei ganhou, mas às custas de ser despojado, em parte, da dominação da definição do poder, e isso igualmente na medida em que os "juristas" reivindicaram, em troca, serem tratados em paridade com a nobreza e o clero. Num plano mais geral, o desenrolar da rivalidade ilus-

---

32. N. Elias, *La Dynamique de l'Occident*, Paris, Calmann-Lévy, 1975 (ed. original em alemão: 1939).

33. E. Kantorowicz, "Kingship under the Impact of Scientific Jurisprudence", *in* M. Clagett, G. Post & R. Reynolds (eds.), *Twelfth-Century Europe and the Foundation of the Modern Society*, Madison, The University of Wisconsin Press, 1961.

tra o alongamento das cadeias de interdependência ou, se preferirem, dos circuitos de legitimação, dos quais uma das manifestações é a objetivação do poder em categorias jurídicas. O "direito" chega a proceder de si mesmo e a "impor-se" pela atividade de especialistas aos interesses próprios, quando a "causa" inicial – o conflito entre papado e realeza – desapareceu. Nesse sentido, há *efeito de remanência*.

Quanto ao *efeito de trava*, a Restauração pode ajudar a compreender qual é sua abrangência. O retorno do rei é apresentado como o retorno ao Antigo Regime. No entanto, tudo se passa como se fosse conseguido o princípio de um texto que codifica a organização dos poderes, mesmo que se trate de uma carta outorgada pelo rei e não de uma Constituição em virtude da qual ele manteria seu poder. É possível conceber esse gesto como uma concessão. É mais pertinente considerar que, graças às lutas passadas, o poder só era pensável juridicamente. A legitimidade de definir a legitimidade do poder em categorias jurídicas não podia ser mais questionada. Portanto, deve-se entender, de uma maneira geral, por *efeito de trava* a idéia segundo a qual uma parte do "social" "se objetiva" de tal modo que se torna impossível, ou, melhor, impensável, não fazer com. Mesmo que nem sempre seja fácil distinguir entre os efeitos de trava e os efeitos de remanência na medida em que podem ser combinados, como podem sê-lo com os efeitos da amnésia da gênese, essas noções, além de especificarem a idéia de diferencial de objetivação, apresentam a vantagem de ultrapassar o esquema causas/conseqüências, atraindo a atenção para a dinâmica social em seu próprio desenrolar. Na espécie de inventário daquilo a que remete a expressão "diferencial de objetivação", convém notar, portanto, que o grau de "solidez" do "social" tem uma relação com o comprimento das cadeias de interdependência tanto entre os indivíduos como entre os setores.

Existe uma outra maneira de operar para pensar o problema da evolução, outra maneira que tornaria mais visível a ligação entre evolução e diferencial de objetivação. Por não dominar as razões da evolução em seu conjunto, o estudo comporta o risco de "retrodicéia". Com efeito, a análise das situações de crise é rica de ensinamentos sobre as possibilidades de evolução às avessas. Nesses períodos de efervescência (destruidora), quando o mundo "se desfaz", a desobjetivação (diferencial) ainda obedece a determinadas "leis". Mesmo no ponto-limite que corresponderia ao desaparecimento das estruturas sociais e das balizas institucionais, os indivíduos fariam com essa "trava" que são as estruturas mentais graças às quais, quando até mesmo elas seriam fortemente afetadas, eles "reinventariam" o mundo a partir do que devem ao sentido prático e ao modo reflexivo[34].

34. M. Dobry, *Sociologie des crises politiques, op. cit.*, particularmente o cap. VII.

Historicismo sociológico aplicado ao estudo do diferencial de objetivação, é essa a orientação para elaborar uma teoria da individuação, ou seja, uma teoria na qual o indivíduo não seria nem prometeico, nem esmagado pelo peso das estruturas. E se é verdade que a palavra "individuação" faz pensar primeiro em "indivíduo", teremos compreendido que poderia tratar-se de um esquema de análise mais geral, aplicável às estruturas sociais e às instituições, como é permitido pensar no que diz respeito a sistemas complexos e à setorização. Forcemos a vista. Mas isso seria uma boa maneira, pelo menos esperamos, de avançar no problema da relação entre indivíduo e sociedade.

O caráter fragmentário do que apresentamos é evidente. Quisemos apenas dar um pouco mais de consistência ao "programa" de C. Wright Mills:

> A ciência social examina os problemas de biografia e de história, e seus cruzamentos dentro das estruturas sociais. Todas as três – biografia, história, sociedade – constituem os pontos coordenados de um bom estudo do homem [...]. É impossível colocar convenientemente os problemas de nosso tempo, e principalmente o da natureza do homem, se se perder de vista que a história é o nervo da ciência social, e se se recusar honrar o princípio segundo o qual se deve aperfeiçoar uma psicologia do homem que seja baseada na sociologia, e em harmonia com a história[35].

---

35. C. Wright Mills, *L'Imagination sociologique*, Paris, Maspero, 1967, p. 146.

5. O Reverso da Moeda: Os Processos de Descivilização

STEPHEN MENNELL

Os processos de descivilização são o inverso dos processos de civilização. Mas não podemos ater-nos a uma constatação desse tipo. Como de hábito quando se trabalha com as teorias de Elias, devemos pensar em termos de equilíbrio de tensões entre pressões conflituais. Poder-se-ia demonstrar quão presentes estão sempre as tendências descivilizadoras, ou pressões descivilizadoras. Com efeito, os processos de civilização nascem (como processos cegos, imprevistos) de conflitos entre indivíduos para resolver os problemas que pressões descivilizadoras lhes colocam na vida – como, por exemplo, a ameaça da violência e da insegurança. Assim, devemos pensar as pressões civilizadoras e as descivilizadoras no modo de pressões contraditórias – assim como, sob a influência de Elias, aprendemos a pensar em termos de forças centrífugas e centrípetas opostas umas às outras no interior de processos de formação de Estados. Toda a questão continua sendo saber quais são as forças que levam a melhor, a curto e a longo prazo: as centrífugas ou as centrípetas (é esse o principal centro de interesse de *A Dinâmica do Ocidente*, o segundo volume de *Über den Prozess der Zivilisation*); as civilizadoras ou as descivilizadoras (que constituem a questão central de *A Civilização dos Costumes*, o primeiro volume).

Mas o que significa dizer que forças civilizadoras ou forças descivilizadoras se tornaram dominantes? Para responder a essa pergunta, convém primeiramente especificar o que se entende pelo "problema de direção". Elias fala de processo de civilização[1] situando-se em dois planos. O primeiro remete ao plano individual e quase não se

---

1. De fato, em seus trabalhos mais tardios, como *Über die Zeit* (Frankfurt, Suhrkamp, 1984) e como *Humana Conditio* (Frankfurt, Suhrkamp, 1985), Elias

presta a controvérsia. Os recém-nascidos e as crianças devem adquirir por aprendizado os modelos adultos de comportamento e de sensibilidade que prevalecem dentro de sua sociedade; falar disso em termos de processo de civilização equivale a usar de um outro vocábulo diferente de "socialização", mas o fato de esse processo ter uma estrutura e uma seqüência características não pode ser contestado. Pesquisadores, de Freud a Piaget, debateram antes os detalhes dessa seqüência do desenvolvimento da infância, mas raros foram aqueles que se interrogaram sobre o fato de haver nele uma seqüência. O segundo plano é mais controvertido. De onde provieram esses modelos? Eles não existiram sempre, nem foram os mesmos sempre. Elias mostra que é possível identificar processos de civilização de longa duração que atuam na criação de modelos de comportamento e de sensibilidade através de várias gerações no interior de culturas particulares. Mais uma vez, não é a idéia segundo a qual esses modelos podem se transformar que se presta a controvérsia; o que suscita polêmica é que essas transformações podem assumir a forma de processos de mudança estruturados, orientados numa direção bem precisa ao longo do tempo, embora não prevista. A questão da direção é crucial, porque a noção de processo de descivilização, como inversamente a de civilização, só se mantém se se puder ter certeza de que o processo evoluía antes num sentido estruturado, numa direção reconhecível[2]. A fim de evitar toda e qualquer incompreensão, convém chamar atenção para um problema terminológico. Em inglês, e mais ainda em francês, a palavra "direção" tem dois significados. Pode evocar o sentido da gestão e da condução consciente e intencional dos negócios como se se tratasse da "direção de uma empresa". Não é esse o sentido que utilizaremos aqui para abordar esses problemas de direção, uma vez que estamos às voltas

falava de processos de civilização num terceiro plano, o da humanidade como um todo. A distinção é explicada com mais clareza por J. Goudsblom, "Die Erforschung von Zivilisationsprozessen", *in* P. R. Gleichmann *et al.* (ed.), *Macht und Zivilisation*, Frankfurt, Suhrkamp, 1984, pp. 129-147; ver S. Mennell, *Norbert Elias: Civilization and the Human Self-Image*, Oxford, Blackwell, 1989, pp. 200-224 (nova edição: *Norbert Elias: An Introduction*, em 1992).

2. Meu interesse pelos processos de descivilização nasceu, na verdade, das críticas suscitadas pela teoria de Elias dos processos de civilização de longa duração. Os quatro principais eixos da crítica são: *1*. críticas do ponto de vista do relativismo cultural; *2*. críticas extraídas do argumento de que existem "civilizações apátridas"; *3*. o debate sobre a "sociedade permissiva"; *4*. a controvérsia em torno da "barbarização". Os dois primeiros eixos de críticas emanam principalmente de antropólogos. Para uma discussão detalhada dessa questão, ver S. Mennell, *Norbert Elias: Civilization and the Human Self-Image, op. cit.,* pp. 227-241. Desejo concentrar-me aqui na terceira e na quarta críticas, que levantam as questões mais interessantes com relação ao problema de direção. Têm em comum o fato de ambas se terem abeberado nas inversões aparentes da tendência maior do processo que Elias descreve através da história da Europa, e parecem rediscutir a validade de sua explicação desse processo.

com processos cegos que em nada são o resultado dos planos e das intenções de indivíduos particulares, mas, antes, constituem o subproduto inesperado do entrelaçamento dos planos e das intenções de uma multidão de agentes. Semelhantes entrelaçamentos incontroláveis podem, na verdade, provocar processos que têm uma *direção* no sentido em que se fala em física, a esse respeito, de "vetor" e de "dinâmica"[3].

Nada parece diminuir tanto a plausibilidade da tese do processo de civilização quanto a percepção, muito difundida, segundo a qual, qualquer que tenha sido a evolução na Europa, da Idade Média ao século XIX, o século atual viu operar-se uma inversão de grande número dessas tendências. Três questões controvertidas serão abordadas aqui: o Holocausto na Alemanha nazista; o aumento constante da criminalidade violenta na sociedade contemporânea; enfim, a interpretação da "sociedade permissiva" de meados do século XX. Abordarei em seguida a questão dos processos de descivilização de duração mais longa que afetam sociedades inteiras em várias gerações. É claro que esses quatro temas não pretendem de maneira alguma constituir uma tipologia dos processos de descivilização.

O HOLOCAUSTO

Sir Edmund Leach[4] alega que, no mesmo momento em que Elias formulava sua tese, "Hitler ia refutar seu raciocínio em maior escala". Esse argumento, embora expresso tão resumidamente, não deixa de evocar um verdadeiro problema. No pior dos casos, sugere que, escrevendo nos anos 30 como refugiado judeu da Alemanha hitlerista, Elias teria sido um otimista despreocupado. No entanto, Elias foi tudo, menos um ingênuo. Mesmo que tenha concluído *A Civilização dos Costumes* antes que a "solução final" se tenha revestido de sua forma definitiva, é verdade que já naquela época alguns traços do regime nazista estavam suficientemente claros. De fato, explica ele em seu prefácio, "as questões levantadas pelo livro acham suas origens menos no seio de uma tradição erudita, na acepção mais estrita desse termo, do que no centro das experiências em cuja sombra vivemos todos, experiências da crise e da transformação da civilização ocidental tal como existiu até agora"[5]. Embora, como todo o mundo, não tenha chegado certamente a prever a extensão total dos massacres, ele os

---

3. S. Mennell, "Momentum and History" *in* J. L. Melling & J. Barry (ed.), *Culture and History*, Exeter, University of Exeter Press, 1992, pp. 28-46.
4. Sir E. Leach, "Violence", *London Review of Books*, October 23, 1986.
5. N. Elias, *The Civilizing Proces* (1939), vol. I, *The History of Manners*, Oxford, Blackwell, 1978, p. XVII.

pressente, no entanto, de modo explícito. E existem, aliás, numerosos elementos no pensamento de Elias que ajudam a esclarecer os graves problemas suscitados pelo Holocausto através de outros exemplos da humana desumanidade dos homens.

Seria equivocar-se grosseiramente sobre a teoria do processo de civilização ver nela um modelo de progresso, sem falar de inevitável progresso[6]. Ao contrário, o processo interior de pacificação do território foi extremamente contingente e precário. Elias esteve muito atento às ameaças de violência sempre presentes entre os Estados. Sua teoria da formação do Estado decorre implicitamente da definição colocada por Max Weber segundo a qual o Estado é uma "organização que reivindica com sucesso um direito de fazer a lei num território, por força do controle do monopólio do uso da violência física legítima"[7], mas Elias contorna o problema da legitimação ao ligar diretamente o crescimento do nível de segurança e de calculabilidade na vida cotidiana à formação do *habitus* social dos indivíduos[8]. O essencial de sua argumentação, que consiste em vincular a teoria da formação do Estado à do processo de civilização propriamente dito, poderia caber todo na seguinte frase: "Se, numa região particular, o poder de uma autoridade central cresce, se, num espaço mais extenso ou mais restrito indivíduos se vêem obrigados a viver em paz uns com os outros, a formação das emoções e as estruturas das necessidades também compensam a gestão emocional"[9] (tradução modificada a fim de refletir a terminologia ulterior de Elias).

Os caminhos da violência continuam a desempenhar um papel até e inclusive na sociedade mais pacificada internamente, embora ao longo do tempo – assim como a defecação, o fato de urinar, a nudez e outras maneiras de se portar – estes acabem sendo incrivelmente dissimulados nas cenas da vida cotidiana. Eles podem, no sentido próprio e no figurado, ser descartados, mas nem por isso deixam de estar sempre presentes. O controle social dos perigos estabelecido pouco a pouco foi uma pré-condição favorável ao desenvolvimento de modelos de conduta mais civilizados, mas "a armadura das condutas civilizadas

---

6. Ver a discussão por Elias do "problema da 'inevitabilidade' do desenvolvimento social" no capítulo 6 de *What is Sociology?*, London, Hutchinson, 1978, pp. 158-174; e também a apreciação de P. Abram da solução dada por Elias para esse problema, *Historical Sociology*, Shepton Mallet, Open Brooks, 1982, pp. 145-146.

7. M. Weber, *Economy and Society?* (1922), Berkeley, University of California Press, 1978, vol. I, p. 54.

8. Elias também se distancia da linha de pensamento de Weber quando fala na monopolização dos instrumentos de violência e de tributação, indicando que, especialmente nas etapas iniciais do processo de formação do Estado, é insensato querer pensar em termos de esferas "econômicas" e "políticas" distintas.

9. N. Elias, *The Civilizing Process* (1939), vol. I, *The History of Manners*, op. cit., p. 201.

poderia derreter muito rapidamente se, na seqüência de uma mudança na sociedade, o grau de insegurança que prevalecia anteriormente se interrompesse mais uma vez, e se o perigo voltasse a ser tão incalculável quanto antes. Os medos correspondentes fariam recuar os limites que lhes são atualmente imputados"[10]. Em outras palavras, os comportamentos civilizados empregam tempo para se construir, mas dependem da manutenção de um alto grau de autocontrole, e podem ser destruídos rapidamente. Reside aí o cerne de toda a teoria: à primeira vista, Elias parece querer ter tudo sem ter de fazer escolhas.

Nesse estádio, porém, uma leitura mais atenta do trabalho de Elias logo fornece esclarecimentos que invalidam críticas como as de Leach. Primeiramente, em *A Civilização dos Costumes*, como em inúmeros outros escritos do final de sua vida[11], Elias enfatizou constantemente o quanto o domínio dos afetos, inclusive das pulsões a usar de violência, dependia do grau de autocontrole no *interior* do território de sociedades estatais em vias de emergência. O uso da violência *entre* os Estados (em outras palavras, a *guerra*) não tende a diminuir sensivelmente. A liberação dos afetos na batalha – o puro prazer de lutar (*Angriffslust*) característico dos primeiros senhores da Idade Média – tornou-se talvez um pouco mais dominável; mas essa tendência foi contrabalançada, ao longo dos séculos, pela amplitude crescente que a guerra tomou, tendo as batalhas entre Estados de territórios mais extensos levado mais e mais indivíduos a se combaterem mutuamente em extensões geográficas cada vez mais vastas.

Nos conflitos entre membros de diferentes "unidades de sobrevivência" (quer se trate de tribos ou, mais tarde, de Estados), não há aí, historicamente falando, nada de verdadeiramente insólito com respeito aos assassinatos coletivos de inimigos vencidos, ou, em comparação, aos *pogroms* de grupos de estrangeiros. Isso é evidente[12]. Na Europa, entretanto, emergiu paulatinamente um sistema de Estados que, na escala mundial, era relativamente reduzido em termos de território, mas que funcionava relativamente bem. Mesmo aí, a freqüência e o caráter impiedoso das marés de violência e de crueldade de um grupo social para com um outro só diminuíram muito paulatinamente com o processo de formação estatal. Essa evolução pode in-

10. *Idem*, n. 307.
11. H. Haferkamp, "From the Intra-State to the Inter-State Civilizing Process?", *Theory Culture and Society*, 4(2-3): 546-547, 1987; "Comment on Haferkamp", *Theory Culture and Society*, 4(2-3): 559-560, 1987.
12. J. Goudsblom ("The Formation of Military-Agrarian Regimes", *in* J. Goudsblom, E. L. Jones & S. Mennell (ed.), *Human History and Social Process*, Exeter, University of Exeter, 1989, p. 81, n. 132-133) justapõe, com razão, descrições homólogas extraídas da *Ilíada* e das explicações de Winston Churchill (em *My Early Life*, London, Thorton Butterworth, 1930) a propósito de sua participação nas operações britânicas contra os afegãos nos anos 1890.

tervir, segundo Elias, porque o processo de formação do Estado se misturava com o da divisão de trabalho, do crescimento das cidades e das trocas, dos aparelhos administrativos e do uso do dinheiro, paralelos ao aumento da população, num movimento em espiral. O alongamento dos laços de interdependência tendia então a confundir-se com a existência de relações de força relativamente mais eqüitativas e com uma "democracia funcional", ou, em outras palavras, com o desenvolvimento cada vez maior de meios de controle recíprocos entre um número cada vez maior de grupos sociais. De maneira menos abstrata: "Um maior número de indivíduos se acham mais constantemente obrigados a dar atenção a cada vez mais indivíduos"[13]. Isso acarreta pressões no sentido de uma maior atenção às conseqüências de suas próprias ações para os outros, em relação às quais cada um se acha mais ou menos dependente, e tende, em conseqüência, a produzir uma intensificação da "identificação mútua". Essa idéia não surgiu com Elias – ela é expressa com muita clareza por Alexis de Tocqueville[14] –, mas está em relação direta com questões de violência e de crueldade.

Nesse estádio, a teoria de Elias sobre as relações "estabelecidos-marginais" torna-se muito útil. Esse conceito foi desenvolvido primeiramente no contexto limitado do estudo bastante convencional de uma pequena comunidade do centro da Inglaterra[15], centrada especialmente nas relações entre dois bairros, ambos ocupados em grande parte por famílias operárias idênticas apenas na aparência. Todavia, a idéia de grupos estabelecidos e grupos marginais já estava implícita em *A Civilização dos Costumes*, tanto na discussão dos mecanismos de "colonização e de repulsão" por intermédio dos quais novos modelos comportamentais se desenvolveram e se disseminaram, quanto na relativa aos diferentes níveis de violência entre tensões interestatais e infra-estatais. Antes mesmo, Elias havia abordado alguns desses temas num dos primeiros ensaios que publicou, a respeito da expulsão da

---

13. J. Goudsblom, "Stijlen en beschavingen", *De Gids*, n. 152, 1989, p. 722.
14. Tocqueville cita o comentário bem-humorado de Mme. de Sevigné a respeito das pessoas colocadas na roda devido à sua participação nos motins ocorridos em Rennes contra o imposto em 1675 como uma ilustração da falta de sensibilidade dos membros de uma classe social para com os sofrimentos dos membros de uma outra, e fala da ulterior "flexibilização dos costumes enquanto as condições sociais se tornam mais iguais" (A. DE Tocqueville, *La Démocratie en Amérique*, 2ᵉ partie, liv. 3, chap. 1, *apud* J. Stone & S. Mennell [ed.], *Alexis de Tocqueville on Democracy, Revolution and Society*, Chicago, University of Chicago Press, 1980, pp. 102-106).
15. N. Elias & J. L. Scotson, *The Established and the Outsider*, London, Frank Cass. Uma nova edição foi publicada por Sage em 1995, integrando "Theoretical Essay on Established and Outsiders", escrito em 1974 para a tradução holandesa do livro.

França dos huguenotes[16]; sem dúvida, do início ao fim, o denominador comum foi o interesse de Elias pelo lugar dos judeus na Alemanha. Em trabalhos posteriores de Elias e de outros, essas idéias foram estendidas em sua aplicação ao estudo das relações entre classes dentro das cidades, às relações "raciais" e "étnicas", às relações de força entre homens e mulheres, heterossexuais e homossexuais, assim como a muitos outros casos de figura[17].

Ao inventar o conceito de relações estabelecidos-marginais, Elias procurava categorias que, embora mais simples em si mesmas do que os termos das controvérsias entre marxistas e weberianos com que estamos familiarizados, podiam, no entanto, permitir-lhe analisar melhor as complexidades da identidade e da desigualdade observadas verdadeiramente no fluxo das interdependências sociais. Tomados isoladamente, os membros dos dois diferentes bairros da comunidade estudada por Elias se distinguiam realmente pouco uns dos outros: tinham atividades semelhantes, casas idênticas e a maioria levava, da mesma maneira, vidas respeitáveis. A principal diferença entre eles residia no fato de que as casas de um bairro (a "Aldeia") eram várias décadas mais velhas do que as outras (as da "Cidade") e que algumas "famílias-chave" que moravam nas primeiras estavam estabelecidas nelas há muito tempo e formavam uma rede muito unida. Monopolizavam as posições-chave nas Igrejas locais, nas associações e nos outros focos da vida associativa, nos quais os residentes da Cidade tinham uma participação muito pequena. Isso aconteceu no correr dos anos de uma maneira não intencional. Todavia, o grupo estabelecido desenvolveu uma "ideologia" que representava os marginais como brutos, rústicos, sujos e delinqüentes – quando, de fato, apenas uma minoria muito pequena das famílias da Cidade não eram muito respeitáveis! Nesse processo, o mexerico desempenhou um papel preponderante. O mexerico é extremamente seletivo e deformador. Por meio dele, as pessoas disputam entre si e manifestam sua fervorosa adesão às normas do seu grupo de pertinência, exprimindo estupefação e horror diante do comportamento daqueles que não se ajustam a elas. Somente os artigos dos jornais menos lisonjeiros ao grupo marginal (mexerico de censura) eram retransmitidos – já que a conduta perfeitamente conveniente da grande maioria não constituía uma informação. O mexerico de censura veiculava uma representação extremamente simplificada das realidades sociais, construída a partir da "minoria das ovelhas sarnentas". O grupo estabelecido fofocava também sobre si mesmo, o

---

16. N. Elias, "Die Vertreibung der Hugenotten aus Frankreich", *Der Ausweg*, 1(2): 369-376, 1935.

17. S. Mennell, *Norbert Elias: Civilization and the Human Self-Image*, op. cit., pp. 115-139; "The Formation of We-Images: A Process Theory", *in* C. Calhoun (ed.), *Social Theory and the Politics of Identity*, Oxford, Blackwell, 1994.

que constituía em si uma poderosa fonte de controle social que refreava as transgressões potenciais de suas próprias normas de respeitabilidade. Nesse compadrio sobre ele, porém, a seletividade tendia a operar na direção oposta: tendia a tornar-se um "boato lisonjeiro", construído a partir de uma visão elitista "de indivíduos excepcionais". Uma conclusão global desse estudo de caso revela que:

> Falando de modo geral [...] quanto mais os membros do grupo se sentem seguros de sua própria superioridade em sua honra, mais fraca é a distorção, a distância entre a imagem e a realidade, e quanto mais se sentem ameaçados e pouco seguros de si, mais verossímil é que a pressão interna e, na medida em que constitui um de seus componentes, a competição interna empurrarão as convicções comuns para os extremos da ilusão e da rigidez doutrinárias[18].

É claro, as pressões inerentes ao processo de democratização funcional que favorecem a elevação do grau de "identificação mútua" nunca são suficientes para erradicar inteiramente os conflitos estabelecidos-marginais. Com efeito, esses mesmos processos de diferenciação provocam problemas de coordenação. A organização em maior escala do Estado e da economia obriga a juntar grupos de indivíduos por interdependências mais estreitas do que antes; e essas novas estruturas provocam novas concentrações de recursos de poder, novas desigualdades, novas perspectivas para os enfrentamentos estabelecidos-marginais. Não obstante, se essas lutas ocorrem no *interior* de um Estado relativamente eficiente, pode-se geralmente esperar com grande probabilidade que a maioria delas prossigam por meios não violentos. Podemos voltar ao problema do Holocausto e começar por ver o quanto as idéias de Elias, longe de encontrarem nele seu limite, ajudam, ao contrário, a cumprir essa tarefa aterrorizadora que é compreender como e por que esse pesadelo foi possível.

Os judeus sempre haviam constituído um grupo marginal dentro da sociedade alemã[19], mas, como o próprio Elias sublinhava em suas observações autobiográficas, no tempo do império geralmente se sentiam em total segurança[20]. Embora tenham tido consciência da posição inferior que o *establishment* alemão lhes impunha, essa situação entre moradores da "Cidade" nada tinha de insuportável. Os *pogroms* aconteceram de maneira repetida no Leste. O anti-semitismo poderia ter-se

---

18. N. Elias & J. L. Scotson, *The Established and the Outsider*, op. cit., p. 95.
19. Para um recente estudo que, de um lado, se serve dos escritos de Elias para compreender a posição social dos judeus europeus em vários séculos antes do Holocausto e, de outro, utiliza os próprios antecedentes judeus de Elias para esclarecer seus escritos, ver S. B. Russell, *Manners of Oppression: Norbert Elias and the Historical Sociology of Europe Jewry*, tese inédita, Monash University, Clayton (Melbourne), 1994.
20. N. Elias, *Reflections on a Lifetime*, Oxford, Polity Press, 1998.

expandido na Alemanha, mas parecia, em ampla medida, que um alto grau de coerções civilizadoras era automático. Então, o que foi que mudou?

No pensamento de Elias, os processos civilizadores acarretam uma mudança no equilíbrio entre coerções externas (*Fremdzwänge*, coerções pelos outros) e autocoerções (*Selbstzwänge*), pendendo o equilíbrio para as últimas no controle dos comportamentos das pessoas comuns. Os processos descivilizadores podem ser definidos como um movimento do equilíbrio para trás em favor das coerções externas. Em nenhum caso, porém, o funcionamento do autocontrole permanecerá imutado se transformações intervierem na estruturação das coerções externas – o comportamento dos outros indivíduos. A avaliação das coerções externas desempenha um papel na orientação do comportamento, e, se as avaliações produzem súbita ou progressivamente resultados diferentes, a maneira de agir mudará. Mudará mais ainda se as conseqüências se tornarem – como Elias indicou na reflexão citada acima – mais imprevisíveis: o tipo dos medos dos indivíduos responde às transformações dos riscos que enfrentam. E um dos sinais distintivos das tendências descivilizadoras é uma elevação do nível de perigo e a diminuição de sua calculabilidade.

Nos períodos de crise social – derrotas militares, revoluções políticas, inflação ascendente, desemprego crescente, que ocorrem separadamente ou, como foi o caso na Alemanha depois da Primeira Guerra Mundial, rapidamente uns em seguida aos outros –, os riscos aumentam porque diminuiu o controle dos acontecimentos sociais. O aumento dos riscos torna esse controle cada vez mais difícil. É o que faz com que os indivíduos sejam cada vez mais sensíveis às idéias fantásticas passíveis de acalmar a situação. Constitui-se um círculo vicioso ou um "processo de dupla coerção", e podemos identificar claramente na Alemanha depois de 1918 um processo desse tipo, que ajuda a explicar a ascensão dos nazistas e o apelo ao ódio racial – um exemplo da categoria mais difundida de crenças fantasmáticas[21]. O período de Weimar fornece explicitamente um terreno fértil a tais crenças. O próprio Elias escreveu sobre o declínio do monopólio da violência pelo Estado na época da República de Weimar[22], e Jonathan Fletcher[23] demonstrou que foi então, mais do que em seguida no regime nazista, que as forças descivilizadoras foram mais visivelmente dominantes. O cruel paradoxo é que com isso se volta a uma monopolização muito eficiente por

---

21. Esse parágrafo precisa ser compreendido à luz da teoria do conhecimento de Elias e da do "engajamento e distanciamento"; ver N. Elias, *Involvement and Detachment*, Oxford, Blackwell, 1987; S. Mennell, *Norbert Elias: Civilization and the Human Self-Image*, op. cit., pp. 158-199.

22. N. Elias, *Uber die Deutschen*, Frankfurt, Suhrkamp, 1989, pp. 282-294.

23. J. Fletcher, "The Theory of Decivilizing Processes and the Case of Nazi Mass Murder", *Amsterdams Sociologisch Tijdschrift*, 1994.

parte do Estado dos instrumentos da violência (embora menos "nos bastidores" do que antes) no governo de Hitler, com ao mesmo tempo um recrudescimento dos riscos e dos medos alimentados pela Segunda Guerra Mundial, o que possibilita que o Holocausto seja organizado com tanta eficiência.

Causa surpresa constatar que o regime nazista fez todo o possível para diminuir a identificação de numerosos alemães com seus compatriotas judeus (o que estava claro, por exemplo, na reação popular à "noite de cristal" em 1938). Não se tratou apenas de uma questão de propaganda, atiçando a sensação de perigo. Os judeus foram levados primeiramente para guetos, a fim de romper seus vínculos pessoais com seus vizinhos não judeus. Nessa época, sob o pretexto oficial do "repovoamento do Leste", foram levados para campos de transição, campos de trabalho e, finalmente, para campos de extermínio, isto é, de certo modo, "para os bastidores" da Alemanha metropolitana. O regime continuou a inquietar-se com a opinião pública alemã, inclusive sobre esse assunto[24]. Não deixava de ter importância a "identificação mútua", mas ela foi contornada com sucesso. Seu contorno tal como os próprios assassinatos em massa, bem como as inúmeras exações que levaram a eles, marcaram o triunfo da organização racional. A moderna organização social multiplicou infinitamente a capacidade técnica de matar.

Foi a pura racionalidade do Holocausto que levou alguns a considerá-lo uma refutação da teoria do processo de civilização. Para Zygmund Bauman:

> A lição maior do Holocausto é a necessidade [...] de estender o modelo teórico do processo de civilização incluindo a outra tendência a retroceder, subavaliar e deslegitimar as motivações éticas da ação social. Devemos fazer o inventário dos testemunhos segundo os quais o processo de civilização constitui, entre outras coisas, um processo que despoja o recurso e o emprego da violência de todo e qualquer cálculo moral e que emancipa os *desiderata* de racionalidade de toda e qualquer interferência com normas éticas e inibições morais. Assim como o desenvolvimento da racionalidade com a exclusão de qualquer outro critério alternativo de ação e, em particular, a tendência a subordinar o uso da violência ao cálculo racional, foram reconhecidos há muito tempo como um traço constitutivo da civilização moderna, um fenômeno do tipo do Holocausto deve ser considerado um resultado legítimo do movimento civilizador, e continuamente possível[25].

Mas a teoria não tem necessidade de ser tão estendida, como acredita Bauman. A racionalização é um componente importante da teoria que Elias formulara inicialmente. Sem interrupção, afirma Elias, o

---

24. J. Noakes & G. Pridham (ed.), *Nazism 1919-1945*, vol. III, *Foreign Policy, War and Racial Extermination,* Exeter, University of Exeter, 1988, pp. 997-1208.

25. Z. Bauman, *Modernity and the Holocaust*, Oxford, Polity Press, 1989, p. 28.

alongamento e o entrelaçamento de cadeias de interdependência[26] exercem uma pressão crescente sobre os indivíduos tomados em seu seio, que dão provas de um maior grau de autocontrole e de previdência, tudo isso formando a racionalização.

A "racionalidade", adverte por outro lado Elias, não tem começo absoluto na história humana. Assim como não existe um ponto a partir do qual os seres humanos começaram de repente a ter uma "consciência", não existe nenhum ponto antes do qual eles foram inteiramente "irracionais". É ainda mais errôneo pensar a racionalidade como uma propriedade da razão individual, isolando uma da outra. "Na verdade, não existe uma 'razão', existe antes 'racionalização' "[27]. O que muda, na verdade, é a maneira pela qual as pessoas estão ligadas umas às outras em sociedade, e, em conseqüência, a modelagem da estrutura da personalidade. O argumento de Elias é que as formas de comportamento que tomamos por "racionalidade" são produzidas no interior de uma configuração social na qual ocorre a transformação extensa de coerções externas em coerções interiorizadas:

Os conceitos complementares de "racionalidade" e de "irracionalidade" têm relação, então, com a parte relativa que os afetos a curto prazo e os projetos a mais longo prazo assumem no comportamento real do indivíduo. Quanto maior é a parte desses no instável equilíbrio introduzido entre as reações afetivas imediatas e o tratamento dos dados a longo prazo, mais "racional" é o comportamento[28].

O próprio comprimento das cadeias de interdependência e a "divisão das funções sociais" que ocupam um tal lugar no processo de civilização foram igualmente indispensáveis na execução da "solução final". E, ironicamente, como indica Elias, essa dominação "civilizada" desempenha, por seu turno, um papel ao tornar possíveis essas longas cadeias de atividades organizadas e coordenadas, particularmente através da organização burocrática racional. O desapego emocional de um Eichmann, marcando a partir de uma mesa dos horários, os trens destinados a Auschwitz, é um desses aspectos. Aqui, nenhum desacordo entre Elias e Bauman, mesmo que seja forçoso constatar – não é a primeira vez – o quanto o emprego do termo "civilização", que se reveste de um significado técnico na sociologia de Elias, pode constituir um convite certo a mal-entendidos desse tipo.

Deveríamos observar que Bauman se serve da expressão "processo de civilização" numa acepção que tem apenas uma vaga relação com aquela que Elias lhe confere. Ele se engana, sem dúvida alguma, se

---

26. N. Elias, *The Civilizing Process*, (1939), vol. II, *State Formation and Civilisation* (nos Estados Unidos: *Power and Civility*), Oxford, Blackwell, 1982, pp. 247-250.
27. *Idem*, p. 277.
28. N. Elias, *The Court Society*, Oxford, Blackwell, 1983, p. 92.

pensa que Elias apenas repete "a autodefinição familiar da sociedade civilizada" ou que ele "celebra com tal sabor" o "amadurecimento das maneiras"[29]. A influência mais importante sobre os primeiros trabalhos de Elias, no final das contas, foi a de Freud, cujo *Mal-estar na Civilização* (como para inúmeros outros debates da época) não considera de modo algum a "civilização" como perfeitamente salutar ou como um "progresso". E se Elias quase não examina o "processo de despojamento da utilização e do desdobramento da violência de todo e qualquer cálculo moral", isso se deve ao fato de que sistemas éticos e morais nunca ocuparam, enquanto tais, uma parte muito grande em sua teoria; ele foi criticado muitas vezes por haver minimizado o papel da Igreja e do ensino da moral. O Holocausto refuta a teoria do processo de civilização na Europa mais ou menos da mesma maneira que a peste negra leva a duvidar do aumento da população do continente a longo prazo! Isso não é nem uma brincadeira de mau gosto, nem um esforço para prevenir toda e qualquer tentativa de falsificação. Sempre resta muito a explicar. Mas o fato é que, apesar dos sofrimentos horríveis provocados pelo Holocausto, as tendências civilizadoras voltaram a ganhar predominância após pouquíssimos anos; quanto a saber se elas poderiam ter chegado a isso sem uma intervenção militar externa, a questão permanece.

A SOCIEDADE CONTEMPORÂNEA ESTÁ SE TORNANDO MAIS VIOLENTA?

Extremamente envolvidas nos problemas práticos de sua vida diária, as pessoas acham hoje muito difícil não acreditar que vivem num mundo "mais violento" do que há uma ou duas gerações. E a imagem da sociedade agrícola pacífica no passado distante ("a Inglaterra do bom e velho tempo") continua igualmente muito presente.

A idéia de que a "lei e a ordem" se deterioram nas cidades do mundo ocidental e que o nível de perigo na vida cotidiana aumenta nelas não pode ser dada como certa. No caso da Grã-Bretanha, por exemplo, Pearson[30] mostrou como, durante centenas de anos, sucessivas gerações expressaram os mesmos medos a respeito da elevação da violência, do declínio da moral e da destruição dos "costumes britânicos". Ao mesmo tempo, essa visão não pode ser descartada de imediato. Sem sombra de dúvida, a violência parece, a curto prazo, sujeita a variações, em resposta a tensões crescentes e decrescentes. Até aqui quase não existem provas históricas sólidas que permitam estabelecer

---

29. Z. Bauman, *Modernity and the Holocaust, op. cit.,* p. 107.
30. G. Pearson, *Hooligans: A History of Respectable Fears,* London, MacMillan, 1983.

uma curva ascendente da violência para períodos que excedam uma ou duas gerações. Conforme todos testemunham, as tendências são difíceis de estudar mesmo no imediato, levando-se em conta que um aumento dos incidentes violentos registrados oficialmente ou relatados publicamente pode acabar por refletir em parte um aumento da eficiência da polícia ou uma diminuição da tolerância com violências menores. Em compensação, as provas de que dispomos a longo prazo para avaliar as tendências da criminalidade em várias gerações, sobretudo com os estudos quantitativos de Gurr[31] e de Stone[32], parecem pender em favor do argumento de Elias.

Numa escala de tempo mais curta, e mais uma vez no caso particular da Grã-Bretanha, Dunning e seus colegas de Leicester investigaram os distúrbios e as violências entre 1900 e 1975. Classificam os incidentes violentos relatados em quatro categorias: ações relacionadas com a política, com os conflitos industriais, com os esportes e lazer, e com a "comunidade" em geral – juntando-se a essa última categoria as brigas de rua que não se enquadram em nenhum dos grupos anteriores[33]. Com exceção da categoria ligada ao esporte, a tendência em todo o período era a baixa. Por outro lado, os gráficos revelam uma mudança para alta nos anos 60 e 70. Não é fácil afirmar que se trata aí apenas de uma variação imediata ou de uma inversão de tendência mais afirmada a longo prazo, mas a segunda eventualidade levou Dunning, Murphy e Williams[34] a se perguntarem se a Grã-Bretanha não estava passando por uma verdadeira onda "descivilizadora" de violência. A explicação provisória que deram a respeito apresenta uma interessante reserva à teoria dos processos de civilização. Sugerem que a democratização funcional, como um dos componentes essenciais do processo de civilização, provoca conseqüências que são, no final das contas, "civilizadoras" no início, mas que induzem efeitos descivilizadores e estimulam conflitos perturbadores quando é atingido um certo estádio. A democratização funcional talvez tenha progredido bastante para permitir a expressão enérgica das reivindicações dos grupos marginais, mas não o bastante, pelo menos na Grã-Bretanha, para quebrar a rigidez que impede que suas exigências sejam plenamente satisfeitas. De qualquer modo, Dunning e seus colegas admitem que "não se pode compreender inteiramente o período e as inflexões do movimento, [...] em suma,

---

31. T. R. Gurr, "Historical Trends in Violent Crime: A Critical Review of the Evidence", *Crime and Justice: An Annual Review of Research,* 3: 295-353.

32. L. Stone, "Interpersonal Violence in English Society, 1300-1980", *Past and Present,* 101: 22-23, 1983.

33. E. G. Dunning, P. Murphy, T. Newburn & I. Waddington, "Violent Disorders in Twentieth-Century Britain", *in* G. Geskell & R. Benewick (ed.), *The Crowd in Contemporary Britain,* London, Sage, 1987, pp. 19-75.

34. E. G. Dunning, P. Murphy & J. Williams, *The Roots of Football Hooliganism,* London, Routledge, 1988, pp. 242-245.

as condições sob as quais uma sociedade evolui, no final das contas, num sentido "civilizador" e as condições sob as quais um processo de civilização acaba por se transformar, por assim dizer, em 'movimento contrário' "[35]. É esse um dos maiores problemas que conviria aprofundar juntamente com outras pesquisas.

A "SOCIEDADE PERMISSIVA"

Durante séculos, autores que refletiram sobre as razões da derrocada dos Estados e impérios concentraram-se nos sintomas de "decadência moral" que sentiam. Em casos como o da Roma antiga, historiadores modernos acabaram por se perguntar se seus antecessores não haviam confundido causa e efeito. Mas a questão tem uma ressonância contemporânea, em virtude das discussões populares (e sociológicas) sobre tendências variadas classificadas sob o rótulo da "sociedade permissiva": flexibilização dos controles, "relaxamento da moral" sentido por muitos, grande enfraquecimento das formas aparentes de comportamento social em inúmeros países nos anos 60 e 70. Descrevi em outra obra[36] como sociólogos da Holanda haviam se perguntado se isso não significava a inversão do processo de civilização. Já que a complexidade crescente da rede de interdependências sociais na qual as pessoas são apanhadas não se inverteu visivelmente, será que a emergência de uma "sociedade permissiva" infirma o esquema de conjunto de Elias de uma conexão entre desenvolvimento estrutural e civilização dos costumes? Isso poderia, por exemplo, sugerir que o vínculo entre complexidade estrutural e "controles civilizadores" é curvilinear, gerando para além de um certo ponto bolsões de anonimato urbano no interior dos quais diminui a coerção externa dos impulsos (sexuais ou violentos) e também a eficácia das pressões em direção à autocoerção?

Elias estava perfeitamente consciente disso quando escrevia nos anos 30. Examinou a aparente "flexibilização dos costumes" que se instaurara desde a Primeira Guerra Mundial[37]. Não é a primeira vez, indica ele, que ocorrem tais reviravoltas do processo de civilização. Dentro da perspectiva da longuíssima duração, a tendência de conjunto é clara, particularmente no seio da aristocracia, mas um exame mais rigoroso revela que sempre houve movimentos entrecruzados, mudanças e sobressaltos em diversas direções. O enfraquecimento das formas da vida coletiva (*informalização*) nos anos do entre-guerras foi

---

35. *Idem*, p. 243.
36. S. Mennell, *Norbert Elias: Civilization and the Human Self-Image*, op. cit., pp. 241-246.
37. N. Elias, *The Civilizing Process*, (1939), vol. 1, *The History of Manners*, op. cit., pp. 186-187; vol. II, *State Formation and Civilization*, op. cit., p. 324.

provavelmente uma flutuação a mais nesse sentido. Por outro lado, Elias indicava também que alguns dos sintomas da aparente flexibilização das coerções impostas aos indivíduos pela vida social se inseriam, de fato, no âmbito de normas sociais de autocoerção muito elevadas – talvez mesmo mais elevadas do que antigamente. Ele deu o exemplo dos trajes de banho e da maior exposição do corpo (particularmente do corpo feminino) em inúmeros esportes modernos. Esse desenvolvimento, já sublinhado pelo autor em 1939, só podia inserir-se "numa sociedade no seio da qual é automático um alto grau de circunspecção, e em que as mulheres estão, como os homens, absolutamente seguras de que cada indivíduo é freado pelo autocontrole e por um estrito código de etiqueta"[38]. Depois de um debate entre Brinkgreve, Wouters e outros autores[39], foram feitas numerosas pesquisas sobre a orientação contemporânea das maneiras e dos costumes. Wouters catalogou as manifestações dos processos de *informalização* a partir do uso familiar crescente da segunda pessoa (tuteamento, *duzen*, e assim por diante nas línguas européias que não o inglês), do emprego crescente dos prenomes (por exemplo, entre subordinados e superiores nos escrutórios, e das crianças com os pais), do enfraquecimento da insistência nos títulos, da regulamentação menos formal da língua escrita e falada, da vestimenta e do penteado, das formas de música e de dança, além de mudanças ocorridas nos setores-chave do casamento, do divórcio e das relações sexuais. Essas últimas constituíram, para Brinkgreve e Korzec, um objeto pertinente para o estudo dos conselhos aparecidos nas colunas de revistas femininas entre 1938 e 1978. Fora de uma discussão mais aberta sobre os problemas de sexualidade, constataram que a concordância espontânea entre as expectativas dos

---

38. *The Civilizing Process, op. cit.*, p. 187.
39. C. Brinkgreve, "On Modern Relationship: The Commandments of the New Freedom" (1980), *Netherlands Journal of Sociology*, 18(1): 47-56, 1982; C. Brinkgreve & M. Korzec, "Kan het civilisatieprocess van richting veranderen?" ("O Processo de Civilização Pode Mudar de Direção?"), *Amsterdams Sociologisch Tijdschrift*, 3(3): 361-364, 1976; "Feelings, Behaviour, Morals in Netherlands, 1938-1978: Analisys and Interpretation of an Advice Column", *Netherland Journal of Sociology*, 15(2): 123-140, 1979; C. Wooters, "Is het civilisatieprocess van richting veranderen", *Amsterdams Sociologisch Tijdschrift*, 3(3): 336-337, 1976; "Informalisation and the Civilizing Process", *in* P. R. Gleichmann *et al.* (ed.), *Human Figurations: Essays for Norbert Elias*, Amsterdam, Stichting Amsterdam Sociologisch Tijdschrift, 1977, pp. 437-453; "Formalisation and Informalisation: Changing Tension Balances in Civilizing Processes", *Theory, Culture and Society*, 1986, 4(2-3): 1-18; "Developments in Behavioural Codes Between the Sexes: Formalisation of Informalisation in the Netherlands, 1930-1985", *Theory, Culture and Society*, 4(2-3): 405-427, 1987; P. Kapteys, *Taboe, Macht en Moraal in Nederland*, Amsterdam, De Arbeiderspers, 1980; "Even a Good Education Gives Rise to Problem: The Changes in Authority Between Parents and Children", *Concillium*, 5: 19-33, 1985.

pais e as dos filhos, ou ainda entre as dos maridos e as de suas mulheres, diminuiu de maneira drástica entre os anos 50 e 70, em virtude de uma redistribuição mais equilibrada das relações de força entre os sexos. Quando as mulheres não trabalhavam, a falta de segurança financeira as tornava inteiramente dependentes de seus maridos, limitando suas soluções alternativas. Com a diminuição dessa dependência, o ideal do casamento não mais se expressa em termos de unidade e de harmonia completa; os laços de parentesco são considerados mais em termos de interesses rivais, nos quais as negociações desempenham um papel mais decisivo do que quando os papéis eram fixos. Relativamente ao bem e ao mal, as regras globais não são fixadas de uma vez por todas. As expectativas "são na verdade muito grandes, e o nível das expectativas mútuas de autocoerção" elevou-se. Brinkgreve e Korzec resumiram essas mudanças dizendo que constituíam a passagem do "moralismo" para o "psicologismo". Trata-se, portanto, menos de uma questão de opinião ou de censura, do que de uma apreensão da situação sob todos os ângulos.

Entretanto, a questão da interpretação dessas mudanças em relação com a teoria do processo de civilização continua de pé. Pode-se dizer, de maneira sucinta, que para Brinkgreve a "permissividade" constituía antes de tudo uma certa inversão do processo de civilização, e que Wouters, seguindo nisso Elias, interpretava essas transformações como um "relaxamento fortemente controlado do controle das emoções", e, portanto, sob certos aspectos, como uma continuação da tendência principal. Brinkgreve acusou-o de tentar fazer com que a teoria de Elias não passasse pela prova da falsificação. No entanto, depois de inúmeras pesquisas empíricas, estabeleceu-se um certo consenso, pendendo mais para Wouters. As demandas de "nova liberdade" manifestam claramente a elevação do nível das expectativas mútuas de autocoerção.

Aqui devem ser feitas algumas distinções prudentes. Elias ressalta freqüentemente que o processo de civilização não é apenas uma questão de "mais" autocontrole. Ele fala em termos de mudança de equilíbrio entre coerções externas e internas, e de mudança dos modos de controle. Em particular, fala de controles que se tornam "ainda mais", "mais automáticos" e "mais completos", assim como de um movimento no sentido "de uma atenuação dos contrastes e de um aumento das variedades". Por "ainda mais" e "mais automático", Elias entende mudanças "psicológicas": as oscilações das disposições individuais tornam-se menos excessivas, e os controles das expressões emocionais, mais confiáveis ou previsíveis. "Mais completo" ("mais abrangente" teria sido uma melhor tradução) faz referência a uma diminuição das diferenças entre as "esferas" variadas da vida, quer se trate do contraste entre o que é permitido em público e em particular, entre a maneira de comportar-se com determinadas pessoas e com outras, ou entre o comportamento "normal" e o que é tolerado em acontecimentos excepcionais como carnavais, que são considerados momentos de exceção às regras. Finalmente, a "redução dos antagonismos, o aumento das variedades" fazem referência aos antagonismos sociais – também à diminuição das desigualdades entre grupos sociais – mas a uma maior escolha nos modelos de comportamento autorizados.

Tendo em mente essas distinções, pode-se ver que, em geral, os processos de *informalização* se inserem muito precisamente no prolongamento dos últimos elementos – diminuição dos antagonismos, aumento das variedades e fome de plenitude. O que é mais ambíguo é que representam também um movimento no sentido de uma maior igualdade e de uma automaticidade mais elevada. Por implicarem um modo mais tirânico de formação da consciência e das deliberações mais intencionais, é fácil fazer ver o quanto, na verdade, os novos modelos mais liberais pressupõem uma capacidade de controlar seus próprios impulsos que é extremamente sólida e um nível cada vez mais elevado de identificação mútua.

Essas linhas de deslocamento não parecem, em geral, implicar uma volta ao equilíbrio dos *Selbstzwänge* para os *Fremfzwänge*, e, por conseguinte, não se aparentam a um "real processo de descivilização". Para concluir sobre a "sociedade permissiva", uma última palavra: se é difícil ressaltar essas sutis distinções a partir das inúmeras manifestações históricas das últimas décadas, não é muito mais difícil ainda querer extraí-las de testemunhos de um passado mais distante?

OS PROCESSOS DE DESCIVILIZAÇÃO ATRAVÉS DAS GERAÇÕES

As três primeiras zonas de desacordo a respeito de eventuais processos de descivilização se referem, todas elas, a tendências a prazo relativamente curto. Há boas razões para pensar que surtos descivilizadores podem operar mais rapidamente e de maneira mais dramática do que processos de civilização. Como vimos, a elevação dos níveis de perigo e de imprevisibilidade da vida social torna, muito depressa, as pessoas mais sensíveis aos perigos e aos fantasmas. Além disso, cabe lembrar que, embora os modelos mudem de geração para geração durante um processo de aprendizagem social que se estende por várias vidas, os modelos correntes de controle devem a todo momento do processo ser adquiridos – ou não sê-lo – por cada indivíduo de cada geração por meio de um processo de aprendizagem individual, por definição não mais longo do que uma vida individual. Mudanças repentinas nas situações sociais correm o risco seriamente de interromper a continuidade da socialização.

Todavia, como *O Processo de Civilização* consistia num estudo de tendências que abarcavam um período de vários séculos, é interessante indagar se também podem ter existido processos de descivilização que se desdobraram por várias gerações. Quando as pressões civilizadoras são dominantes, a orientação vai no sentido da formação de estruturas sociais que favorecem a formação de modelos sociais que exigem um nível corrente mais sustentado de autocoerção da parte das pessoas de cada geração sucessiva. Existem exemplos bem documentados de pressões descivilizadoras que chegam a este resultado: ao invés de ter uma mudança repentina em resposta a acontecimentos inesperados, de uma geração à seguinte os modelos correntes de autocontrole ficam menos opressivos? (Já vimos que o exemplo da "sociedade permissiva" não satisfaz diretamente essas condições.) Para observar um caso semelhante, seria realmente necessário estudar mudanças que abranjam pelo menos três gerações. Loïc Wacquant mostrou que os guetos negros da América do século XX forneciam uma boa ilustração de um tal processo intergeracional[40].

Numa escala maior, pode ser que o teatro mais pertinente para observar sintomas de processos de descivilização de duração muito longa seja os contextos de derrocada mais ou menos completa de sociedades complexas. O exemplo mais conhecido e mais discutido entre os historiadores e pesquisadores em ciências sociais ocidentais é o fim do Império Romano. O arqueólogo Joseph Tainter dá uma lista espantosamente longa[41], que inclui o império do Ocidente de Chu na China, os Impérios mesopotâmicos, o Antigo Império do Egito, o Império Hitita, a civilização minóica e vários impérios do Novo Mundo pré-colombiano.

As questões mais importantes que devem ser levantadas a respeito desses processos de descivilização de duração muito longa são de duas ordens principais, e são aquelas que estão no primeiro plano, respectivamente, no segundo e no primeiro volume que Elias consagrou inicialmente à discussão dos processos de civilização. O primeiro conjunto de questões é "estrutural": em que condições as cadeias de interdependência em sociedade começam a se romper e, por conseguinte, por quais níveis de complexidade, de diferenciação e de integração eles começam a declinar? O segundo grupo diz respeito às incidências de tais processos de esgarçamento estrutural sobre a experiência das pessoas: quais são as conseqüências culturais e psicológicas disso e qual é seu impacto sobre o comportamento cotidiano das pessoas?[42]

---

40. L. Wacquant, "Décivilisation et diabolisation: La mutation du ghetto noir américain", *in* T. Bishop & C. Faure (sous la dir. de), *L'Amérique des Français*, Paris, François Bourin, 1992.
41. J. A. Tainter, *The Collapse of Complex Societies,*Cambridge, Cambridge University Press, 1988.
42. Não deve ser esquecido um terceiro tipo de questões: a eventual perda de certas qualidades psicológicas inculcadas e de recursos comportamentais – por exemplo, toda transformação do equilíbrio que diminui as autocoerções, todo declínio

Tainter fornece, numa dezena de lugares, um esforço de classificação crítica das explicações da derrocada social propostas anteriormente. Sua explicação é do tipo econômico, mas continua a ter grande interesse para os sociólogos. A derrocada intervém quando "o investimento na complexidade sociopolítica atinge muitas vezes um ponto de declínio marginal das receitas"[43]. Por receitas, ele entende "benefícios para as pessoas" – trata-se principalmente de grupos elitistas poderosos –, e por investimento todo gasto ligado às atividades de legitimação ou ainda aos meios de coerção, o que compreende a infra-estrutura econômica no sentido estrito. A maior fraqueza da teoria de Tainter, porém, é a dificuldade de especificar o ponto a partir do qual sobrevém a diminuição das receitas – isso independentemente da própria derrocada. A teoria parece, nesse sentido, uma generalização *ex post facto*.

De fato, não dispomos de uma teoria geral da derrocada estrutural, e talvez não seja racional procurar uma. As circunstâncias precitadas talvez sejam demasiado variadas para serem efetivamente subsumidas num nível de abstração mais elevado sob o termo "diminuição marginal das receitas". As possibilidades de generalização frutífera devem estar ligadas mais estreitamente ao segundo grupo de questões evocadas acima, que dizem respeito aos efeitos culturais e psicológicos e às conseqüências das múltiplas "reviravoltas estruturais" sobre o comportamento das pessoas.

Parece que um aumento dos níveis de perigo e de imprevisibilidade e um declínio dos aparelhos do monopólio central para reforçar sua autoridade se colocam em termos de *free rider*. A conseqüência será o início de um desinvestimento nos bens coletivos. Indivíduos e pequenos grupos acharão isso simplesmente menos seguro do que antes de dependerem de outras pessoas situadas a maior distância na extremidade de cadeias sociais cujos elos começam a se abrir. Não mais se poderá contar continuamente com arranjos coletivos que repousavam na capacidade das autoridades de reforçá-los. No espaço de uma ou duas gerações, tecidos de interdependência menores e menos densos, ao provocarem menos pressão no sentido da previsão e da coordenação das atividades, suscitam, por meio do processo de socialização, uma diminuição dessas capacidades. As pessoas têm necessidade de adaptar-se a isso se não estão em condições de fazer intercâmbios como desejam. Reciprocamente, em situação de maior insegurança, a inclinação ao lazer estudioso que se baseia num temperamento muito diferente pode ter um maior valor de sobrevivência. Como Johan Goudsblom notou:

associado da capacidade dos comportamentos desviantes e do exercício da previdência, e toda diminuição da amplitude da identificação mútua – pode contribuir para a decadência estrutural uma vez iniciado o processo.

43. J. A. Tainter, *The Collapse of Complex Societies, op. cit.*, p. 118.

Para sobreviver nos nichos ecológicos e sociais nos quais eles se encontram, os indivíduos devem adquirir certas habilidades. Um repertório de tais habilidades pode ser considerado como um regime; os processos de civilização consistem então na formação e na aquisição desses regimes. Regimes dão origem a uma mistura de aptidões e inaptidões. Fora da variação virtualmente ilimitada das formas de conduta, em toda a parte pessoas aprendem a entender um pouco. As habilidades e os hábitos que as ajudam a sobreviver num nicho, quer se trate de uma corte real ou de uma universidade, podem revelar-se perfeitamente inúteis, até mesmo prejudiciais em outros nichos. Assim, processos de civilização geram tanto a formação de aptidões quanto de inaptidões[44].

Por conseguinte, quando as situações sociais (ou nichos) mudam, mesmo quando os mecanismos de autocoerções civilizadoras não desaparecem rapidamente, num certo período de tempo, tem-se o direito de esperar uma espécie de seleção social de uma nova forma de aptidões. As mudanças de regime podem orientar-se na direção descivilizadora que definimos – como quando, por exemplo, o regime do guerreiro adquire maior valor para a sobrevivência do que o do político democrático.

Estudando os componentes psicológicos e culturais desse processo em contextos históricos homólogos à decadência de Roma, pesquisas contemporâneas sobre os efeitos de níveis crescentes de violência sobre os adultos e as crianças em locais como a Irlanda do Norte e o Líbano[45] deveriam revelar-se muito úteis. Níveis aumentados de perigo poderiam estar associados ao aumento do medo e da ansiedade, com uma diminuição dos controles. Como sempre, não é fácil, na prática, tirar conclusões de estudos a curto prazo para transpô-las às tendências de longa duração. O aumento da angústia manifesta na Irlanda do Norte tem uma origem real e não neurótica. Por outro lado, pode-se pensar que o nível relativamente elevado do conflito intercomunitário na Irlanda do Norte em várias gerações se revela mais no forte conteúdo fantasmático das crenças populares na província[46]. Mas aplicar tais iluminações aos testemunhos históricos parece muito difícil, sobretudo porque os períodos de desintegração social são momentos em que as fontes documentais são provavelmente as menos completas e as menos claras.

---

44. J. Goudsblom, "The Theory of Civilizing Process and its Discontents", artigo apresentado no XIII Congresso Mundial de Sociologia, Bielfeld, julho de 1994.
45. E. Cairns & R. Wilson, "Psychiatric Aspects of Violence in Northern Ireland", *Stress Medicine*, 1: 193-201, 1985; A. A. Hosin, *The Impact of International Conflict on Children's and Adolescent's National Perception,* tese inédita, Univesity of Ulster, 1983.
46. M. D. Macdonald, *Childrens of Wrath: Political Violence in Northern Ireland*, tese inédita, University of California, Berkeley, 1983.

Parte III

Perspectivas Contemporâneas

1. Sociogênese da Profissão Política

Eric Phélippeau

> *Se tentássemos elaborar uma teoria geral da gênese das instituições, deveríamos dizer provavelmente que o conflito é um dos fundamentos da instituição nascente. Podemos ir ainda mais longe; podemos dizer também que batalhas semelhantes pelos status, as lutas pelas posições, conforme o caso, são encontradas toda vez que os indivíduos, inicialmente independentes, se juntam para formar um grupo, ou grupos menores dentro de um grupo maior.*
>
> Norbert Elias

NOTÁVEIS E PARTIDÁRIOS

Na forma como foi desenvolvida por Norbert Elias, a análise das condições da emergência de agrupamentos não se confunde com a descrição da marcha constante e linear dessas unidades rumo a um grau mais elevado de perfeição. Implica, ao contrário, um exame minucioso das dificuldades e dos conflitos vividos pelas pessoas que se acham presas em sua órbita. Mais do que ao estudo da fachada institucional desses conjuntos, ele nos convida à evidenciação das configurações e das relações humanas que ela esconde, primeiro para entender como e por que nascem essas formações sociais e, em seguida, para explicar a dinâmica e as transformações que os afetam de um período a outro. Essa "teoria geral da gênese das instituições", posta à prova, melhorada e depois consolidada, constitui um programa de pesquisa onipresente na obra de Norbert Elias. No inicio dos anos 50, este publica um curto estudo consagrado à gênese de uma profissão singular: a carreira dos oficiais de marinha na Inglaterra nos séculos passados[1]. Esse excurso parte de uma constatação: na Idade Média, não existe frota militar especializada e as batalhas navais são raras. Quando acontecem, aliás, só colocam frente a frente, ocasionalmente, marinheiros profissionais, que fornecem a logística de seus navios, e tropas de nobres cavaleiros, que combatem tanto no oceano quanto em terra firme. Os contatos entre os membros desses dois grupos eram, pois, puramente pontuais. Mas a situação se transforma progressivamente no tempo das grandes descobertas. Antes mesmo que apareça uma carreira própria dos oficiais de marinha na Inglaterra, dois conjuntos de indivíduos são levados pouco a pouco a coabitar, isto é, a ocupar postos ou funções de natureza equivalente a bordo, ao passo que, tanto por suas experiências passadas quanto por suas origens sociais, tudo os distingue: oriundos, na melhor das hipóteses, das classes médias urbanas, os *seamen comanders* – formados no mar, primeiramente grumetes na juventude, tornando-se mais tarde marinheiros experientes – vencem passo a passo as diferentes etapas que os levam a tornar-se profissionais do comando de um navio do rei; não era essa a parte que cabia aos *gentlemen commanders*, originários tanto da nobreza fundiária quanto da aristocracia de corte, a quem era conferido, ao contrário, um grau como esse em virtude apenas de seus antecedentes sociais. Esse recrutamento desigual dos oficiais de marinha, que punha frente a frente membros de dois grupos absolutamente distintos – e que chegava a levar às vezes a uma inversão dos papéis, em que os *gentlemen* tornavam-se ocasionalmente subordinados de alguns de seus inferiores sociais –, suscitou inúmeros conflitos. Somente com a eliminação gradual das diferenças entre esses dois tipos de oficiais é que acabará por impor-se uma carreira naval mais bem hierarquizada e mais uniforme, combinando de diferentes maneiras funções e as habilidades específicas dos oriundos de cada um desses dois grupos. No entanto, tal conflito entre grupos sociais dominantes não é a única característica das relações (tanto de concorrência como de conivência) que uniam antigamente *gentlemen* e "pés-de-chinelo" para a ocupação do posto de oficial de marinha. Sob essa relação, a análise da formação da profissão naval apresenta um inegável interesse porque define um modelo cuja economia de conjunto permite pensar – para além do âmbito estrito das sociedades do Antigo Regime – as relações entre as forças sociais dominantes mas também rivais que se enfrentam pela conquista e pela manutenção de cargos eletivos.

---

1. N. Elias, "Studies in the Genesis of the Naval Profession", *British Journal of Sociology*, 1(4): 201-309, 1950.

A observação dos grupos e dos indivíduos que lutam pela apropriação de mandatos eletivos permite reencontrar no coração da França do século XIX o rastro dessas configurações e observar sua sobrevivência até o início do século XX[2]. Essa cisão identificável num universo que se está constituindo simbolicamente como político durante o século XIX – sob o efeito, sobretudo, das lutas entre candidatos egressos em parte da nobreza e em parte da burguesia – permite, por conseguinte, reexaminar a gênese da profissão de político e proceder ao estudo da formação ou do desenvolvimento da carreira de empresários políticos profissionalizados. O hábito que se instala – final do século XIX, início do século XX – e que tende a confundir a política com o exercício de uma profissão não deixa de suscitar toda uma série de ambigüidades. Isso porque antes que Moisei Ostrogorski ou Max Weber apreendam a política em termos de atividade profissional específica, os publicistas que estavam envolvidos nesse ramo, qualificando certos eleitos como profissionais da política, esforçavam-se com freqüência para sublinhar o caráter profundamente imoral de sua aptidão a manipular a massa eleitoral. A retomada desse tema por intelectuais que refletiam, na virada do século, sobre as condições propícias tanto ao aparecimento quanto ao desenvolvimento de um corpo de agentes e de organizações especializadas na conquista dos cargos eletivos inspirou-se também nessas críticas[3]: somente depois de ter servido para desqualificar as maneiras de fazer dos oriundos da antiga aristocracia nobiliária com vistas a entrar na cena parlamentar é que se impôs finalmente falar de *profissional da política* para designar o surgimento de novas elites políticas, cujas origens sociais mais modestas as obri-

---

2. A luta eleitoral que em 1902 opõe André Siegfried ao conde Boniface de Castellane encarna perfeitamente a permanência dessas rivalidades sociais entre aristocratas e burgueses, como mostra Arnelle Le Goff em "Un mondain en campagne: Boni à Castellane (1897-1910)", 25 p., art. inédit. Além disso, a derrota desse aristocrata, em 1910, se insere num movimento mais amplo, visto que, a partir dessa data, a porcentagem de representantes da nobreza no Palais-Bourbon cai pela primeira vez abaixo do patamar de 10%, conforme as indicações fornecidas por J. Bécaurd, "Noblesse et répresentation parlementaire: Les députés nobles de 1871 a 1968", *Revue française de science politique*, 23(5), 1973.

3. A inteligibilidade dos trabalhos produzidos por M. Weber ou M. Ostrogorski – aos quais poderíamos acrescentar principalmente os de Roberto Michels – não se limita ao exame do quadro e dos meios a que recorrem para explicar as condições que estão no princípio da formação de um corpo de profissionais da política, pois, sob diferentes aspectos, essas empreitadas intelectuais refletem pelo menos as relações que esses mesmos autores mantêm com o ambiente político que estudam. Ver, sobre esse ponto, W. J. Mommsen, "Roberto Michels and Max Weber: Moral Conviction Versus the Politics of Responsability", *The Political and Social Theory of Max Weber: Collected Essays*, Oxford, Basil Blackwell, 1989, pp. 87-105. Sobre os princípios políticos que enformam o trabalho de Ostrogorski, ver o prefácio de P. Avril para a última edição de *La Démocratie et les partis politiques*, Paris, Fayard, 1993.

gavam a empregar métodos eleitorais opostos aos dos grandes notáveis. Essa visão conduz, pois, a confundir o reino dos profissionais da política com o do *fim dos notáveis*. Converte a renovação social das elites parlamentares na condição necessária e satisfatória própria ao aparecimento de um grupo de empresários políticos. Tende, em suma, a endurecer a oposição e as rivalidades entre os membros dos principais grupos oriundos da nobreza e da burguesia para esclarecer a fabricação de uma atividade parlamentar de profissão que ela serve para identificar. Desse ponto de vista, as teses produzidas por Norbert Elias se revestem de um duplo interesse: levando em conta primeiramente a diversidade das origens dos eleitos que têm cadeiras no Palais-Bourbon, a questão do dualismo social a partir da qual ele estrutura toda a sua análise da carreira dos oficiais de marinha acha-se mais do que nunca justificada para pensar a gênese da carreira parlamentar na França do século passado; mas, no mesmo movimento, sua teoria geral das instituições permite também discutir a visão evolucionista que aflora por trás de uma história da profissão política segundo a qual a entrada em cena dos profissionais se resumiria pura e simplesmente ao aparecimento de um novo tipo de pessoal político que se oporia aos grandes notáveis e depois os substituiria. Em suma, para além das lutas que ligam os grupos de indivíduos que aspiram a sentar-se no Parlamento, é também uma gama muito mais seleta de equilíbrios e de tensões microscópicas, de retiradas e reconversões, que o modelo definido por Norbert Elias permite explorar para pensar a osmose ou a interpenetração dos egressos dessas elites em sua busca de postos eletivos.

A designação eletiva[4] dos parlamentares só se tornou uma questão mais regular a partir do início do século XIX, com o emprego de processos de seleção de tipo censitário. Com efeito, o quadro que André-Jean Tudesq traça dos legislativos de 1846 em seu estudo da França dos grandes notáveis estimula a não confundir espontaneamente os parlamentares da monarquia de Julho ou mesmo da Restauração com esses deputados qualificados mais tarde de empresários políticos de profissão[5]. De fato, em 1846, as eleições continuam a ser o apanágio de uma

---

4. Extraio esse conceito do quadro de pesquisa definido por Bernard Lacroix no seminário sobre a politização que ele coordena em Nanterre. Com efeito, o exame da gênese do que chamamos tardiamente e nos termos de hoje "processo eleitoral" leva a notar, primeiramente, o fato de que todas as maneiras de tornar retrospectivamente conhecidas por esse nome quase nada têm a ver com os processos eleitorais que conhecemos: mesmo em suas denominações eram uma coisa totalmente diferente do que se tornaram, e somente através de sua construção histórica – ou, se preferirem, através de sua objetivação – é que se tornam o que são. O emprego do termo "designação eletiva" (cuja primeira virtude é prevenir qualquer risco de anacronismo) como seu sentido prático – a ratificação dos candidatos apresentados – são objeto de um trabalho em curso desse autor.

5. A.-J. Tudesq, *Les Grandes Notables en France 1840-1849: Étude historique d'une psychologie sociale*, Paris, PUF, 1964. Com certeza, a metáfora

minoria de privilegiados – quer se trate de nobres ou de burgueses ricos –, tendo em conta as condições de censo exigidas para comprovar a candidatura e para votar. Essa coerção legal repercute primeiramente sobre o tamanho dos colégios eleitorais, já que 84% dos deputados são eleitos com menos de 400 votos "em condições que permitiam individualizar os sufrágios, calcular os votos e influenciá-los diretamente"[6]. No total, em cerca de 55% dos casos, o deputado é designado ao término do primeiro turno de escrutínio, pela maioria absoluta dos eleitores inscritos (aliás, 76 candidatos não têm adversários): "Essas eleições, observa Tudesq, são eleições de notáveis que se impõem aos eleitores quase sempre por si sós, algumas vezes pelo apoio de notabilidades locais"[7]. Vinte e cinco por cento dos parlamentares restantes são igualmente designados ao termo do primeiro turno de escrutínio, mas dessa vez apenas pela maioria relativa dos inscritos. Somente 82 membros da nova assembléia passam por dois ou três turnos de escrutínio antes de conquistar sua cadeira. Nessas condições, não nos devemos surpreender com a ausência de campanha eleitoral – no sentido contemporâneo que essas práticas poderiam revestir – na maioria dos colégios eleitorais. Na maioria das vezes, o processo de ratificação em vigor se assemelha a uma espécie de operação mundana:

> Um colégio eleitoral era uma assembléia. Chegava-se lá numa hora previamente fixada; ouvia-se em silêncio um discurso solene; votava-se por chamada e contrachamada; permanecia-se "em sessão" até o final do escrutínio. Se houvesse necessidade de segunda votação por falta de maioria, recomeçava-se. Durante todas essas operações, a pessoa se sentia membro de uma corporação, efêmera, mas solidamente constituída e regida pelas regras do bem-viver[8].

As operações que antecedem essa reunião são animadas pelo mesmo espírito de reserva e de boas maneiras: seja para premunir-se do risco de cobrir-se de ridículo em caso de um eventual insucesso, os

---

econômica permitiu lançar um olhar novo e mais distanciado sobre a questão da formação sócio-histórica e da autonomização de um espaço das lutas eletivas, como atestam, principalmente, os trabalhos conduzidos, sobre esse assunto, por B. Lacroix e D. Gaxie. Em compensação, parece anacrônico assimilar os parlamentares da monarquia de Julho a *empresários políticos*, e o caráter censitário do processo da designação eletiva torna também problemáticas as análises que tratam do aparecimento e do desenvolvimento, em tais regimes, de certos tipos de relações sociais entre notáveis em período eleitoral a partir de uma encenação da metáfora do mercado.
6. *Idem*, p. 863. Essa configuração se confunde com os jogos de dois estágios (aqui, do tipo oligárquico) imaginados por N. Elias para pensar de maneira mais geral as redes de interdependências que os indivíduos em sociedade formam juntos. N. Elias, *Qu'est-ce que la sociologie?*, Paris, L'Aube, pp. 95 e s.
7. A.-J. Tudesq, *Les Grandes Notables en France...*, *op. cit.*, p. 864.
8. A. Pilenco, *Les Moeurs électorales en France: Régime censitaire*, Paris, Les éditions du monde moderne, 1928, p. 104.

candidatos renunciam a solicitar os sufrágios de seus pares; seja ainda porque esses procedimentos eram considerados indignos pelos grandes notáveis, para os quais um cavalheiro só deveria aceitar um cargo público se lhe fosse "oferecido espontaneamente pelo entusiasmo daqueles que o conhecem e estimam"[9]. As profissões de fé que atam o candidato para o futuro também não existiam na maioria das vezes: "Como um cavalheiro iria assumir publicamente compromissos cuja execução, eventualmente, ele não poderia garantir? Ainda por cima, não estaria maculando sua honra ao fazer promessas?"[10] Portanto, foram "indiscrições formidáveis quando se começou a falar dos folhetos de propaganda de 'M. de F...' ou do 'Châtelain de la Ch...'. E quando, mais tarde ainda, alguém se aventurou a dar por inteiro o nome da pessoa recomendada pelo amigo anônimo, foi preciso especificar cuidadosamente que era, é claro, contra a vontade do candidato que se ousava falar bem dele"[11]. A correspondência enviada pontualmente aos eleitores de determinados colégios não infringe essa constatação: levando em conta esse contexto que preside a escolha dos futuros mandatários, A. Pilenco tem dificuldade em decidir a questão de saber se se trata aí de um "ato político ou [...] de um dever de pura cortesia"[12] realizado por alguns candidatos.

Por sua vez, as raras lutas ocasionadas por essas consultas estão concentradas principalmente nas grandes aglomerações, onde os colégios são formados por um número maior de eleitores (em 1846, apenas 91 deles compreendiam de 600 a 1 000 eleitores). E se, já nessa época a aproximação de um escrutínio às vezes justifica a organização nacional de comitês centrais – no essencial, eles resultam de grupos de oposição – , esses esforços continuam na maior parte do tempo sem muito futuro. Sua ação no plano nacional é pelo menos tanto mais limitada quanto os órgãos parisienses dessas associações só podem funcionar com o concurso, os recursos e a boa vontade das notabilidades localmente influentes em cada departamento. O processo de designação eletiva no regime censitário se aparenta, por conseguinte, a uma operação de ratificação da autoridade social bem estabelecida de notáveis influentes, e contribui para a aclimatação recíproca e para a interdependência relativamente estreita de indivíduos de nobre extração (aristocracia das condições de vida) com os representantes oriundos dos agrupamentos mais burgueses (aristocracia da inteligência que, principalmente para tornar-se elegível, investe uma parte de seus recursos na

---

9. *Idem*, p. 105.
10. *Idem*, p. 135. De resto também – como observa A.-J. Tudesq, *Les Grands Notables en France...*, *op. cit.*, p. 868 – por "suas intervenções junto aos grandes ministérios para conseguir postos ou favores para seus eleitores", o deputado se sente dispensado de dedicar-se a esse tipo de propaganda.
11. A. Pilenco, *Les Moeurs électorales....*, *op. cit.*, p. 108.
12. *Idem*, p. 119.

aquisição de terras sem p propósito de explorá-las). Essa configuração social, que participa no século XIX da edificação do Estado parlamentar francês, insere-se muito verossimilmente num *continuum* que prolonga, sem reconduzi-la exatamente, uma outra estrutura de relações de força ou de tensões cuja evolução permite, sob o Antigo Regime, a formação da sociedade de corte[13].

Em compensação, por volta de 1840, abre-se um período de crescimento econômico proveitoso para a pequena e média burguesia que vai acarretar da parte dos indivíduos ligados a esses grupos a esperança de uma ampliação do censo que lhes permita participar da vida pública, pelo menos como eleitores, já que nem todos obter um lugar de deputado. Diante dessas expectativas induzidas pela ascensão de novas camadas da sociedade – e mais particularmente ante as aspirações das "capacidades" desejosas de desempenhar um papel político –, a maioria parlamentar vai opor sua recusa às demandas de extensão do censo, acabando com isso por "demonstrar aos mais cegos a realidade dessa barreira social por trás da barreira política teoricamente permeável pela acumulação financeira"[14]. Apesar de uma reforma limitada que aconteceu em 1831[15], o decreto de 5 de março de 1848 é que responderá aos desejos expressos pelas "capacidades". A partir desse instante, o abandono do regime censitário favorecerá gradualmente um recrutamento social mais diversificado tanto dos eleitos quanto das candidaturas apresentadas[16]. Como esses indivíduos não eram dotados inicialmente de trunfos econômicos ou sociais comparáveis aos dos grandes notáveis a quem muitas vezes tinham de enfrentar ao descerem à arena eleitoral, precisavam apoiar-se em recursos de outro tipo e trabalhar para a criação, bem como para a acumulação de um crédito de um tipo

13. Pela comparação das disputas eleitorais que atravessam o mundo dos grandes notáveis da Restauração ou da monarquia de Julho e as tensões que ligam aristocratas e burgueses sob o Antigo Regime – ver, sobre esse ponto, N. Elias, *La Société de cour*, Paris, Flammarion, 1985 (1ª ed. alemã: 1969), p. 181 –, é possível prosseguir o trabalho empreendido por esse iniciador sobre a sociogênese do Estado francês.

14. C. Charle, *Histoire sociale de la France au XIXe siècle*, Paris, Seuil, 1991, pp. 47-50.

15. A.-J.Tudesq, "Institutions locales et histoire sociale: La loi municipale de 1831 et ses premières applications", *Annales de la faculté des lettres et sciences humaines de Nice*, 9-10: 327-363, 1969. Aliás, um grande número de nobres se alinham entre os partidários de uma extensão do direito de sufrágio, esperando justamente fortalecer sua autoridade social contestada pela fração da burguesia liberal que tem assento no Parlamento: "Se quiserem que a primeira classe chegue a suas assembléias, exclama Villèle, façam com que ela seja designada pelos auxiliares que tem na última, desçam também tão baixo quanto quiserem e anulem assim a classe média, que é a única que terão que temer" (*apud* J. Bécaurd, "La noblesse dans les chambres (1815-1848)", *Revue internationale d'histoire politique et constitutionelle*, 11: 190, 1953).

16. C. Charle, *Histoire sociale...*, op. cit., p. 50.

novo que lhes conferisse a autoridade necessária para se envolverem com chances de sucesso na conquista de cargos eletivos. Tais representantes – alguns dos quais só chegam a conseguir um mandato de deputado depois de terem estado durante muitos anos numa assembléia municipal ou num conselho geral – vão, portanto, organizar-se e aprender os truques e as receitas, adquiridos no terreno, que servem para ganhar os votos de seus concidadãos.

Daí o problema prático que a maioria dos eleitos e dos candidatos apanhados nessas configurações têm de enfrentar: em virtude de suas origens sociais ou de sua situação de fortuna abastada, os grandes notáveis não podem condescender, apesar da ampliação do direito de voto, em solicitar os votos de seus "inferiores sociais", com o risco de se verem depreciados aos olhos de seus semelhantes.

Como em matéria econômica e em matéria profissional, no campo político os notáveis são, por excelência, "amadores". Ocupam-se de negócios públicos porque sua situação de fortuna e sua profissão lhes dão tempo e porque, em virtude do caráter cumulativo das escalas de prestígio, sua superioridade social faz deles representantes "de fato" de sua comuna ou de seu cantão, os auxiliares "naturais" dos ministros e dos príncipes. Supõe-se que sua superioridade social é que os torna aptos a dirigir a cidade, e não sua capacidade administrativa ou sua excelência profissional[17].

Ao mesmo tempo, as transformações técnicas e morfológicas que afetam o processo da designação eletiva tornam possível a ingerência, nessas lutas, de adversários menos ricos, que entram verdadeiramente em campanha em nome de programas e de projetos e que se tornam gradualmente – pelo menos nesse plano[18] – políticos de profissão. A história da formação de um corpo de empresários políticos profissionalizados se confunde, assim, com a história das lutas e tensões entre esses grupos de protagonistas ligados irremediavelmente pela busca de um mandato parlamentar no século passado. Pensar a emergência de uma profissão política implica, por conseguinte, indagar-se sobre o grau de incompatibilidade entre esses modos de se apresentar para se fazer eleger, que resultam do enfrentamento dos oriundos de cada um desses grupos, que tudo opõe em sociedade.

---

17. A. Guillemin, "Aristocrates, propriétaires et diplômés: La lutte pour le pouvoir local dans les départements de la Manche 1830-1875", *Actes de la recherche en sciences sociales*, 42: 34, avril 1982.
18. Um estudo mais aprofundado do aparecimento desses profissionais da política implicaria completar esse exame das condições em que se desenvolvem as lutas eletivas pela análise das maneiras de se apresentar e de se comportar próprias desses eleitos na cena parlamentar.

RIVALIDADES SOCIAIS E CARREIRAS ELETIVAS

Essas lutas sociais se inserem no tempo, como comprova – caso de espécie exemplar – a trajetória parlamentar do barão Eugène Éschassériaux, iniciada em 1849 e prolongada por cerca de quarenta e cinco anos. O barão descendia de uma velha família de notáveis e alguns de seus antepassados haviam exercido antes funções de almotacel na capital do condado de Saintonge. Após a Revolução, seus dois avós, cada um por seu turno, representaram seu departamento em diversas assembléias e, finalmente, Camille Éschassériaux – pai de Eugène – herdou, em 1831, a cadeira de deputado que seu falecido tio deixou vaga em Saintes[19]. Como sugere esse exemplo entre outros, portanto, a introdução do sufrágio universal não se traduz de modo nenhum por uma rediscussão automática das posições de prestígio adquiridas e fortalecidas ao longo dos séculos por grandes linhagens, cuja longevidade é atestada pelos Éschassériaux[20]. Além disso, seria arriscado interpretar a estabilidade relativa dos membros dessas elites nas assembléias parlamentares como sendo a prova de seu ajuste natural e espontâneo à ampliação do corpo eleitoral induzido pela reforma de 1848. Tenham eles temido ou não a irrupção do número, não é certo que essa transformação institucional tenha modificado fundamentalmente as maneiras de ver e de comportar-se desses grandes notáveis, que transportaram verdadeiramente consigo, perante eleitores doravante mais numerosos, as disposições mentais e as maneiras de agir que haviam interiorizado no regime censitário no âmbito do lançamento de suas candidaturas passadas. A atitude do conde Sosthène de la Rochefoucauld por ocasião das eleições legislativas de 1898 ilustra muito bem essa sobrevivência de esquemas mentais e de códigos de conduta característicos do *ethos* aristocrático da antiga sociedade. Como esse "personagem de aparato"[21] teria conseguido se fazer eleger deputado num departamento no qual as propriedades extensas que ele possuía garantiam sustento e trabalho para uma parte notável da população da localidade? Fortalecido pela fortuna e pelo prestígio associado à sua pessoa, esse aristocrata famoso se contentava em manter seu nível, em sociedade como na ocasião da abertura de uma campanha eleitoral: assim, ele se limitava, para apresentar sua candidatura, a com-

---

19. Eugène Éschassériaux comandará a eleição de seu filho para deputado da circunscrição de Jonzac em 1876.

20. Aliás, Alain Garrigou convida a não pensar como um movimento inelutável essa atestação de uma nobreza decadente e de uma burguesia ascendente, insistindo ao mesmo tempo na lentidão relativa desse retraimento em *Le Vote et la Vertu: Comment les Français sont devenus élécteurs,* Paris, Presses de la Fondation nationale des sciences politiques, 1992, p. 206.

21. As indicações que se seguem são extraídas de J.-C. Allain, *Caillaux,* Paris, Imprimerie nationale, 1979, pp. 157 e s.

parecer, numa carruagem puxada por quatro cavalos brancos, a alguns banquetes paroquiais, onde era servido aos eleitores bolo e vinho branco.

Com efeito, os arquivos particulares deixados por Eugène Éschassériaux ou por Armand de Mackau – quer se trate da correspondência eleitoral classificada minuciosamente por esses deputados ou ainda dos registros nos quais consignavam escrupulosamente as queixas de seus administrados – atestam um formidável esforço empreendido por alguns desses burgraves para desacelerar ou generalizar o emprego de habilidades e de códigos de conduta que prevaleciam antigamente no regime censitário, a fim de estabelecer e depois manter – apesar da ampliação do direito de voto – estreitas relações com seus eleitores, de sorte que, em respeito a esses laços de interconhecimento e a esses serviços prestados pelo eleito a seus concidadãos, esses lhe restituam seus votos na hora da abertura do escrutínio.

Esses comportamentos não procedem, porém, da instrumentação de estratégias refletidas com vistas a satisfazer os interesses propriamente políticos dos aristocratas envolvidos nessas lutas eletivas. Seria mesmo equivocar-se sobre o significado dessas condutas dissociá-las da existência social de seus autores, em suma, pensar a vida pública dos oriundos dessa elite separando-a das maneiras de comportar-se que regem, antes de tudo, suas vidas privadas, se é que uma divisão como essa entre esfera pública e privada faça sentido para eles. Com efeito, sob a III República, muitos aristocratas sempre se inquietam com sua identidade estatutária, seja porque seu prestígio e suas chances de poder estão ameaçados objetivamente, seja porque – *noblesse oblige* – persistem em decifrar o mundo que os cerca para se moverem nele de conformidade com seus hábitos e esquemas de pensamento herdados de um passado em vias de ser anulado. Mesmo que, na sociedade francesa do final do século XIX, existam "substitutos possíveis, que diminuem sensivelmente a gravidade e a seriedade do controle social pela boa sociedade local", a ameaça da exclusão ou da degradação de *status* está longe de haver perdido toda a sua eficácia para os membros de uma elite como essa, sobretudo, diz-nos Elias, nos "meios rurais menos móveis"[22]. Assim é que, aos olhos dos membros da aristocracia provinciana, a posse de um patrimônio e de recursos financeiros permite manter o sentimento "de pairar acima da 'massa', de fazer parte de uma camada privilegiada, de distinguir-se em todas as situações da vida por uma atitude particular; em suma, de ser um membro da nobreza"[23]. Lutas de prestígio por excelência, as lutas pela designação eletiva constituem, nessas condições, uma ocasião privilegiada de afirmar e perpetuar a distância social entre, de um lado, aristocratas e, de outro,

22. N. Elias, *La Société de cour, op. cit.*, p. 86.
23. *Idem*, p. 87.

membros oriundos de grupos burgueses e de classes populares. Essas lutas pelo poder local – que dependem tanto da aplicação de estratégias matrimoniais quanto da detenção de responsabilidades em sociedades de agricultura e em comícios agrícolas*, que passam às vezes pela presidência de banquetes, de cerimônias e de associações diversas, que estão ligadas também, por exemplo, à posse de mandato em assembléias como um conselho geral etc. – não deixam de lembrar, aliás, a competição pelo prestígio a que se entregavam outrora os cortesãos no *entourage* do rei. A partir da segunda metade do século XIX, a decomposição dos sufrágios desempenha, de certo modo, um papel idêntico ao que era atribuído, na sociedade de corte, à "opinião que os homens tinham uns dos outros e [à] expressão dessa opinião pelo comportamento considerado instrumento de formação e de controle"[24]: finalmente, atesta em público tanto a qualidade social desses indivíduos como o lugar que ocupam na hierarquia própria dos membros dessa aristocracia.

Distribuídos pelo conjunto do território francês, esses espaços de enfrentamento pelo poder local, nos quais representantes da nobreza criaram modelos de conduta que garantiam suas chances de poder e de prestígio social, não continuaram a ser, porém, o apanágio de aristocratas mais ou menos afortunados. Antes mesmo que sejam condenadas as barreiras sociais do tipo censitário que tornavam possível a perenização de uma ordem hierárquica desigual, indivíduos excluídos da nobreza já se haviam apropriado de alguns dos costumes e comportamentos que tinham curso nela, principalmente para partirem para a conquista de títulos eletivos[25]. Passa a ser até normal – inclusive após a queda do regime censitário – para nobres e para burgueses ricos empreender suas campanhas eleitorais como grandes senhores, multiplicando os presentes e os serviços prestados aos eleitores; *a fortiori*, por esperar levar a melhor, todo grande burguês que se candidatava via-se, aliás, muito mais obrigado a submeter-se a essas regras tácitas porque tinha de concorrer com um candidato de ascendência aristocrá-

---

* No século XIX, reuniões formadas pelos proprietários de terra e pelos arrendatários de uma circunscrição administrativa para melhorar os processos agrícolas. (N. do T.)

24. *Idem*.

25. O trabalho de Anne-Emmanuelle Demartini sobre Adolphe Landry ilustra perfeitamente a dualidade do sucesso público de grandes burgueses que é sugerida aqui: com efeito, o itinerário desse cientista e professor parisiense, representante da Córsega, é exemplar da "propensão da burguesia francesa a considerar a terra como a própria fonte da consideração e a basear-se no modelo aristocrático e camponês" para assentar sua notoriedade, ao passo que, ao mesmo tempo, seus descendentes se empenham em fazer prevalecer uma "história burguesa" da boa fortuna política de seu antepassado, afastada do jogo dos clãs tradicionais e fundamentada em seu mérito pessoal (A.-E. Demartini, "Un destin bourgeois: Adolphe Landry et sa famille", *Ethnologie française*, XX, I, 1990, pp. 12-26).

tica na arena eleitoral. A carreira parlamentar de Jules Gévelot constitui uma perfeita ilustração desse processo de *normalização*: nascido em Paris em 1826, esse filho de industrial retoma, com a morte do pai, em 1844, a direção da Société française de munitions. Suas relações com o deputado-prefeito de Caen levam-no a comprar uma floresta de quinhentos hectares situada no departamento do Orne, que ele espera mandar desmatar para seu lazer, quando então é declarada a guerra de Secessão, que acarreta uma grave crise algodoeira nos Estados Unidos cujo efeito será deixar sem emprego, em seu departamento, milhares de operários; num ano, e com grandes prejuízos, esse chefe de indústria decide empregar todos os indivíduos que se apresentam para o desmatamento de sua propriedade. Na seqüência, ele se lança candidato contra o marquês Raphaël-Aimé Villedieu de Torcy, então candidato do governo[26]. No final, o resultado da luta lhe é favorável: Jules Gévelot obtém 17 813 votos, contra 12 078 dados a seu adversário. A partir dessa data, Gévelot foi reeleito continuamente até sua morte, em 1904.

Produto de circunstâncias muito particulares, essa forma de evergetismo foi impulsionada por indivíduos que competiam para aumentar suas chances de prestígio e de poder social. Com o tempo, os membros mais eminentes das novas camadas da sociedade reforçaram sua ascensão social mediante a apropriação dessas maneiras de ser e de se comportar que antes eram reservadas exclusivamente aos egressos da aristocracia: esse mecanismo conduzia então, de certo modo, à autonomização dessas práticas, que no final se reproduziram independentemente das funções que garantiam anteriormente para a minoria de indivíduos privilegiados que haviam contribuído para sua criação. Aristocratas e grandes burgueses se viram, desse modo, "presos em redes que atira[vam] um ao outro [...] mesmo que só tolerassem o sistema a contragosto"[27], e todo indivíduo preso nas malhas da luta pelo poder local abandonou esse modo de vida e de valorização de *status* com o risco, na verdade, de colocar-se em situação de inferioridade em relação a seus adversários e de ser pouco a pouco destituído de sua qualidade de representante da elite social. Coisa inconcebível para os meios aristocráticos nos quais, como antigamente na corte, era preferível aceitar "uma perda de [suas] chances financeiras para assegurar um aumento de [suas] chances de prestígio e de *status*"[28]. Aliás, tudo opunha, na época, "racionalidade de corte" e "racionalidade da burguesia profissional", tendendo essa mais para a valorização dos ganhos mate-

---

26. Raphäel-Aimé de Torcy, deputado ao Corpo legislativo de 1860 a 1869, era filho do marquês Vladimir Nicolas-William de Torcy, representante também e depois deputado do Orne de 1846 a 1848 e de 1852 a 1859. Em 1869, o prefeito calcula as respectivas rendas dos dois candidatos nos seguintes termos: J. Gévelot, 150 mil francos; R.-A. de Torcy, 80 mil francos.
27. N. Elias, *La Société de cour, op. cit.*, p. 75.
28. *Idem*, p. 82.

riais e para o aumento das chances de poder econômico. Todavia, acrescenta Norbert Elias,

tão logo se manifestam nas camadas burguesas profissionais tendências à segregação e à formação de elites, essas últimas são expressas igualmente por símbolos de prestígio que visam a manutenção da existência do grupo enquanto elite e a glorificação dessa existência. Nesses símbolos, essa existência se apresenta como um fim em si cercado de uma auréola de prestígio, embora nas camadas burguesas profissionais valores utilitários, interesses econômicos venham misturar-se aos valores de prestígio[29].

A competição por prestígio que se inicia então entre meios aristocráticos e meios burgueses e os golpes que infligem uns aos outros de maneira toda especial para a ocupação de cargos eletivos inclinavam verossimilmente esses adversários abastados a fazer novas promessas, já que a configuração dessas lutas tornava mais dispendiosa a manutenção das antigas relações de dependência pessoal entre esses notáveis de qualquer índole e seus "inferiores sociais". Portanto, esse modo de dominação de notáveis continha em si mesmo seus próprios limites: ao término de uma carreira eleitoral bem realizada, a fortuna de Eugène Éschassériaux viu-se assim, por exemplo, muito diminuída[30]. Aliás, Armand de Mackau, que lamenta não poder legar a seus herdeiros uma fortuna maior para ser dividida após sua morte, desculpar-se-á, em seu testamento, indicando que "ninguém enriquece na vida política quando a compreende como a compreendiam antigamente"[31].

Mas os mecanismos desse sobrelance não eram os únicos responsáveis pela evicção progressiva dos grandes notáveis da cena parlamentar, visto que seus adversários republicanos, de origem muitas vezes mais modesta, empenhavam-se também em obstruir-lhes o caminho. Não dispondo nem de recursos sociais, nem de bens próprios que lhes permitam lutar de igual para igual com os grandes notáveis, esses indivíduos vão, por conseguinte, esforçar-se para instituir um novo modo de relação entre os candidatos e seus eleitores, de sorte que o ato de voto possa revestir-se do sentido de um gesto individual e político, isento de todas as coerções sociais e coletivas que entravam o jogo de sua livre expressão. Desse ponto de vista, um bom número de invalidações ordenadas no início da III República são exemplares. Ao contrário dos eleitores de uma circunscrição, que nem sempre estão em

---

29. *Idem*, p. 97.
30. F. Pairault, *Les "Mémoires" d'un grand notable bonapartiste: le baron Eugène Éschassériaux de Saintes (1823-1906)*, tese, Université Paris-X, 1989, p. 89.
31. Archives nationales, 156AP66. Ademais, é provável que a concorrência criada entre figuras de autoridade por ocasião da abertura de um período eleitoral tenha também enfraquecido o prestígio de grandes notáveis e que a exposição pública de suas divisões tenha contribuído às vezes para desfazer os laços de dependência pessoal que podiam uni-los ao resto de seus concidadãos.

condições de libertar-se dos laços de dependência entretecidos ao longo dos anos por alguns de seus representantes, os parlamentares reunidos no momento do procedimento de verificação dos poderes lutam, por sua vez, mais abertamente no recinto do Palais-Bourbon contra os grandes notáveis, condenando as pressões e as prodigalidades que esses últimos empregam para captar votos. E se invalidar a eleição de um grande notável não equivale no imediato desfazer-se dele definitivamente, pelo menos a operação pode prejudicar seu patrimônio ao colocá-lo diante da alternativa ou de renunciar a se apresentar novamente, ou de reconquistar por outros meios a cadeira que lhe foi recusada por seus colegas de Assembléia. Vivendo de rendas e não relutando em gastá-las na abertura de um período eleitoral, Albert de Mun acabou, assim, por alimentar fortes inquietações com respeito a esses procedimentos[32]. A ameaça de invalidação fará com que os grandes notáveis se mostrem mais prudentes na condução de seu trabalho de reunião dos votos, à imagem do duque de Lévis-Mirepoix, que mandará, por exemplo, imprimir vales de pão eleitorais em sua campanha de 1889, em vez de distribuir dinheiro aos solicitantes de toda espécie, para evitar que seus oponentes gritassem contra a corrupção eleitoral.

Decerto, a validação dos poderes não é representativa apenas das rivalidades mantidas por esses mandatários de origens sociais contrárias. Os esforços orquestrados na Assembléia por inúmeros intervenientes com vistas a instituir e impor, sem consideração de pessoas, o pagamento de uma ajuda de custo para cobrir as despesas diversas ligadas ao exercício de seu mandato[33] respondem a preocupações da mesma ordem. Os debates recorrentes sobre a situação material dos deputados, ilustrados pelas polêmicas relativas à instauração dessa ajuda de custo, fazem parte dos repetidos ataques feitos pelos eleitos mais pobres a seus colegas notáveis e ricos, que, "por sua situação econômica, estão em condições, a título de atividade secundária, de dirigir a administrar efetivamente de maneira contínua um agrupamento qualquer, sem salário ou por um salário nominal ou honorífico"[34]. Por conseguinte, pode-se considerar a vitória dos partidários do aumento

---

32. Sobre essa questão, cf. P. Levillain, *Albert de Mun, catholicisme français et catholicisme romain du syllabus au ralliement,* Paris, École Française de Rome, 1983, pp. 195-196.
33. Entre os quais entram periodicamente em linha de conta as despesas ligadas necessariamente ao financiamento da organização e da condução das campanhas eleitorais.
34. M. Weber, *Économie et Société,* Paris, Plon, 1971, vol. I, p. 298. Por outro lado, M. Weber insiste nesse concordância: "O recrutamento não plutocrático do pessoal político, quer se trate dos chefes ou das bases, está ligado à condição evidente de que a empresa política deverá lhes proporcionar rendas regulares e garantidas" (*Le Savant et le Politique,* Paris, Plon, 1982, p. 114).

da ajuda de custo política adquirida em 1906 como uma etapa marcante de um processo ao mesmo tempo longo e difuso de profissionalização política[35]. De resto, sob a III República, essa luta contra a autoridade, o prestígio e o poder social de notáveis influentes tende a cristalizar-se em torno de questões ligadas diretamente à criação de tecnologias que condicionam o desenvolvimento das operações eleitorais. A polêmica aferente aos modos de escrutínio que, na virada dos anos 1880, opôs os defensores do escrutínio uninominal distrital aos promotores do escrutínio de lista – ela ressurgirá depois de 1900 entre "distritalistas" e "erpeístas" – está na medida desses enfrentamentos. Isso porque

a preferência por um modo de escrutínio ou pelo outro se ajustava conforme os eleitos quisessem preservar uma relação pessoal com os eleitores no quadro do escrutínio uninominal e distrital ou, ao contrário, se fiassem numa relação partidária no quadro de um escrutínio de lista departamental. As listas deviam ser compostas necessariamente por instâncias partidárias e então os votos seriam dados mais aos rótulos políticos, aos programas do que às personalidades que compunham as listas eleitorais. Para seus partidários, a representação proporcional impunha uma transação eleitoral especificamente política, que supostamente arbitraria lutas de idéias e, portanto, estaria isenta das relações de clientelismo, dos serviços prestados, dos julgamentos éticos sobre as pessoas[36].

Os mecanismos que presidiram à instauração do escrutínio de lista ou proporcional são comparáveis àqueles que concorreram para a adoção da cabine de votação; essa tecnologia do secreto não tende menos do que a "autonomizar a atividade política exatamente na medida em que [ela] liberta o eleitor da ganga dos múltiplos vínculos que o definem socialmente"[37]: ora, lá como alhures, "o princípio explicativo da clivagem estável que opõe parlamentares situa-se fora da arena parlamentar onde essa clivagem perdura por várias décadas e, portanto, naqueles esquemas práticos de percepção do eleitor que são constituídos a partir dos *status* sociais dos eleitos e em sua atividade de empresários políticos"[38].

Evidentemente, esses exemplos não esgotam o quadro dessas lutas das quais participaram os representantes de grupos sociais cada vez mais desarmônicos. Obra coletiva, a forma tomada pela designação eletiva se modifica, em compensação, não só ao sabor dessas desavenças, mas também sob o efeito de transformações mais gerais que as acompanham: ampliação do direito de voto, reconhecimento jurídico da liberdade de imprensa e do direito de associação, rearranjos na

---

35. A. Garrigou, "Vivre de la politique: Les 'quinze mille', le mandat et le métier", *Politix* 20: 7-34, 4ᵉ trimestre 1992.
36. A. Garrigou, *Le Vote et la Vertu...*, op. cit., pp. 175-176.
37. *Idem*, "Le secret de l'isoloir", *Actes de la recherche en sciences sociales*, 71-72: 45, mars., 1998.
38. *Idem*, p. 23.

organização do processo eleitoral etc. Portanto, doravante, convém ligarmo-nos ao exame das conseqüências geradas por esse processo de fabricação coletiva da prova da designação eletiva tanto no plano das representações quanto no das práticas redefinidas progressivamente pelos indivíduos que se enfrentam pela conquista de títulos eletivos.

A POLÍTICA CONTRA O AMADORISMO

Se na Marinha inglesa a coabitação a bordo de marinheiros experimentados e de nobres cavaleiros permite desencadear o processo que leva à formação da carreira de oficial da marinha, a prova da designação eletiva também oferece, de início, a oportunidade de reunir dois grupos de indivíduos com qualidades complementares: os candidatos reconhecidos pelo governo são cercados por preciosos auxiliares aprovados oficialmente para secundá-los em sua empreitada de conquista dos votos: essa associação provisória não será estranha à formação de um corpo de especialistas ou de profissionais *em* eleições. Na França, figura à frente desse pessoal de Estado a administração prefeitoral*, a quem foi conferida autoridade para orquestrar o desenvolvimento dessas consultas e relatar seu resultado no ministério do Interior, mas também para intervir diretamente em seu curso, agindo, sobretudo, por conta de candidatos aprovados pelos responsáveis do governo. Essa qualidade de especialistas não deriva apenas da freqüência das eleições – que se sucedem quase sem decontinuidade todos os anos de 1870 a 1900 –, mesmo que a recorrência dessas operações não seja estranha à especialização desse pessoal de Estado na arte e na maneira de intervir nelas, de observá-las e de saber prestar contas delas a seus superiores.

No início, esse *savoir-faire* eleitoral não necessitava de nenhuma aptidão política particular, como atesta o estilo da anotação dos subprefeitos no regime censitário: a grade de avaliação proposta, por exemplo, em 1839, pelo ministério do Interior, quase não traz indicações pelas quais se possa avaliar competências ou serviços que esses indivíduos poderiam manifestar em tais matérias[39]. Como a designação eletiva se assemelha então a uma das inúmeras provas propícias à expressão das rivalidades que opõem membros das elites locais na

---

* O prefeito a que o autor se refere aqui não é administrador da cidade (*maire*, em francês), mas o *préfet*, magistrado encarregado de um departamento. (N. do T.)

39. Essas indicações são as seguintes: antiguidade, antiga direção de opinião política, capacidade, atividade, modo de administrar e de aplicar as leis, relações com os funcionários, relações sociais, caracteres e gostos dominantes, conduta particular, consideração e influência, ambição, fortuna e sua fonte.

perspectiva de afirmar seu poder e seu prestígio social, bastava aos agentes da administração prefeitoral manter estreitas relações com os notáveis de seu departamento, viver em sua proximidade, espionar seus comportamentos, não só para relatá-los ao ministério, mas também para poder manipular esses indivíduos: assim, a "arte política" desse pessoal de Estado confundia-se, na época, com uma "arte da diplomacia" cotidiana de pura rotina, já que era necessária à manutenção dos laços que esses funcionários entreteciam normal e localmente com seus semelhantes. Desse ponto de vista, os esforços envidados por inúmeros subprefeitos para se conciliarem, na época da abertura de um período eleitoral, com interlocutores recalcitrantes, ou mesmo com alguns notáveis opostos ao candidato apoiado conjuntamente pela administração prefeitoral e pelo governo, não deixam de evocar esse comércio que prevalecia antigamente entre homens de corte e que consistia em saber, às vezes, "conduzir o outro, sobretudo se ele é de um nível mais elevado, com mão leve e sem que ele se dê conta disso, a pensar conforme seus próprios desejos"[40]. Pouco a pouco, essa arte diplomática e relacional propícia tanto ao interconhecimento como à interdependência das elites locais notabiliárias e administrativas vai, porém, conhecer um começo de especialização sob o efeito do abandono do regime censitário. Isso porque a irrupção da maioria induzida pela abertura desse espaço de lutas tanto para candidatos como para eleitores de um nível social inferior suscita novas fontes de incertezas. Poder conhecer e saber controlar os fatos e gestos eleitorais desses grupos de indivíduos torna-se o imperativo maior dos agentes da administração prefeitoral: ou indiretamente, por meio das relações de estreita cumplicidade entretecidas entre prefeitos e notáveis em relação aos quais os oriundos dessa população se apresentam em situação de absoluta ou de menor dependência; ou diretamente, por mais que seja socialmente permitido a um prefeito, como a seus subprefeitos, travar contatos pessoais ou angariar a estima e a confiança de uma proporção variável desses candidatos e desses eleitores recém-admitidos. Tanto num caso como no outro, essas transformações morfológicas e estruturais induzem a uma redução do conhecimento relacional do pessoal da prefeitura, aquele cujo uso prevalecia outrora indiferentemente na ocasião das eleições ou na vida de todos os dias. Na seqüência, acarretando a redução da atividade eleitoral dos subprefeitos, a instalação do Segundo Império se traduzirá pelo nascimento de um *savoir-faire* definitivamente mais especializado, em outras palavras, pelo aparecimento de um pessoal de Estado equipado, treinado e predisposto a reagir, diante da abertura de um escrutínio, como profissional.

– Em primeiro lugar porque, a contar desse período, o avanço na carreira – sobretudo para os subprefeitos no cargo – parece depender

---

40. N. Elias, *La Société de cour*, op. cit., p. 104.

mais estreitamente de sua aptidão para "fazer as eleições"[41]. Garantindo a designação de um candidato que agrade a seus superiores, essa é a prática comum da candidatura oficial ou oficiosa; ou ainda dando um concurso efetivo a um dos competidores, inclusive contra a própria opinião da hierarquia do ministério, esperando, em contrapartida, que a proteção e as recomendações desse indivíduo lhes sejam dadas se este último vier a ser eleito um dia. Colocados sob a pressão tanto do olhar de seus superiores quanto do dos próprios candidatos, os subprefeitos se acham mais do que obrigados a formar-se no duro ofício de corretagem dos votos. Aliás, inúmeros candidatos oficiais descarregarão totalmente essa tarefa – que eles às vezes consideram indigna do seu nível – nas costas desse pessoal de Estado. Depois de 1871, prefeitos e subprefeitos envidarão esforços para guiar os primeiros passos de candidatos, dessa vez republicanos; ora, ainda aqui, não será raro encontrar nos dossiês eleitorais de prefeitura rastros da aflição de muitos subprefeitos que vociferam contra a falta de jeito, a incompetência e os erros cometidos por esses candidatos novatos, aos quais, nos bastidores, eles devem dar seu concurso.

– Prefeitos e subprefeitos não se tornam, porém, especialistas em eleições em virtude apenas de seu engajamento pessoal em múltiplas empreitadas de conquista de votos. Têm também de responder às exigências pontuais e precisas que o ministério lhes impõe por meio de circulares. Sem entrar no detalhe dessas atividades[42], especifiquemos que os subprefeitos classificam periodicamente as candidaturas apresentadas em cada departamento em função de rótulos partidários; após o encerramento de um escrutínio, cabe-lhes colher e transmitir a estatística dos resultados eleitorais. Em outras relações, chegam a ser convocados a associar essas séries estatísticas e essas classificações políticas para analisar o desenrolar dos períodos eleitorais passados, ou prever e antecipar o resultado de consultas futuras. Aliás, a produção dessas pesquisas, que pressupõe a inculcação, nesses agentes, de um verdadeiro conhecimento político-administrativo da eleição – taxinômico e estatístico –, não é propícia apenas para a redução do trabalho político realizado em campo por esse pessoal de Estado[43]. Com efeito, esse conhecimento político-administrativo da eleição é suscetível de ser a qualquer momento reinvestido na produção de investigações mais abs-

---

41. Como comprovam as cartas de denúncia, de insultos ou de recomendação de eleitos, de notáveis ou mesmo de funcionários da administração prefeitoral anexadas aos dossiês pessoais desses agentes.

42. É. Phélippeau, *Le Savant et le savoir-faire politique*, memorial de DEA, Université Paris-X-Nanterre, 1991.

43. Conhecer a estatística eleitoral do departamento equivale assim, por exemplo, a dominar com muita exatidão a distribuição geográfica dos votos; e é esse conhecimento que os prefeitos mobilizam em seguida para proceder ocasionalmente à redivisão interessada de algumas de suas circunscrições eleitorais.

tratas – cortadas do quadro da gestão costumeira das lutas eleitorais –
que implicam um esforço renovado de distanciamento[44] : evidentemente, este não é nem natural nem espontâneo. A partir dos anos 1880,
quando a questão da reforma eleitoral torna-se assim, digamos, uma
questão política crucial, debates parlamentares vão levar o ministério a
solicitar a esses auxiliares para imaginarem – em função de exigências
que permitam eliminar os particularismos locais, as condições práticas
de voto como as questões de pessoas e os tipos de candidaturas
apresentadas – simulações de resultado conforme o modo de escrutínio (uninominal majoritário ou de lista proporcional) a fim de comparar
seus respectivos efeitos sobre o equilíbrio das forças políticas. É justamente o conjunto dessas encomendas que obrigará prefeitos e subprefeitos a se familiarizarem com uma visão ao mesmo tempo estatística
e partidária dos comportamentos eleitorais, cuja naturalização gradual
permitirá a objetivação de uma representação imediatamente política de
qualquer consulta eleitoral.

Temos, portanto, de um lado, candidatos, detentores de títulos, de
bens e de cadernetas de endereços, que jogam recursos sociais, materiais e relacionais a fim de serem guiados pelos responsáveis do ministério; do outro, o corpo dos agentes de prefeitura, que se fizeram necessários pelo conhecimento e pela experiência que acumularam tanto
em campo quanto no exercício da previsão e da especialização global
dessas consultas. Evidentemente, esse equilíbrio, essa divisão do trabalho ou essa partilha dos papéis entre candidatos e prefeitos estão
sujeitos a tensões que repõem em discussão essa integração funcional
dos conhecimentos próprios dos dois grupos. Aliás, já no final do
Segundo Império candidatos combatidos pela administração conseguem se eleger. Sinal de uma partilha de papéis doravante inexistente?
Essa questão merece ser abordada com prudência e circunspecção.
Primeiramente, porque não se deve acreditar que a administração
prefeitoral tenha marchado, o tempo todo, como um único homem. Não
é impossível, por exemplo, que aqui e ali esse ou aquele subprefeito
tenha se recusado a seguir as diretrizes traçadas por seus superiores,
concorrendo de um modo ou de outro para o sucesso de candidatos
opostos mais ou menos abertamente aos desígnios do governo. Além
do mais, convém não esconder o quanto esses agentes estão implicados na experiência e na especialização da designação eletiva sem que
isso envolva o aparecimento de uma relação homogênea com a eleição

---

44. É possível transpor para a construção do conhecimento eleitoral dos
prefeitos a problemática das relações de engajamento e de distanciamento sistematizada por N. Elias em *Engagement et Distanciation*, Paris, Fayard, 1993, pp.
9-68 (artigo publicado em inglês em 1956); para uma tentativa de utilização, ver
exatamente É. Phélippeau, "Conjonctures électorales et conjectures préfectorales:
Le vote et la formation d'un savoir politico-administratif", *Scalpel. Cahiers de
sociologie politique de Nanterre*, 1: 52-73, 1994.

do conjunto desse pessoal de Estado. Aliás, não basta que a administração apóie uma candidatura lançada para que se possa garantir que ela vai vencer inevitavelmente. Tal constatação é válida ainda mais porque os sistemas de interdependência que ligam os prefeitos aos candidatos favorecem no final a apropriação desses conhecimentos próprios da administração por outros grupos de indivíduos. Inúmeros concorrentes retomam por sua conta, tanto na República como no Segundo Império, alguns desses processos eleitorais para se elegerem, o que às vezes os leva a voltar contra prefeitos e subprefeitos o equipamento material e cognitivo elaborado inicialmente para esse pessoal de Estado. Ocasionalmente, os antagonismos entre candidatos e prefeitos se resolvem também por movimentos sucessivos de depuração que afetam a prefeitoral com a instalação de novas maiorias no Palais-Bourbon. Destituídos de suas funções, vários ex-membros dessa administração aproveitam a oportunidade para se apresentar nas eleições. Já nos anos 1870, alguns prefeitos do Império optam no final por essa reconversão e formam no Parlamento, em torno de Eugène Rouher, o grupo do Apelo ao Povo[45]. Mas os prefeitos de Gambetta não mostraram nem menos entusiasmo, nem menos aptidões do que seus antecessores, pois foram ainda mais numerosos em invadir o Parlamento depois de sua exclusão das fileiras da administração[46]. Não é muito surpreendente, afinal – em favor da constituição progressiva de um tal sistema de interdependência entre elites político-administrativas locais – que a prova da designação eletiva tenha sofrido notáveis transformações e que, para se eleger, tenha-se passado insensivelmente do exercício de uma arte ao de uma profissão.

Nessas condições, parece arriscado não só querer inserir a qualquer preço a formação processual e coletiva de um grupo de empresários políticos dentro de um quadro cronológico preciso, mas também querer atribuir o mérito dessa profissionalização aos responsáveis isolados de alguns movimentos de partidários privilegiados. Com efeito, tanto num caso como no outro, torna-se impossível pensar a dinâmica do espaço relacional no qual ocorre a invenção de conhecimen-

---

45. B. Le Clère & V. Wright, *Les Préfets du Second Empire*, Paris, Presses de la Fondation nationale des sciences politiques, 1973, pp. 300 e ss., e, de modo mais geral, J. Rothney, *Bonapartism after Sedan,* New York, Ithaca, Cornell University Press, 1969.

46. J. Siwek-Polydessau, *Le Corps préfectoral sous la troisième et la quatrième République,* Paris, Presses de la Fondation nationale des sciences politiques, 1969, pp. 73-74. Para ter uma imagem mais precisa da importância de que se revestem essas tentativas de reconversão, conviria não privilegiar exclusivamente as trajetórias dos prefeitos que foram eleitos, mas prender-se também ao estudo daqueles que foram derrotados. Afinal de contas, além das depurações, a própria saturação da carreira prefeitoral pode estimular alguns desses agentes a tentar ingressar no Parlamento.

tos eleitorais especializados; o que equivale a impossibilitar-se de explicar a formação de um corpo de especialistas que moldam, difundem e definem habilidades práticas, contribuindo ao mesmo tempo – sem necessariamente querê-lo nem sabê-lo – para a produção de um espaço político cada vez mais autônomo e diferenciado. Tratar da formação de um pessoal especializado na conquista dos votos implica antes redescobrir as trajetórias de grandes notáveis que – a partir de 1848, e com ou sem o apoio do pessoal de Estado encarregado de enquadrar e supervisionar o desenrolar das operações eleitorais – *had come to grips with the problem of winning support for their traditional tutelage from a democratic electorale by developing a quasi-feudal relationship with the population of their domains, and maintaining it with political machines which American politicians of the Gilded Age might envied*[47].

A recente publicação, sob a forma de tese, das memórias de Eugène Éschassériaux – que completa de maneira bastante útil o trabalho pioneiro deixado por J. Rothney – permite reconstituir de maneira muito precisa esse despertar de grandes notáveis para a "cabala" dos votos, depois que foi instituída na França, em meados do século passado, a extensão do direito de voto. A entrada de Éschassériaux na carreira eletiva é colocada, num primeiro momento, sob o alto patrocínio da administração prefeitoral do departamento da Charente-Inférieure. Após sua vitória de 1848 para o conselho geral, o "grande eleitor" consegue, em 1849, ser designado para a deputação. A partir dessa data, mantém a candidatura oficial até 1863. Durante esse período, de acordo com as práticas da época, é o prefeito que se encarrega de organizar e conduzir suas campanhas: circulares confidenciais são expedidas para os prefeitos das cidades, ordenando-lhes expressamente que apoiassem com sua influência a candidatura do barão; o prefeito do departamento redige e manda pregar cartazes que renovam esse apelo junto aos eleitores. Em seguida, intervém o subprefeito, que pede ao deputado que está saindo o favor de mandar imprimir seus boletins de voto a fim de que a administração possa difundi-los em todas as comunas. Contudo, essa tarefa dada à administração imperial de encarregar-se da candidatura do barão não permanece imutável, porque, a partir das eleições legislativas de 1869, essa etiqueta e os serviços que essa etiqueta proporciona lhe são doravante retirados. Anteriormente, algumas experiências desastrosas haviam-no

---

47. J. Rothney, *Bonapartism...*, op. cit., pp. 5-6. [tiveram de enfrentar o problema de obter apoio de um eleitorado democrático para sua tutelagem tradicional, desenvolvendo uma relação quase-feudal com a população de seus domínios e conservando-a com máquinas políticas que os políticos norte-americanos da Idade Dourada teriam invejado.]

levado, aliás, a se mostrar mais desconfiado: em Cognac, em 1863, e em Rochefort, em 1865, dois candidatos considerados bonapartistas por Éschassériaux são, na verdade, derrotados na deputação por dois outros candidatos da oposição, porque esses últimos foram beneficiados – depois de intrigas e do jogo das "panelinhas" ministeriais – tanto pelas pressões como pelo despotismo da administração prefeitoral, assim como pelo apoio da imprensa oficial. As eleições legislativas de 1869 vão constituir uma advertência mais direta: com efeito, o candidato que se apresenta na época contra Éschassériaux visita a circunscrição, por acreditar no boato de que havia conquistado os favores do governo. Num primeiro momento, Éschassériaux vai, portanto, multiplicar suas intervenções junto às pessoas influentes. Mas as promessas de neutralidade que obtém na época continuarão sendo letra morta. Pela primeira vez em sua carreira, esse grande notável vê-se assim obrigado, para manter a candidatura, a organizar ele mesmo sua campanha: aluga os serviços de um jornal e desenha, através de sua circunscrição, a arquitetura de uma rede sobre a qual se apoiará para promover, contra os substitutos da administração, sua própria candidatura. Já em 1868, essa rede embrionária de correspondentes lhe fornece a oportunidade de operar uma verdadeira divisão de seu território de eleição: seu secretário estabelecerá para a circunstância "cadernos de endereços por comunas de todos os eleitores mais ativos e mais influentes, [servindo essas listas] para reconhecer [seus] amigos" e para estender progressivamente a distribuição de seu jornal aos outros habitantes[48]. Além disso, esses agentes recolhem os resultados eleitorais para o conjunto da circunscrição, o que confere ao candidato a possibilidade "de controlar os números fornecidos pela administração"[49]. A partir desse momento, E. Éschassériaux não se contenta mais em competir em habilidade, para se eleger, com os prefeitos, que passam como estranhos em seu departamento, ou com os subprefeitos, que se instalam periodicamente em sua circunscrição. Fortalecido pela experiência pessoal das lutas eleitorais, o barão multiplica seus esforços e se transforma em empresário de conquista de votos. Aproveita as eleições de 1876 para o senado para classificar, dessa vez, o conjunto dos grandes eleitores do departamento em função de suas opiniões presumivelmente boas, más ou duvidosas, como, aliás, a prefeitura costuma fazer. Nas eleições legislativas de 1877, esse sistema sofre uma nova ampliação, pois aproveita a oportunidade para arquivar em fichas a opinião de cada um dos eleitores do distrito de Saintes, comuna por comuna, cantão por cantão. Em 1885, o aperfeiçoamento final: a

---

48. F. Pairault, *Les "Mémoires" d'un grand notable...*, op. cit., p. 76.
49. *Idem*, p. 78.

classificação dos eleitores de várias comunas é feita, dessa vez, em função de um lote de rótulos mais políticos. Como um candidato que se acha em campanha permanente, Éschassériaux não poupa, portanto, nem esforços nem recursos para continuar a aumentar seu magistério eleitoral. Todavia, não se contenta em aprender somente "a reinar em seu departamento sem o auxílio da prefeitura, e mesmo contra ela"[50]: com efeito, sua carreira e sua fama de organizador de eleições se confundem com as de outros candidatos – descobertos e recrutados por seus cuidados –, que ele incentiva a se apresentarem, e que ele inicia, aconselha, assiste, forma e instrui com seu conhecimento e suas experiências. Tanto seus talentos de organizador quanto suas competências de grande eleitor lhe valerão ser reconhecido pelo Imperador que, de sua residência de exílio, lhe confia em 1872 a missão de supervisionar a formação de uma corrente bonapartista nos departamentos do Sudoeste.

Desde que não nos atenhamos à excepcional longevidade da carreira eleitoral do barão Éschassériaux e examinemos ainda que sumariamente os sistemas de interdependência que ligaram esse grande notável a todo um ambiente político-administrativo – em curso de construção na época em que ele começa a emancipar-se da tutela da administração –, torna-se possível deixar de considerar esses elementos biográficos e monográficos ligados ao percurso e ao sucesso de Éschassériaux como uma experiência singular; essa trajetória se confunde, ao contrário, de maneira exemplar, com a de seus aliados, de seus adversários e, mais geralmente, com a de todos aqueles candidatos que foram obrigados coletivamente, num ou noutro momento, a aprender sozinhos a se conduzir e a conquistar votos.

Essas rivalidades e essas tensões que notáveis e prefeitos se infligiam mutuamente com uma freqüência cada vez maior na abertura de um escrutínio – e isso já no Segundo Império – não bastam certamente para explicar o conjunto dos processos em favor dos quais se opera a formação de uma reserva de habilidades eleitorais especializadas; a entrada de um número maior de candidatos de origem social modesta nessas configurações eletivas não é, na verdade, estranha à generalização tanto desses conhecimentos sobre a mobilização quanto desses repertórios de ação orientados para a captação dos votos. Isso é ainda mais verossímil porque – por não dispor de trunfos sociais e materiais comparáveis aos de grandes notáveis que seriam passíveis de ser convertidos em recursos eleitorais – esses indivíduos só podiam esperar vencer se profissionalizassem ainda mais a condução e a organização de suas campanhas. A entrada de agentes de origem social mais modesta nas lutas eletivas não assinalava, porém, o fim dos velhos métodos e dos antigos costumes notabiliários. Primeiramente porque a con-

---

50. *Idem*, p. 95.

versão de grandes notáveis em empresários políticos não acarretava o desaparecimento imediato e absoluto de seus hábitos seculares. Mas há mais coisas e melhores nesse negócio; isso porque outros candidatos envolvidos nessas lutas, sem que nada os tenha predisposto de início a comportar-se como notáveis, acabam por se "resolver" a fazê-lo durante sua carreira, principalmente quando passam da Câmara para a Alta Assembléia. Alexandre Millerand fornece um exemplo probante desses candidatos que entraram na política como verdadeiros profissionais e que acabaram, "enobrecidos" em seguida pelas etapas de uma bela carreira, por imitar os gestos e as maneiras desses notáveis que outrora maldisseram e combateram[51].

Ao término dessa apresentação, a formação da profissão política se insere portanto num processo que ultrapassa amplamente as trajetórias de alguns indivíduos singulares: ela se aparenta primeiro, no regime censitário, às rivalidades e às tensões que agitam a pequena esfera dos meios aristocráticos e ricos, cujos membros lutam pela afirmação de suas chances de poder e de prestígio social; com o passar do tempo, com a abertura desse sistema de interdependência para novos indivíduos, a definição dessa profissão tenderá a confundir-se com as tensões que ligam esses antigos notáveis ao pessoal de Estado, cada vez mais especializado na condução das operações eleitorais; a entrada em cena de um pessoal parlamentar de origem social mais modesta acabará, finalmente, de embaralhar essas fronteiras entre notáveis e profissionais e tornará ultrapassada a oposição de seus estilos e de suas habilidades eleitorais.

---

51. Sobre as estratégias notabiliárias apropriadas por candidatos que têm um perfil mais de *profissionais,* ver sobretudo É. Phélippeau, *Le Baron de Mackau en politique: Contribution à l'étude de la professionalisation politique,* tese, Université Paris-X, 1996, pp. 136-141. Com relação ao período contemporâneo, reportar-se também a L. Dussutour, *Les Paradoxes de la notabilisation: Le Métier politique en Dordogne depuis la Libération,* tese, Institut d'études politiques de Bordeaux, 1996.

2. O Presidente da República: Configuração e Posição Preeminente

Delphine Dulong

    Entre as múltiplas leituras que se pode fazer de *A Sociedade de Corte*, há uma que interessa diretamente à análise social dos papéis institucionais. Com efeito, a obra de Norbert Elias pode ser lida como uma análise da construção social de uma determinada posição preeminente, a do monarca absoluto, cujo interesse, de fato, ultrapassa amplamente o quadro histórico da sociedade de corte. Isso porque o essencial do livro está contido, sem dúvida, pelo menos para o que nos ocupa, no deslocamento do olhar operado pelo autor, que coloca no centro da análise não o rei, suas qualidades ou atributos, mas o processo sócio-histórico na origem das tensões que estruturam a configuração social na qual é construída sua preeminência. Norbert Elias nos indica que não poderíamos estudar a atividade tática do rei sem analisar, ao mesmo tempo, os efeitos da mobilização de grupos sociais sobre os interesses diferenciados mas interdependentes no processo de construção dessa posição preeminente; grupos sociais que, de maneira mais ou menos direta, têm um papel ligado à consolidação desse tipo de dominação.
    Com efeito, para o autor, não se pode compreender a posição do monarca absoluto independentemente de uma configuração particular: a sociedade de corte. Esta, como toda forma de dominação, é o reflexo de uma luta social e a concretização da partilha do poder que resulta dessa luta. Todavia, mais do que qualquer outra configuração social, ela é marcada por um equilíbrio das tensões tal que nenhum grupo pode predominar sobre o outro e nenhum acordo pode ser feito entre

os grupos sociais rivais, exceto se se constituir um terceiro mediador, investido diferencialmente então dos interesses dos grupos sociais antagônicos. É essa estrutura de relações policéfala, sempre tensa e instável, que caracteriza o espaço de dominação do rei e cria as condições de sua preeminência. Ela oferece "a um rei legítimo, que se mantém aparentemente a igual distância de uns e de outros, a chance de agir como pacificador, de garantir a tranqüilidade e a paz"[1]. Assim fazendo, ela cria as condições de reconhecimento de sua posição preeminente, assim definida como uma posição própria para regular essa tensão social que se encontra na própria origem de seu poder.

Gostaríamos de mostrar aqui como essa grade de análise pode ser transposta para a construção social da preeminência presidencial na época da V República, na medida em que a configuração que Norbert Elias descreve em *A Sociedade de Corte* se assemelha, sob certos aspectos, à dos primórdios da V República[2]. Com efeito, por ser a oportunidade, para certas categorias de agentes sociais, de procurar transformar sua posição dentro do espaço público, o advento do novo regime é o teatro de lutas sociais e políticas muito importantes que visam a redefinir o que deve ser o papel do Estado redefinindo determinados modos de legitimação da ação no espaço público. Pode-se, por conseguinte, estabelecer a hipótese de que, se a definição do papel presidencial e a afirmação de sua preeminência na V República são, em parte, o resultado dos novos dispositivos constitucionais promulgados em 1958 e modificados em 1962, elas são a mesma coisa, se não mais, que o produto das tensões nascidas da recomposição do espaço público que se opera durante os primeiros anos do regime[3].

O ADVENTO DA V REPÚBLICA, OU O APARECIMENTO DE UMA TENSÃO EM TORNO DOS MODOS DE LEGITIMAÇÃO DA AÇÃO PÚBLICA

Os indícios mais visíveis dessa recomposição se devem, antes de tudo, a uma transformação relativamente rápida da "oferta" política. Evidentemente, nas eleições legislativas de novembro de 1958, a "hecatombe dos que saem" é que impressiona as mentes (406 deputados não são reeleitos). É também o nascimento de novas organizações

1. N. Elias, *La Société de cour*, Paris, Flammarion, 1985, p. 182.
2. Ela poderia ser aplicada também a outras configurações histórico-políticas. Pensamos, em particular, sendo, por outro lado, todas as coisas diferentes, na análise que Marx fazia do bonapartismo no *18 Brumário de Luís Bonaparte*.
3. Para uma análise completa dessa questão, permitimo-nos remeter a nosso livro: *Moderniser la politique: Aux origines de la V*^{e} *République*, Paris, L'Harmattan, 1997.

políticas como a UNR ou o PSA, cujas formas podem também sofrer mudanças violentas com a multiplicação dos clubes (como o clube Jean-Moulin). É também o surgimento de novas elites dentro das próprias equipes dirigentes dos sindicatos: a ascensão de um membro da JAC, Marcel Bruel, ao posto de secretário-geral da FNSEA em 1962, a subida do CJP às instâncias dirigentes do CNPF, enquanto que, no mesmo momento, praticamente, a CFTC conhece uma inversão da maioria com a eleição de Eugène Descamps (próximo da minoria Reconstrução) para o secretariado geral da central. Mas o que impressiona mais do que tudo os observadores da época é um certo número de fenômenos que parece indicar uma modificação repentina das hierarquias e das autoridades. O fato de a redação da Constituição ter sido retirada do Parlamento e confiada, na prática, a jovens altos funcionários oriundos do Conselho de Estado é o sintoma por excelência desse fato, bem como a indicação, pelo general de Gaulle, de ministros "técnicos" (isto é, não parlamentares) logo que subiu ao poder.

Tudo se passa então como se o advento da V República permitisse uma espécie de "rodízio de elites" – segundo a expressão de Bertrand de Jouvenel[4] – ainda mais observado porque é como que simbolizado, em 1959, pelo acesso direto de altos funcionários a postos de responsabilidade política até então reservados apenas aos agentes que haviam passados anteriormente pela unção eleitoral. Para muitos, a V República anuncia, assim, o "fim dos políticos", como proclama o título de uma obra[5], e o início do reinado de uma nova categoria de agentes sociais: os "tecnocratas".

No entanto, se existe uma ruptura em 1958, ela se efetua sobretudo no plano simbólico: não são os "tecnocratas" que têm acesso à política em 1958[6], nem mesmo o executivo que vê seu lugar verdadeiramente aumentado[7]: é, antes, uma nova maneira de fazer política que consegue a "legitimidade" política. Isso porque, longe de significar o confisco do poder por não-profissionais da política, a consolidação dessa figura política do "tecnocrata" no início da V República de fato testemunha,

---

4. B. de Jouvenel, "Du principat", *Revue française de science politique*, 14 (6), 1964.

5. J. Barets, *La Fin des politiques*, Paris, Calmann-Lévy, 1962.

6. Esse fenômeno é muito anterior a 1958. Já em 1946, os funcionários públicos estão super-representados na Assembléia Nacional e são preponderantes nos gabinetes ministeriais. Em compensação, será preciso esperar, por exemplo, 1967 para que a composição socioprofissional da Assembléia Nacional sofra uma verdadeira inflexão, com um nítido crescimento da proporção dos deputados que provêm do serviço público (1946: 23,5%; 1962: 22,7%; 1967, 29%; 1978: 38,8%). A única mudança notória, que podemos datar das eleições legislativas de 1958, é a inversão da parte respectiva dos professores e dos altos funcionários entre os deputados originários do serviço público.

7. Um bom número de dispositivos de "racionalização do parlamentarismo" contidos na Constituição de 1958 apenas registram práticas anteriores.

antes de tudo, uma redefinição simbólica das qualidades exigidas para a ocupação de posições políticas[8], que toma a forma, principalmente, de uma reconversão de um conhecimento econômico em recurso político[9]. Com dois corolários. De um lado, o agravamento de uma desvalorização do direito como modo de entendimento do político e como modo de ação no Estado, em proveito das novas "técnicas do Estado"[10] ligadas ao planejamento, como a análise previsional, a racionalização das escolhas orçamentárias e a contabilidade nacional[11], que atingem uma verdadeira dignidade política: "Estamos passando para a era transformadora e evolucionista da política. O objetivo da atividade política será cada vez menos elaborar leis; ela tem em vista cada vez mais elaborar planos"[12]. De outro lado, essa nova concepção do político traduz igualmente uma desvalorização do Parlamento como instância de decisão política. Não só este "deixou de corresponder aos costumes do momento, como ainda comporta um mecanismo demasiado lento, demasiado pesado, demasiado complicado para fazer frente à rapidez vertiginosa da sucessão de responsabilidades que um Estado moderno deve assumir. É o mesmo que pedir a uma tartaruga marinha encalhada na areia que se defenda de uma matilha de lobos"[13].

Assim é que os primeiros anos da V República se caracterizam por uma luta simbólica em torno da definição da excelência política, dos capitais exigidos para participar da competição política e para ter acesso aos mais altos postos de responsabilidade no Estado, tipos de carreira legítimos etc., dos quais um dos maiores troféus é a definição do papel presidencial. Fenômeno relativamente bem conhecido, mas pouco estudado em seu conjunto, em todo caso nunca ligado diretamente à construção do papel presidencial no início da V República[14]. Ora, é exatamente a essa articulação entre, de um lado, uma configuração particular e, de outro, a construção de uma posição preeminente, que nos convida a leitura de *A Sociedade de Corte*. Em que medida, com efeito, a construção do papel presidencial e a afirmação de sua preemi-

8. B. Gatti, *De la IVe à la Ve République: Les conditions de la réalisation d'une prophétie*, tese, Université Paris-I, 1992.
9. D. Dulong, "Quand l'économie devient politique: La conversion de la compétence économique en compétence politique", *Politix*, n. 35, 1996.
10. Ver, por exemplo, G. Ardant, *Technique de l'État: De la productivité du secteur public*, Paris, PUF, 1953.
11. F. Fourquet, *Les Comptes de la puissance: Histoire de la comptabilité nationale et du plan*, Paris, Encres, 1980.
12. J. Rovan, *Une idée neuve: la démocratie*, Paris, Seuil, 1961, p. 113.
13. A. Comte, *La Sucession: Pour "la France neuve", une charte des temps nouveaux*, Paris, Julliard, 1963, pp. 16-17.
14. Como se pode constatar à leitura da principal obra de ciência política sobre esse tema, B. Lacroix, J. Lagrove (sous la dir. de), *Le Président de la République: Usages et genèses d'une institution*, Paris, Presses de la FNSP, 1992.

nência é o produto dessa tensão nos modos de legitimação da atividade política que caracteriza os primeiros anos do novo regime?

DE GAULLE ESTRATEGISTA?

Podemos formular aqui duas hipóteses, que não são excludentes entre si. A primeira hipótese baseia-se numa leitura essencialmente "estrategista" do livro de Norbert Elias. À imagem do rei na sociedade de corte, que explora os antagonismos existentes para garantir seu poder, pode-se formular a hipótese da existência de uma estratégia do general de Gaulle que consiste em opor uma à outra as diferentes forças em concorrência para a transformação ou a conservação das regras do jogo político, com vistas a corroborar sua própria posição de poder.

Vários fatos tendem a conferir credibilidade a essa hipótese. A começar pelo processo de elaboração da nova Constituição, que rompe de maneira ostensiva com a tradição democrática da deliberação pública, quando excluiu a intervenção de uma Assembléia Constituinte em proveito de um "Comitê Consultivo Constitucional", no qual atores conhecidos por sua "competência" (altos funcionários, representantes de organismos profissionais e sindicalistas) estão lado a lado com representantes eleitos da nação. É uma ruptura da mesma ordem que o general de Gaulle introduz quando nomeia inúmeros altos funcionários para o governo que forma em junho de 1958: aqui também, agentes desprovidos de unção eleitoral de qualquer tipo são promovidos a ombrear-se com eleitos da nação. Outro fato significativo, o projeto abortado de instaurar uma seção econômica no Senado que visava a integrar novas elites, definidas essencialmente por sua competência socioeconômica, no processo de decisão política[15]. Se houvesse sido aprovado, esse projeto também teria enfraquecido o peso das elites parlamentares tradicionais. Contudo, é principalmente a criação de circuitos de decisões *ad hoc* que contornam os circuitos tradicionais que parece atestar a existência de uma vontade, da parte do general de Gaulle, de transformar os modos de ação legítimos no espaço público com vistas a reafirmar sua própria posição.

O melhor exemplo, a esse respeito, é a elaboração da lei de orientação agrícola de 1960[16]. Desde a supressão da indexação dos preços

---

15. Sobre esse projeto, ver J. Mastias, *Le Sénat de la Ve République: Réforme et renouveau*, Paris, Économica, 1980.

16. Sobre essa questão, ver de maneira geral P. Muller, *Le Technocrate et le Paysan: Essai sur la politique française de modernisation de l'agriculture de 1945 à nos jours*, Paris, Éditions Ouvrières, 1984. Ver também a análise contemporânea de Y. Tavernier, "Le syndicalisme paysan et la politique agricole du gouvernement (juin 1958-avril 1962)", *Revue française de science politique*, 12(3), 1962; e F. De Virieu, *La Fin d'une agriculture*, Paris, Calmann-Lévy, 1967.

agrícolas, em dezembro de 1958, o mundo camponês vive violentas manifestações, que o decreto de 5 de março de 1960 (que restabelece parcialmente a indexação dos preços) não é suficiente para tranqüilizar[17]. Decepcionados com a atitude do general de Gaulle, que se recusa a recebê-los, os dirigentes da FNSEA vão abandonar o terreno da composição com o governo para fazer pressão sobre os parlamentares. Lançam, assim, uma ampla campanha para conseguir a convocação do Parlamento em sessão extraordinária, que recebe o apoio de todos os grupos, com exceção do UNR. No entanto, até mesmo o MRP, partido da maioria, pede ao Primeiro-Ministro que tome a iniciativa de convocar o parlamento em sessão extraordinária. No total, a FNSEA colhe 296 assinaturas de parlamentares de todas as posições políticas. É inútil, como se sabe, porque o general de Gaulle se recusa a curvar-se a essa pressão. Ao contrário: diante da aliança dos parlamentares com a FNSEA, o executivo vai apelar ao CNJA, que, desde 1959, manifestou publicamente sua oposição à política das organizações agrícolas tradicionais, que se limitam a pedir um aumento de preços sem exigir uma reforma global das estruturas agrícolas. Assim, com o concurso direto do CNJA será elaborada a lei de orientação agrícola de 1960 sem levar em conta os circuitos tradicionais de decisão política e os atores habituais desses circuitos – sendo o próprio ministro da Agricultura (o independente Henri Rochereau) mantido afastado dessa medida. Para o CNJA, esta participação na elaboração da lei é uma verdadeira pechincha. Doravante, desfruta do reconhecimento de sua posição de interlocutor privilegiado dos poderes públicos e, assim, experimentará uma ascensão até então freada. Em troca disso, essa nova elite oferece ao regime a imagem de um sindicalismo de tipo novo, que celebra as virtudes do "modernismo técnico"[18] e, sobretudo, está pronto a apoiar a ação dos poderes públicos contra as elites tradicionais.

Poderíamos multiplicar os exemplos que parecem conferir credibilidade à hipótese segundo a qual o general de Gaulle teria tentado explorar sistematicamente os antagonismos existentes a fim de fortalecer sua posição no início da V República[19]. Todavia, essa visão estratégica da construção da preeminência presidencial na V República

---

17. Encontraremos um bom relato desse episódio em B. Brunetau, *Le Gaullisme et les Agriculteurs: Les acteurs et leurs discours face à la modernité (1958-1974)*, tese, Université Paris-I, 1991.

18. M. Debatisse apresenta o CNJA aos gaullistas desta maneira:"O último dos movimentos sindicalistas, ele é também o mais moderno, o menos entravado por ideologias ultrapassadas e o mais adaptado às necessidades do nosso tempo" (*Notre République*, n. 93, 1963).

19. Pensamos, em particular, na lei sobre a participação nos lucros e a associação dos trabalhadores na empresa, que foi elaborada por uma comissão *ad hoc* (a Comissão Masselin) formada por altos funcionários do Plano e do Tribunal de Contas, por professores de economia, por sociólogos e por representantes dos meios sindicais e patronais escolhidos fora das organizações mais poderosas.

mais coloca problemas, na verdade, do que os resolve. De fato, ela pressupõe que os atores envolvidos na ação têm uma visão bastante clara da situação para poderem projetar-se no futuro com base numa estratégia unívoca e, pelo menos, coerente. Ora, tudo indica o contrário. A confissão de impotência de um comentarista tão prudente quanto Pierre Viansson-Ponté – que é então chefe da seção de política no *Le Monde* – é muito significativa a esse respeito:

> O analista se encontra muito desarmado. Sabe que o 13 de maio e os distúrbios que se seguiram foram apenas uma etapa. Vê a renovação progressiva das estruturas da sociedade francesa, as grandes mudanças que ela anuncia. [...] ele gostaria de desvendar, através dos acontecimentos de hoje, os segredos da evolução de amanhã. Ora, ele tem a sensação de um deslizamento, é-lhe quase impossível determinar suas formas, perceber seus indícios, destacar-lhe o sentido. Sobretudo, ele percebe ou suspeita haver, por trás da pompa oficial e dos ritos do novo cerimonial, um estranho burburinho[20].

UMA CONFIGURAÇÃO INCERTA DE JOGO

Essa falta de sentido deve-se, evidentemente, à conjuntura mais imediata. É produto primeiramente da guerra da Argélia, mas também, e talvez mesmo principalmente, da confusão gerada pela mudança da Constituição. Isso porque a situação é muito mais imprevisível porque não existe mais, na época, conhecimento próprio às novas instituições que esteja liberto das interações passadas e imediatas, porque não existe definição adquirida das posições institucionais – que resultaria de uma formulação da prática da ocupação dessas posições –, mas, ao contrário, das lutas pela interpretação constitucional da mudança. Essa dificuldade, que é inerente aos "estados nascentes" das instituições[21], é agravada ainda mais, aqui, pela configuração social na qual o novo regime é usado. Porque, com lógicas muito diferentes e às vezes antagônicas, e na base de questões muito variadas, certos atores se aproveitam, como se diz, da mudança anunciada para investir o espaço público, para fazer valer seu direito à palavra – propondo, sobretudo, visões de mundo em ruptura com os esquemas de percepção habituais –, tudo se passa como se não houvesse mais convenções sobre as formas de justificação e de racionalização da ação nesse espaço público em plena recomposição.

Direita, esquerda, socialismo, marxismo, fascismo, para o jovem aluno da ENA, todas essas idéias políticas, se não são obsoletas, pelo

---

20. P. Viansson-Ponté, *Risques et chances de la Ve République*, Paris, Plon, 1959, p. 51.
21. B. François, *Naissance d'une Constitution: La Ve République (1958-1962)*, Paris, Presses de Sciences-Po, 1996.

menos estão ultrapassadas. Na discussão política e técnica, o jovem administrador não terá mais as mesmas reações que o jovem "engajado" de 1936 ou de 1944. Passou uma época. O que lhe importa mais do que os rótulos e as cores políticas é o valor do interlocutor, e ver-se-á o jovem dirigir-se tanto a um conhecido homem de esquerda quanto a um conhecido homem de direita. A mesma indiferença em relação às cores políticas é encontrada, aliás, nas equipes do governo: um Independente classificado à direita, como o sr. Giscard d'Estaing, revela-se no final na mesma faixa de ondas que um Independente classificado à esquerda, como o ministro da Agricultura, o sr. Pisani. Pode-se racionalmente achar que o sr. Buron é um MRP de esquerda e o sr. Jeanneney um planejador de esquerda? Ainda aqui, a V República fez desbotar, de algum modo, as cores com as quais a IV havia acostumado a opinião pública[22].

É desse modo que parecem então invalidados um bom número de quadros de inteligibilidade tradicionais, mas também quadros práticos – inclusive os mais elementares, como classificar os políticos. Ora, em vez de resolver-se com o tempo, esse problema parece instalar-se de maneira duradoura. Com efeito, a incerteza se prolonga como um fenômeno que se mantivesse por si só. Isso porque, num contexto como esse, as rotinas de imputação (quem é quem? quem faz o quê? onde está o poder? quais são as hierarquias? etc.) sobre as quais os atores interessados no funcionamento do campo do poder político podiam apoiar-se não parecem mais eficientes. Daí uma probabilidade mais forte de que emerjam múltiplas definições da situação, não congruentes entre si, e isso fora até mesmo da atividade tática dos atores envolvidos nas lutas em torno da definição dos modos de legitimação da ação pública[23].

Essa dificuldade em criar um consenso em torno de uma definição da situação pesa, evidentemente, sobre aqueles cujo ofício é comentar a vida política. Mas ela também constitui – e mesmo principalmente – um problema estratégico fundamental para os atores envolvidos na ação. Isso porque o que está em jogo, então, para eles, numa situação dessas, é, primeiramente, a própria possibilidade de conservar uma atividade tática. Com efeito, com o apagamento e/ou embaralhamento dos pontos habituais de referência, o que serve de apoio para os cálculos rotineiros dos atores é que se desmorona; é, em outras palavras, sua capacidade de antecipar os golpes dos adversários, mas também de avaliar a eficácia de seus próprios golpes, assim como a pertinência

---

22. P. Bauchard, *La Mystique du plan: Les menaces de la prospérité*, Paris, Arthaud, 1963, pp. 77-78.

23. Estamos aqui, caracteristicamente, na situação de "incerteza estrutural" que M. Dobry considera uma das características das "conjunturas fluidas" (*Sociologie des crises politiques: La dynamique des mobilisations multisectorielles*, Paris, Presses de la FNSP, 1986, pp. 150 e s.).

dos recursos de que cada um dispõe, que se desvanece ou, em todo caso, se torna altamente problemática.

Compreende-se, nessas condições, que uma abordagem estratégica se revele dificilmente aplicável aqui. Temos de privilegiar uma leitura diferente de *A Sociedade de Corte*, uma leitura mais "estrutural". Com efeito, se Norbert Elias insiste bastante na dimensão estratégica da elaboração de uma predominância real[24], é forçoso constatar que a definição da posição presidencial como posição dominante no jogo político na V República é devida menos às qualidades de estrategista de seu primeiro titular do que aos usos (às vezes muito indiretos) que são feitos de sua posição em setores sociais diferenciados.

Isso porque, nesse tipo de configuração, marcada por uma forte incerteza estrutural, a inteligibilidade da situação não se baseia mais, pelo menos em grande parte, senão nos feitos e gestos dos atores. Mais precisamente, uma boa parte do trabalho político consiste em focalizar a atenção em certas pessoas, que são, de certo modo, transformadas em saliências cognitivas: julga-se que elas podem devolver sua inteligibilidade à situação e sua plausibilidade às diferentes estratégias que se esboçam no espaço público[25].

Ora, se existe uma pessoa que parece encerrar e delimitar por sua ação o sentido dos golpes trocados na arena política, e que aparece então como uma passagem obrigatória para avaliar o significado da recomposição do espaço público na qual cada um é tomado, essa pessoa é o general de Gaulle. A ponto, aliás, de toda a inteligibilidade da situação repousar exclusivamente em sua pessoa.

Qualquer que seja a *origem* dessa situação, dela resulta que a *reflexão política* se acha provisoriamente dilatada (ou contraída, como quiserem) às dimensões de uma *reflexão psicológica*. Parece, de fato, que os elementos econômicos, sociais etc. da conjuntura, importam menos do que a previsão do *comportamento* de um homem que, à primeira vista, parece poder fazer mais ou menos aquilo que ele quer de uma situação *aberta* em todas as direções. Daí as suputações contraditórias (e, psicologicamente, de valor quase igual) sobre os desígnios e os atos do chefe de governo[26].

Diferentes razões podem explicar o fato de o general de Gaulle poder constituir um ponto de convergência das antecipações e das interpretações na atividade de deciframento da situação política à qual se entregam todos os atores interessados no funcionamento do campo político. Existem primeiramente, é claro, razões conjunturais, ligadas à

---

24. Pode-se pensar, contudo, que essa instância é um artefato ligado a suas fontes (as *Memórias* de Saint-Simon).
25. B. François, *Naissance d'une Constitution*, op. cit.
26. G. Crespy, "L'opinion publique et son mythe", *Christianisme Social*, 11-12: 745, 1958 (grifo do autor).

dupla delegação da qual ele tira proveito para resolver a guerra da Argélia e para criar novas instituições[27]. Todavia, existe sobretudo o fato de que ele aparece então como o único *chefe* do executivo. Com efeito, uma das particularidades do primeiro governo da V República é que ele comporta mais desconhecidos, neófitos em política, do que políticos tarimbados. Esse desaparecimento dos "chefes" (de partidos) dentro de um mesmo governo surpreende então ainda mais as mentes porque acaba brutalmente com a dispersão da autoridade característica dos governos da IV República[28]. Daí a impressão, compartilhada pela maioria dos observadores, de que o governo Debré não passa, na verdade, de um gabinete de "escriturários", composto essencialmente, como escreve Maurice Duverger, dos "agentes de execução"[29] do presidente da República, a quem é imputada a realidade do poder que supostamente deveria pertencer aos ministros "técnicos". Para André Siegfried, por exemplo, "o regime assume assim a aparência de uma tecnocracia cuja direção propriamente política o chefe de Estado *absorve em sua pessoa* [...], *todo o prestígio da orientação política refugiando-se no topo numa personalidade eminente*"[30]. A análise que Georges Lavau faz do regime nos *Cahiers de la République*, início de 1960, é também eloqüente sobre esse ponto: "A V nada mais é que *ele*. Em torno dessa instituição, todo o resto é acessório"[31].

Isso quer dizer então que o general de Gaulle constitui, como constata um jornalista, o "essencial" da política: "O essencial se chama de Gaulle; tudo parte dele e no final tudo é trazido de volta a ele. Trata-se [portanto] hoje de saber o que de Gaulle pensa, o que ele fará e como o fará [...]. Toda a política está lá"[32]. Mas isso quer dizer também que os diferentes atores interessados na vida política não têm outros recursos senão "usar", nessas condições, a pessoa do general de Gaulle para decifrar a configuração do jogo político e avaliar os diferentes lances jogados e jogáveis na competição política. A palavra do presidente, seus feitos e gestos, mas também sua "personalidade" vão assim tornar-se elementos incontornáveis para quem busca definir a situação

27. B. Gattimostra muito bem, sobre esses dois pontos, como a desvalorização contemporânea do panorama político obrigava então a uma restrição do espectro dos cálculos políticos e a uma delegação apenas racional ao general de Gaulle da parte dos principais líderes da IV República ("La levée d'un indicible: L'indépendance de l'Algérie (1956-1962)", *Politix,* n. 10-11, 1990).
28. Sobre esse ponto, ver P. Williams, *La Vie politique de la IVe République,* Paris, A. Colin, 1971; e D. GAXIE, "Les structures politiques des institutions: L'exemple de la IVe République", *Politix,* n. 20, 1992.
29. M . Duverger, "La tour d'ivoire", *Le Monde,* 24 février 1960.
30. A Siegfried, "La présidence", *Le Figaro,* 9 janvier 1959 (grifado por nós).
31. G. Lavau, "Discours sur un régime équivoque", *Cahiers de la République,* 23: 48, janvier-février 1960 (grifado pelo autor).
32. R. Lombard, "De Gaulle, l'homme d'État qui informe peu, n'hésite jamais et sait où il va", *La Gazette de Lausanne,* 7 décembre 1959.

política. A ponto, aliás, de esses elementos de informação parecerem com freqüência mais importantes do que os próprios textos constitucionais, como constata André Philip (numa tentativa de antecipação que se baseia unicamente na análise do personagem de Gaulle): "É diante dessa atitude profunda de de Gaulle, mais do que nos detalhes de uma Constituição, que devemos definir nossa concepção de democracia"[33].

Ninguém se espantará, portanto, que a definição do papel presidencial possa parecer uma meta maior das lutas que têm por objeto, mais ou menos explícito, a transformação ou a conservação das regras do jogo político. À luta em torno dos modos de legitimação da ação pública vem acrescentar-se a luta em torno da figura presidencial, na qual os atores em concorrência procuram construir o papel presidencial *para* consolidar sua própria posição no espaço público ou invalidar a de seus adversários.

A DEFINIÇÃO DO PAPEL PRESIDENCIAL COMO OBJETO DAS LUTAS EM TORNO DOS MODOS DE LEGITIMAÇÃO DA AÇÃO PÚBLICA

Pode-se descrever esse espaço de lutas de maneira dicotômica, opondo dois tipos de discurso. De um lado, os discursos que defendem a idéia segundo a qual a prática do papel presidencial por seu primeiro titular deve ser analisada nas categorias políticas tradicionais – evocar-se-á então, por exemplo, um "poder pessoal" e "autoritário" –, em relação às quais essa prática é ilegítima. Essa argumentação é a do grupo então estigmatizado por ter reagrupado os "conservadores". Do outro, ao contrário, isto é, do lado dos "renovadores", afirma-se que a prática efetiva do papel presidencial é o indício – e mesmo a prova – de transformação estrutural da sociedade francesa, e deve portanto ser apreendida, de fato, através das novas categorias de percepção e de justificação da ação pública que esses "renovadores" promovem[34].

---

33. A. Philip, "Notre avenir politique", *Christianisme social*, 11-12: 753, 1958.

34. Cabe notar que o grupo que designamos aqui como o dos "renovadores" é, na verdade, a expressão de uma rede ligada diretamente às instâncias do planejamento, isto é, daquele lugar onde, sob o pretexto de inventar novas habilidades com vistas a racionalizar a ação do Estado, se elabora e se difunde uma nova visão de mundo, centrada essencialmente na idéia de modernização e de crescimento – o que B. Jobert e P. Miller chamaram o "referencial modernizador" (*L'État en action: Politiques publiques et corporatismes,* Paris, PUF, 1987) –, em nome da qual vão ser propostos novos modos de legitimação da ação pública. Além disso, como mostrou L. Nizard ("De la planification française: Production de normes et concertation", *Revue française de science politique,* 22 (5), 1972), esse lugar

Uma tal oposição é, evidentemente, redutora e esquemática. Mas, se essa distinção analítica entre uma visão de mundo "conservadora" e uma visão "renovadora" não está em condições de explicar inteiramente os modos de investimentos diferenciais dos atores nas lutas simbólicas para definir os tipos de recursos legítimos na competição política, ela não deixa de ter um interesse heurístico para a análise das tomadas de posição sobre a prática do papel presidencial no início da V República. Ela permite, principalmente, entender por que a questão de saber se Charles de Gaulle é um homem do passado ou um homem do futuro assume então tanta importância. Raymond Aron observa em 1963:

> Há algumas semanas, jornalistas e comentaristas norte-americanos se perguntam incansavelmente: o general de Gaulle é um homem do passado ou do futuro? É, como seus adversários decretam, prisioneiro de considerações anacrônicas: poder, grandeza, soberania nacional? Ou então, como proclamam seus admiradores, mais uma vez ele discerniu nas brumas do presente os contornos do mundo de amanhã, com o risco de surpreender mentes menos clarividentes e os homens comuns?[35]

Não poderíamos entender a importância dessa questão, nem a seriedade que os contemporâneos lhe conferem, se não víssemos que, por trás dela, está de fato a definição da situação que está em jogo e, mais precisamente, a imposição das categorias de percepção que podem fundamentá-la. Longe de ser anedótica, a questão é, assim, saber se os quadros de análise "tradicionais" ainda se aplicam – notadamente ao titular da função presidencial, mas não somente a ele[36] – ou se eles são doravante inválidos.

É dentro dessa perspectiva que se deve entender as inúmeras comparações entre Charles de Gaulle e figuras históricas como César, Luís XIV, Bonaparte, Pétain etc., mesmo que o recurso à história – sob uma forma mais metafórica do que erudita – remeta a fenômenos de natureza diferente. Com efeito, o uso de referenciais históricos durante o verão de 1958 e nos primeiros meses da V República é, sem dúvida nenhuma, uma maneira de estabilizar o sentido da situação num mo-

---

"neutro" particular permitiu uma universalização simbólica de interesses particulares, isto é, uma transformação de interesses categoriais (os de sindicalistas, de patrões, de altos funcionários etc.) em interesses interdependentes que devem contribuir para equilíbrios globais apresentados como a própria expressão do bem comum. Para maiores detalhes, ver D. Dulong, *Moderniser la politique, op. cit., passim.*

35. R. Aron, "Ni avant-hier ni après-demain", *Le Figaro,* 27 février 1963.

36. Com efeito, essa interrogação não vale apenas para a função presidencial, mas também, mais amplamente, para o regime inteiro, e traduz a dificuldade contemporânea que há em medir e objetivar os efeitos ou as consequências da mudança constitucional (B. François, *Naissance d'une Constitution, op. cit.*).

mento em que os atores buscam, às vezes meio no desespero, pontos de referência para dar sentido à sua ação e à dos outros. A metáfora histórica proporciona, nessas condições, um ganho de inteligibilidade sumária mas muito útil. No entanto, passados os primeiros meses, mesmo que esse modo de recurso à história persista[37], esse significado vai mudar progressivamente. Enquanto não passavam de um princípio (entre outros) de construção da inteligibilidade da situação, que permitia garantir uma certa continuidade apesar da ruptura política e constitucional proclamada, essas comparações abrangerão, com uma freqüência cada vez maior à medida que nos afastamos do verão de 1958, tentativas de encerrar a definição nos quadros de análise tradicionais[38]. Com efeito, se essas comparações se inserem então claramente em estratégias de deslegitimação da prática gaullista do papel presidencial, elas têm também, e antes de tudo, um objetivo mais amplo: negar a ruptura de 1958 e, por isso mesmo, invalidar as categorias de apreensão da competição política que a afirmação dessa ruptura pressupõe. Isso porque reduzir a situação atual à do século XX, aplicar, por exemplo, os quadros conceituais do Império à situação dos primeiros anos da V República é presumir – para além da ilegitimidade da prática gaullista do papel presidencial – a permanência dos modos de legitimação da ação pública através dos séculos. É afirmar que a competição política pode, e mesmo *deve*, ser analisada por meio de esquemas de percepção

---

37. É o caso, em particular, nas primeiras edições dos manuais de direito constitucional, que fazem um uso quase sistemático desse tipo de comparação e tentam assim construir categorias eruditas de substituição. G. Vedel, por exemplo, procura descrever, no seu curso de primeiro ano na faculdade de Direito de Paris, as "imagens do regime político francês que a Constituição esboçaria", distinguindo várias hipóteses: a "democracia cesariana", a "Constituição neobonapartista", o "retorno a 1875", o "parlamentarismo racionalizado", a "Constituição orleanista", a "Constituição pedagógica", o "governo *à la* Tito" (*Cours de droit constitutionnel et d'institutions politiques*, Paris, Les Cours de droit, 1958-1959, pp. 777-779; deve-se notar que essa análise não é retomada na edição seguinte de seu curso policopiado, em 1959-1960).

38. É assim que, para alguns, "há no destino do general de Gaulle estranhas semelhanças com o do marechal Pétain" (R. Dronne, "Deux destins parallèles: Pétain et de Gaulle", *Combat*, 21 octobre 1964). Para outros, mais numerosos, o poder do presidente é da mesma natureza que o de Napoleão Bonaparte: "Reconhecer-se-á, sem dúvida, que o regime gaullista é de forma reduzida, não quanto a seus resultados efetivos, pelo menos quanto a suas ambições, uma réplica do reinado do grande imperador" (B. Lavergne, "Une explication de notre temps par une comparaison avec les temps passés", *L'Année politique et économique*, 162: 265, 1961); ou ainda: "A V República é um bonapartismo também na medida em que esse poder solitário é afetado de um coeficiente pessoal, indecifrável pelas grades demasiado simples de um marxismo elementar. Ma está claro, em todo caso, que mais ainda do que o poder dos Bonaparte, o do general de Gaulle é uma arbitragem fraudada" (A. Delcroix, "L'homme seul de l'Élysée", *France Observateur*, 11 mai 1961).

intangíveis. Em suma, é negar toda e qualquer transformação das regras do jogo político.

Aliás, os promotores desse tipo de análise não escondem isso: vinculam sobretudo essa análise, antes de 1962, à idéia do caráter transitório da presença do general de Gaulle no poder, o tempo de decidir o problema argelino. Para eles, as mudanças que observam têm origem apenas numa prática singular e não poderiam em nenhum caso institucionalizar-se. "Qual é o alcance da prática atual da Constituição? É uma simples prática que tem apenas o valor de um fato, nota assim um professor de direito público em 1961. Pode ser mudada a qualquer momento e mudará quando as circunstâncias políticas que a causaram tiverem mudado"[39]. Em outras palavras, o gaullismo é para eles apenas um "parênteses" na competição política, destinada a se encerrar após a saída do general de Gaulle:

Que o regime atual está agora numa rampa rapidamente descendente, que se pode contar com seu fim dentro de um prazo mais ou menos breve – meses ou anos – não é de duvidar. [...] Quando a questão argelina tiver sido resolvida e a V Republica tiver desaparecido há anos, ver-se-á, acreditamos, com evidência, que a semiditadura atual terá sido tão-somente um hiato, apenas um parênteses explicado exclusivamente pelo caráter excepcionalíssimo das circunstâncias trágicas que a França atravessou[40].

No entanto, essa percepção não é própria de um campo, e mesmo aqui a oposição entre "conservadores" e "renovadores" deve ser atenuada, mesmo que as conseqüências que são extraídas dela sejam divergentes. Assim, encontramos diagnósticos aparentemente semelhantes nos "renovadores", que, certamente, têm consciência da fragilidade do novo regime enquanto ele for definido unicamente pela prática do general de Gaulle. Mas o que distingue suas análises das outras é que não é negada a importância da ruptura "constitucional" de 1958, mesmo que ela continue difícil de objetivar. Assim é que os "renovadores" recusam fortemente dar crédito, através das comparações históricas, à intangibilidade dos esquemas de apreensão do jogo político e que se encontram então do lado dos gaullistas, para negar toda e qualquer pertinência às análises que vêem no gaullismo apenas o eterno retorno do mesmo – "Não existem, na História, dois chefes de Estado mais diferentes do que Napoleão III e Charles de Gaulle", escreve assim François Mauriac[41] –, não para legitimar como eles a prática gaullista,

---

39. E. Giraud, "La Constitution du 4 octobre 1958 et la pratique de cette Constitution", *Revue du droit public*, 5: 1011, 1961.
40. B. Lavergne, "Perspectives de politique intérieure française", *L'Année politique et économique*, 163: 343-345, 1961.
41. F. Mauriac, "Contre-vérité", *Notre République*, 22 février 1963. Ver também, do mesmo autor, "De Gaulle avril 1961", *Le Figaro littéraire*, 6 mai

mas para impor a necessidade de novas categorias de entendimento do político. É, por exemplo, Georges Suffert (presidente do clube Jean-Moulin) quem explica que "a história nunca se repete. De Gaulle não é Napoleão III [...]. De Gaulle não é o marechal Pétain"[42]. Maurice Duverger (também membro do clube) é quem dedica um livro inteiro, *De la dictature*, a desencorajar as tentativas que visam a classificar o regime como ditadura.

Lançado em 1961, *De la dictature* tem, na verdade, o objetivo único de mostrar, através de um estudo do conceito de "ditadura", que o caso da V República não entra numa tal categoria de análise, apesar dos partidos políticos acusados, na mesma oportunidade, de ser ultrapassados pelos acontecimentos:

As divisões dos partidos continuam baseadas em oposições políticas antigas, que não mais correspondem aos problemas de hoje e às diferentes respostas que lhe podem ser dadas. [...] O conflito essencial da França atual opõe aqueles que querem acelerar a modernização econômica e aqueles que querem freá-la; aqueles que querem colocar a França no século XX e aqueles que querem mantê-la "em seu canto". Ele não se reflete na luta dos partidos: da extrema direita à extrema esquerda, todos estão mais empenhados em defender no detalhe as situações existentes do que em promover mudanças[43].

Como vemos muito bem aqui, àqueles que tendem a encerrar a definição da situação na alternativa "ditadura ou democracia" é oposta a alternativa "pró ou contra a modernização da França".

Como o debate se estrutura em torno desse tipo de alternativa – a inserção do regime numa continuidade histórica que lhe recusa toda e qualquer originalidade opõe-se à afirmação da inauguração de uma era nova – e como a prática do papel presidencial (seu caráter efêmero ou, ao contrário, sua perenidade) concentra apenas nela essa problemática, os "renovadores" são obrigados a integrar essa prática presidencial na sua estratégia de imposição de novas categorias de apreensão e de legitimação da ação pública. Eles não têm outra solução, para dar crédito à visão de mundo que promovem, senão tentar fugir das acusações de despotismo e da invalidação que atinge a prática presidencial. Nessa perspectiva, trata-se então, para eles, de conseguir *naturalizar* o lugar do presidente nas novas instituições e, para fazer isso, *ligar* a

---

1961, e "Les raisons d'une hargne", *Notre République*, 19 juin 1961, ou ainda "Le bloc-notes de François Mauriac", em *L'Express* de 8 de setembro de 1960, onde ele critica severamente um editorial de J.-J. Servan-Schreiber, que havia comparado de Gaulle a Pétain logo após o fracasso das negociações de Melun entre o governo e a FLN.

42. G. Suffert, *De Defferre à Miterrand: La campagne présidentielle*, Paris, Seuil, 1966, p. 72.

43. M. Duverger, *De la dictature*, Paris, Julliard, 1961, pp. 41-42.

prática do primeiro presidente da V República a lógicas sociais, das quais essas novas instituições políticas seriam, de certo modo, o sinal, ou o reflexo, e o general de Gaulle, o porta-voz.

Reconhecer ao gaullismo "causas profundas" – e não encontrar nele apenas fundamentos conjunturais e efêmeros – equivale a dar crédito à realidade de transformações estruturais da sociedade francesa e a atestar, em particular, o advento de novas categorias sociais ("diretores", "executivos", "operários integrados") que pesam necessariamente sobre o caráter do regime. Essa análise, compartilhada comumente pelos "renovadores" (mas cujos princípios de construção podem ser variáveis), é muito bem explicitada particularmente por Roger Priouret já em 1959[44]. Para esse último, a importância assumida pelo papel presidencial é apenas a manifestação política da emergência de novas elites sociais:

> Quando uma classe – ou um conjunto de categorias sociais – detém a parte mais dinâmica do aparelho de produção, quando ela toma consciência do poder que já adquiriu e do potencial de poder que pode conquistar, tem precedentes o fato de ela não procurar impor o regime que a serve. Ora, *nenhuma dúvida sobre o objetivo que os diretores, executivos e operários integrados desejam atingir: eles querem um executivo forte e estável em condições de orientar firmemente a economia no sentido do progresso industrial*. Portanto, para eles, nada de regime parlamentar, ao mesmo tempo porque ele é incapaz de garantir um governo duradouro e porque é demasiado sensível às gritarias das vítimas da revolução técnica; mas, ao contrário, um regime presidencial, seja do tipo americano, isto é, direto e franco, seja do tipo alemão, isto é, camuflado de regime parlamentar. A ascensão do general de Gaulle ao poder, na medida em que pôs fim ao governo dos deputados, o referendo de 28 de setembro de 1958, na medida em que consistiu em dar o poder a de Gaulle como os norte- americanos o dão a cada quatro anos a um presidente – tudo isso satisfazia os desejos profundos dessas categorias sociais[45].

Acreditar na perenidade do "fenômeno gaullista" é, em maior medida ainda, para Serge Mallet[46], confirmar a mutação do capitalismo. Longe de ser efêmero, o significado do gaullismo se insere, dessa maneira, num processo mais geral de concentração da economia que im-

---

44. Chefe da seção de economia do *France-Soir*, ligado ao clube Jean-Moulin, que o convida regularmente para suas reuniões temáticas, R. Priouret é um dos mais ardorosos defensores da importação das técnicas de gerenciamento pela França. Nos anos 60, publica assim várias obras enaltecendo o gerenciamento, dentre as quais *La France et le management*, Paris, Denoël, 1986, onde fornece o exemplo do sucesso de alguns "grandes" representantes do mundo industrial.

45. R. Priouret, *La République des députés*, Paris, Grasset, 1959, p. 251 (grifado por nós).

46. Jornalista, sociólogo e militante, Serge Mallet se diz um "praticante das lutas sociais", lutas sociais cujas formas ele se esforça por renovar desde seu rompimento com o PCF, em 1956.

plica uma concentração do poder político e necessita, aliás, para esse autor, de uma renovação socialista:

Quando consideramos "o gaullismo" como a expressão do neocapitalismo e encaramos sua permanência, isso não significa, de modo algum, que acreditamos na imortalidade do General, nem na perenidade do seu partido. Isso significa que *a concentração política do poder, que se faz necessária pela concentração da economia, subsistirá após o gaullismo* e que nunca voltaremos ao regime parlamentar clássico. [...] Atrás do Presidente – cuja eleição custará tão caro que ele realmente terá de dever isso a alguém, encontraremos o cortejo de ministros-técnicos, de burocratas policiais e representantes dos grandes negócios que já constituem o Conselho gaullista. A televisão dirigida, a grande imprensa controlada, os comandos militares como meio de governo, com seu corolário, a passagem de uma larga fração da economia sob o controle do exército técnico (pois é este, como Pierre Naville viu muito bem, o lado perigoso da força de ataque gaullista – e é esta a razão pela qual nenhum governo neocapitalista renunciará a ela!), não desaparecerão com o gaullismo[47].

O diretor de *Esprit*, Jean-Marie Domenach, chega às mesmas conclusões. Ele também se diz "convencido de que o regime atual, por mais desprezível que seja por muitos aspectos, expressa um retorno a necessidades políticas" e pede, por isso, "uma *praxis* de um novo gênero, distante dos maniqueísmos e das escatologias":

> Aqueles que só vêem no gaullismo um episódio absurdo, um regime de encontro, débil e muito próximo de desmoronar, se dão conta de que esse julgamento se volta contra eles: contra sua impotência que produziu esse fenômeno e que não consegue fazer cessar? [...] Desejamos, antes, que a esquerda elabore o programa concreto de um regime político, social e cultural na escala das massas e de suas necessidades, e que ela comece por instaurar em suas fileiras, em sua prática, em sua linguagem, aquela racionalidade básica que tanto falta à nossa vida política[48].

A esses tipos de análise, Maurice Duverger acrescenta um argumento politológico na obra que lança em 1961, *La VIe République et le régime présidentiel*; ele procura mostrar que, doravante, temos de passar, em todos os países ocidentais, de um "presidencialismo utópico" a um "presidencialismo científico" ligado à emergência das democracias de massa[49].

Para ele, a transformação do papel do Estado nas sociedades ocidentais deve conduzir a uma nova concepção de *representação*:

---

47. S. Mallet, "L'après-gaullisme et l'unité socialiste", *Esprit*, 7-8: 33, 1963 (grifado por nós); ver também S. Mallet, *Le Gaullisme et la Gauche*, Paris, Seuil, 1965.
48. J.-M. Domenach, "Le réalisme politique", *Esprit*, 10: 442-443, 1962.
49. M. Duverger, *La VIe République et le régime présidentiel*, Paris, Fayard, 1961.

As tarefas do Estado se tornaram mais numerosas, mais complexas, mais necessárias: os cidadãos sentem agora que elas devem ser realizadas em seu nome por uma firme autoridade central; os parlamentares não têm condições de fazê-lo. [...] Assim está colocado o problema de uma representação de caráter global e geral, diante da representação tradicional, de caráter particular e compartimentado[50].

A isso, prossegue Maurice Duverger, deve-se acrescentar a "tendência contemporânea à personalização do poder"[51], que é, para ele, um fenômeno inelutável: "A personalização do poder é um fato que é impossível suprimir. Se quisermos bani-la das estruturas democráticas, forçá-la-emos apenas a expressar-se fora delas, isto é, contra elas"[52]. O fenômeno é inelutável e conduz à invalidação das categorias tradicionais de análise dos regimes políticos: "Hoje, a distinção entre regime parlamentar e regime presidencial é secundária: a distinção fundamental, para o Ocidente, é entre as democracias de escolha direta do chefe do governo pelo povo e as democracias de escolha indireta"[53]. Daí a dupla conclusão da demonstração: a chegada do general de Gaulle ao poder modificou profundamente o jogo político, tornando obsoletas toda uma série de soluções consideradas anteriormente[54];

o fortalecimento do executivo, a representação global da nação e a personalização do poder [...] são as necessidades políticas fundamentais das sociedades do século XX. A democracia que se chama direta é a forma normal de democracia moderna para os grandes países. [...] São esses os fatos. Pode-se deplorá-los ou regozijar-se com eles. De qualquer modo, eles existem: espessos, maciços, inelutáveis[55].

Como se vê, cada uma dessas análises deixa entrever um fundamento social – variável, sem dúvida, e que exprime jogadas diferentes –

50. *Idem*, pp. 30-31.
51. *Idem*, p. 34. Inúmeras análises contemporâneas caminham nesse sentido, seja mostrando o caráter "natural" da "personalização do poder" e a invenção de um "novo *leadership* democrático" (ver, por exemplo, A. Marileau, "La personnalisation du pouvoir dans les gouvernements démocratiques", *Revue française de science politique*, 10(1), 1960), seja descrevendo as lógicas sociais de um fortalecimento do poder executivo (ver, por exemplo, B. De Jouvenel, "Sur l'évolution des formes de gouvernement", *Bulletin SEDEIS*, 20 avril 1961). Essa reflexão é contemporânea e está ligada a uma série de reflexões sobre a transformação das elites sociais e políticas. Ver, por exemplo, a mesa redonda organizada pela Association française de science politique, em novembro de 1963, sobre "A classe dirigente, mito ou realidade?" (as atas foram publicadas na *Revue française de science politique* em abril e agosto de 1964 e depois em fevereiro de 1965; encontrar-se-á um bom resumo desses debates em P. Hassner, "À la recherche de la classe dirigeante: Le débat dans l'histoire des doctrines", *Revue française de science politique*, 15(1), 1965).
52. M. Duverger, *La VIe République et le régime présidentiel*, *op. cit.*, p. 36.
53. *Idem*, p. 40.
54. *Idem*, pp. 95 e s.
55. *Idem*, p. 54.

para a prática gaullista do papel presidencial; fundamento social que, para além de seu caráter heterogêneo, tende a objetivar esta última: transformação do capitalismo, mudança da sociedade francesa, democracia de massa e novo tipo de *leadership,* emergência dos executivos, integração dos operários etc., todo "aquele conjunto de fatores ultrapassa a pessoa do general de Gaulle", explica Georges Suffert[56]. Nesse sentido, os "renovadores" contribuem amplamente para a objetivação da preeminência presidencial. Todavia ao fazê-lo, procuram, sobretudo, fazer valer sua própria visão de mundo e tentam, assim, consolidar sua própria posição no espaço social e político. E, ao se elevarem acima das peripécias da conjuntura política, sua análise faz do gaullismo um fenômeno que se insere num processo histórico que ultrapassa seus protagonistas. Inauguração em ato dos novos tempos, o gaullismo torna-se então uma etapa no caminho de uma redefinição e de uma transformação da democracia:

> O episódio gaullista talvez vá aparecer na História como o primeiro elemento, mais instintivo que racional, da busca, um pouco tateante, de uma concepção nova de democracia que, em lugar de dispersar-se em conversa fiada e incompetência herdadas da época da democracia das opiniões, tentará definir as instituições capazes de enquadrar de maneira útil as exigências econômicas e sociais de uma democracia dos interesses[57].

Evidentemente, aqueles que podemos designar como "conservadores" não pretendem se deixar encerrar em tais estratagemas e contestam fortemente a validade dessa definição da situação. No campo bastante heterogêneo daqueles que contestam os princípios de visão de mundo promovidos pelos "renovadores", o PCF é o grupo que faz o maior esforço para propor uma análise alternativa completa do novo regime[58]. A análise proposta por Serge Mallet das "mutações do capitalismo" é objeto de violentos ataques, sendo este acusado, por exemplo, de pedir às "massas operárias [que] se alinhem ao lado das altas

56. G. Suffert, *De Deferre à Miterrand, op. cit.,*p. 85.
57. P. Lamour, "Mutation de l'esprit civique", *La Nef,* 15: 52, 1963.
58. Vai levar tempo para que essa alternativa seja usada em sua forma definitiva e, aliás, virá acompanhada de conflitos internos no aparelho comunista, dos quais o caso "Casanova-Servin" é o mais conhecido. Os dirigentes comunistas se dão conta muito depressa dos limites de sua argumentação original (baseada no perigo da ditadura e da iminência da instauração de um regime fascista) e, sobretudo, do risco que correm de serem contornados pelos "renovadores" na análise econômica e social do regime. Enquanto o PCF se define, apesar da fraqueza de seus resultados eleitorais, como o verdadeiro pólo alternativo ao poder gaullista, falta-lhe produzir, com toda a urgência, uma análise "estrutural" do fenômeno gaullista que desminta o diagnóstico dos "renovadores". Para uma apresentação do conjunto das teses do PCF sobre a V República, ver O. Duhamel, *La Gauche et la Ve République,* Paris, PUF, 1980, pp. 84-131.

finanças internacionais"⁵⁹. O discurso "científico" de Maurice Duverger sobre a "personalização do poder" é denunciado por Jean Montiel:

> A necessidade de personalizar não está na linha de desenvolvimento de uma sociedade democrática. Ela representa o passado, um passado sem dúvida sempre capaz de ressurgência, mas somente uma política regressiva poderia basear-se nela. [...] Afirmar, como Maurice Duverger, que, depois de de Gaulle, a França não mais poderá acostumar-se novamente "a um anonimato do qual ela nunca gostou", é situar o gaullismo no desenvolvimento normal da sociedade francesa. É mais verossímil pensar que "os excessos do culto do chefe" acarretarão uma reação inversa. Daí o pouco futuro do poder personalizado na França⁶⁰.

"Personalização do poder" *versus* "culto do chefe": como se vê, as palavras assumem aqui toda a sua importância. Isso porque, através desses vocábulos antagônicos que procuram designar o papel presidencial, na verdade se defrontam duas definições da situação, portanto, duas visões de mundo concorrentes. No caso contrário, não se poderia entender a obstinação com que alguns (e não somente o PCF) se opõem às análises dos "renovadores" sobre a prática gaullista do papel presidencial. Não se trata, para eles, de invocar a emergência de uma "França dos executivos" qualquer: o chefe de Estado é um "homem sozinho mas que age por conta dos monopólios capitalistas"⁶¹ e dos "especuladores dos grandes bancos", "por intermédio de uma tecnocracia irresponsável"⁶².

A obra que Jacques Duclos publica em 1963, *Gaullisme, technocratie, corporatisme*, é interessante sob esse aspecto. Nem que seja apenas pelo título. Deve ser entendida, na verdade, como uma tentativa do PCF de impor, diante das tentativas renovadoras dos "tecnocratas", suas próprias categorias de entendimento do político. O ponto central do livro é demonstrar que a empreitada gaullista, longe de ser "moderna", pode ser analisada por meio de categorias de percepção tradicionais: "De Gaulle não hesita em proclamar que quer fazer o novo. Mas a verdade é que ele apresenta como soluções modernas as piores velharias, a começar pelo sistema de plebiscito"⁶³. É assim

---

59. G. Mury, "Serge Mallet et la troisième révolution industrielle", *Cahiers du communisme*, 5: 478, 1959. Ver também, sobre o mesmo tema, H. Claude, "Confusionnisme petit-bourgeois et capitalisme monopoliste d'État", *Économie et politique*, n. 88, 1961.
60. J. Montiel, "Les Français sont-ils dépolitisés?", *La Nouvelle Critique*, 153: 32, 1964.
61. *Idem*, p. 29.
62. *Idem*, pp. 169-170. Ver, de maneira mais geral, H. Claude, *La Concentration capitaliste: Pouvoir économique et pouvoir gaulliste*, Paris, Éditions sociales, 1965.
63. J. Duclos, *Gaullisme, technocratie, corporatisme*, Paris, Éditions sociales, 1963, pp. 169-170. Note-se que J. Duclosé o autor de uma outra obra, *De Napoléon*

que, para Jacques Duclos, a V República pode ser comparada ao regime de Vichy: "O regime do poder pessoal, instalado após o 13 de maio de 1958, apresenta características semelhantes, em inúmeros pontos, às do poder de Pétain". Note-se que essa definição da situação se baseia principalmente em elementos tirados da biografia do general de Gaulle passíveis de fundamentá-la de modo natural:

> De Gaulle, que é de formação maurassiana, é levado naturalmente a traduzir em atos as teses de seu mentor intelectual, que queria organizar os produtores em corporações para submetê-los ao poder do Estado. Essas velhas concepções maurassianas encontram-se no projeto gaullista, o que mostra que o chefe de Estado continua fiel à ideologia reacionária da qual ele está impregnado[64].

É, portanto, em função da posição que os diferentes atores ocupam nas lutas pela conservação ou pela transformação das regras do jogo político que a prática do papel presidencial passa a fazer sentido. Para os partidários da "renovação", a prática do papel presidencial é o indicador de uma transformação social importante que convém esclarecer para adaptar-se a ela, sob pena, no final, de ter que desaparecer. Para os outros, ao contrário, a prática do papel presidencial não sobreviverá ao general de Gaulle, cuja saída marcará inevitavelmente uma volta às práticas políticas tradicionais.

Devemos ter visto que, para entender como se define a posição presidencial, não são mais os feitos e gestos do chefe de Estado que se deve colocar no centro da análise. Trata-se de operar um deslocamento do olhar para a maneira como alguns atores constroem o papel presidencial *para* construírem sua própria posição no espaço público. Em outras palavras, como Norbert Elias já nos havia convidado a fazê-lo, não mais se trata apenas de analisar o presidente enquanto ator, mas, sim, enquanto objeto, e, ao mesmo tempo, produto, das lutas que estruturam o espaço público no qual esse papel é definido.

III à de Gaulle (Paris, Éditions sociales, 1964), que, como o título muito bem indica, se insere diretamente nos usos da história, que descrevemos anteriormente, para deslegitimar a prática gaullista.
    64. *Idem*, p. 126. Sobre a utilização da biografia do general de Gaulle, de seus próximos ou de seus colaboradores, ver O. Duhamel, *La Gauche et la Ve République*, op. cit., pp. 124-125.

3. O Gosto pela Violência

JACQUES DEFRANCE

As pesquisas sobre os jogos físicos, o esporte e a história das técnicas de condicionamento físico foram apoiadas direta e indiretamente por Norbert Elias. No campo "esportivo", mais particularmente, coloca-se com acuidade a questão da violência física, aquela que homens liberam em pleno desempenho, a violência da relação com o corpo dos esportistas, que infligem a si mesmos extremas coerções em seus treinamentos e nos momentos de risco, e aquela que o espetáculo da rivalidade competitiva desencadeia às vezes entre os espectadores. Questão muito mais pertinente se levarmos em consideração os séculos XIX e XX, as ginásticas e os esportes, a época dos militares e a dos treinadores, a era das revoluções e o século das grandes guerras. Esse setor apresenta evoluções paradoxais que talvez se possa explicar[1].

---

1. Foi nesse contexto que se fez, em 1976, a tradução de um artigo de Elias, com o título de "Esporte e Violência", para iluminar as pesquisas sobre a cultura do corpo através do exercício, seja os trabalhos sobre ginástica do século XIX, seja aqueles sobre o esporte no século XX. N. Elias, "The Genesis of Sport as a Sociological Problem", *in* E. Dunning (ed.), *The Sociology of Sport*, London, Cass, 1971, trad. por J. e A. Defrance: "Sport et violence", *Actes de la recherche en sciences sociales*, n. 6, 1976 (aparece em *The Quest of Excitement*).

O PARADOXO DOS GINASTAS

Devo chamar a atenção para o que chamarei o "paradoxo dos ginastas": ao longo do século XIX, uma técnica de treinamento físico como a ginástica se propõe aumentar a força e a capacidade de violência bruta do corpo dos ginastas; e, simultaneamente, o programa de atividades dos homens que se exercitam está limitado permanentemente em sua intensidade, em sua amplitude, assim como a rivalidade competitiva é freada sem cessar. Em suma, a cultura das aptidões para a violência é organizada, ao ser reprimida[2].

Um segundo traço reforça o paradoxo. Durante o século XX, essa cultura do corpo é controlada em grande parte, pelos militares, um grupo capaz ao mesmo tempo de violência, considerado detentor de uma pedagogia brutal e que, no entanto, revela ser o agente empenhado mais diretamente no controle da violência e na limitação das rivalidades físicas na ginástica. Podemos demonstrar que, quando militares se encarregam do exercício físico de civis, de crianças em fase escolar, de professores em formação etc., eles não o fazem dentro de um projeto de "militarizar" a sociedade civil, meta que não se impõe na vida política francesa no século XIX, apesar das formas de cesarismo desenvolvidas no Primeiro e no Segundo Império[3]. O objetivo dos militares é, ao contrário, assegurar que o treinamento físico para a guerra continue sendo monopólio do exército, continue sendo a atividade dos homens incorporados à instituição militar. Por conseguinte, é preciso que, fora do exército, seja organizada uma pré-formação que mobilize os indivíduos, lhes proporcione um desenvolvimento físico geral, mas que não seja, em nenhum caso, treinamento direto para a violência. Os militares tentam deter as veleidades de certos civis que estão sempre dispostos a armar-se e a lutar sem conhecer o ofício das armas; devem frear aqueles que manifestam gosto pela violência, desde os membros da guarda nacional até os professores primários que foram voluntários na guerra de 1914-1918. Em suma, os militares agem na esfera civil para desmilitarizar os civis.

Parecia paradoxal que militares não procurassem aumentar suas vantagens corporativas e levá-las além dos próprios limites de sua instituição. Com Elias, entende-se que eles tinham de proteger o monopólio da violência de Estado que representam: ora, essa noção eliasiana invoca necessariamente as outras.

---

2. J. Defrance, *L'Excellence corporelle: La formation des activités physiques et sportives modernes. 1770-1914*, Rennes-Paris, Presses universitaires de Rennes-STAPS, 1987.

3. R.Girardet, *La Société militaire dans la France contemporaine (1815-1939)*, Paris, Plon, 1953.

O GRUPO E SEUS INTERESSES

Para compreender o significado político do comportamento dos militares, dois modelos se opõem. Um primeiro modelo de comportamento, empregado usualmente em sociologia e em história, baseia-se na noção de grupo, de consciência de grupo e de interesse de grupo. No exemplo escolhido, ele convida a pesquisar como os militares podiam exercer pressão para fazer com que os interesses militares avançassem em toda a parte, procurando militarizar o maior número de setores da vida social (assim como outras análises sociológicas tendem a mostrar a profissão médica em sua tendência a "medicalizar" tantos campos de ação quantos ela possa controlar). Esse modelo da consciência de um agente coletivo – aqui, o pessoal militar –, ao apreender adequadamente seus próprios interesses, que se revelam unificados para o grupo, e essa visão dos interesses de grupo, que são apresentados como uma tensão unívoca para a maximização do poder do grupo, fornecem uma descrição que tem inúmeros parentescos com o modelo da ação racional, mas transposto para um plano coletivo. A formulação marxista, com o conceito de consciência de classe, é, provavelmente, a que vai mais longe para extrair as conseqüências dessa visão do interesse de um grupo. Com efeito, ela pressupõe várias questões resolvidas e tão difíceis de resolver na explicação do interesse coletivo quanto na do interesse individual apresentado pela teoria da ação racional: principalmente, como uma clara consciência de seus interesses chega até o agente, seja ele individual ou coletivo? Por outro lado, na apreensão de seus interesses, como esses podem se reunir e se fixar sob uma forma unitária, para compor uma entidade coerente?

Esse primeiro modelo vai desaguar numa visão do grupo como entidade delimitada e homogênea muito semelhante à noção de pessoa física e a uma apreensão dos interesses de grupo como projeto de estender sua própria extensão física, interesses coletivos que se assemelham estranhamente às ambições maximizadoras do ator racional num mercado.

Parece que, a cada vez que uma análise partiu de uma descrição do grupo, e depois foi estendida a seus interesses, em lugar de partir da configuração das relações sociais ou das relações de classe nas quais esse grupo podia se constituir, a compreensão do que é esse agente coletivo e do que pode abarcar a noção de interesse foi reificada, substantivada e levou a impasses. Essa tendência a reificar domina, há muito tempo, as análises políticas e históricas, e os apelos de George Lukács a uma apreensão da classe social mais dialética ou os de Edward Thompson em favor de uma abordagem mais empírica e histórica dos grupos em seu processo de formação continuam isolados[4]. Também Elias retoma a crítica dessa reificação sociológica dos grupos.

---

4. G. Lukács, *Geschichte und Klassenbewusstsein,* 1923, trad. francesa de K.

ELIAS E O MODELO DA CONSCIÊNCIA DESDOBRADA

Um segundo modelo de ação coletiva é proposto por Elias ao basear-se na noção de consciência desdobrada. O tema foi desenvolvido em psicologia para compreender formas de consciência individual, especialmente na psicologia de Freud, com a possibilidade de que a consciência sofra uma cisão, de que o cgo e o superego se oponham[5]. Elias desenvolve esse esquema para compreender a formação da consciência no indivíduo tal como ela é estruturada pelas relações de interdependência social. A cisão da consciência, identificada por Freud, e cujo funcionamento é estudado pela psicanálise, poderia ser engendrada por instigações contraditórias oriundas das forças sociais que agem em direções contrárias. Nesse ponto da análise, Elias introduz as instigações ao uso da violência da parte do Estado-nação moderno enquanto unidade humana e territorial que se defronta com outros Estados-nação (educação nacionalista, preparação militar etc.) e as coloca em paralelo com as instigações a reprimir essa mesma violência nas relações no interior do Estado-nação moderno (pacificação das relações civis).

No modo como ele formula sua proposição, essas instigações contraditórias têm um alcance muito geral e são suscetíveis de provocar uma cisão da consciência e um desdobramento da moralidade[6], afetando todos os grupos sociais presos na vasta nebulosa de relações de interdependência constituída pelo Estado-nação. A dupla orientação marca tanto os militares quanto os civis, mesmo que eles não recebam o mesmo papel no uso da violência.

A Violência Compartimentada

Prolongando essas análises sobre o século XX, como compreender as formas da violência física e seu controle que se observam então? Trata-se de empregar o método eliasiano num tempo relativamente curto em relação àquele encarado por Elias. Para isso, devemos armar-nos de sutileza e perscrutar de maneira precisa as seqüências de transformação das relações sociais e das normas que regulam o uso da violência física. Mesmo sabendo que toda transformação no século XX não é, necessariamente, o sinal de um impulso de civilização, que o proces-

---

Axelos, *Histoire et Conscience de classe*, Paris, Minuit, 1960; E. P. Thompson, *The Making of the English Working Class*, London, V. Gollancz, 1963; trad. francesa, *La Formation de la classe ouvrière anglaise*, Paris, Gallimard, Seuil, Hautes Études, 1988.

5. D. Davidson, *Paradoxes of Irrationality*, 1982, trad. franc., *Paradoxes de l'irracionalité*, Combas, L'Éclat, 1991.

6. N. Elias, "Sport et violence", *art. cit.*, p. 5.

so de civilização não é irreversível nem unívoco, que não é uniforme, nem igualmente dividido para todos os componentes da vida social, pode-se descrever o período contemporâneo como sendo marcado por uma intensificação da contradição entre as instigações à violência e aquelas que visam a reprimir essa violência.

De um lado, há a intensificação do controle da violência e das normas de quietude, com uma aversão, que aumentou a partir do início do século, aos castigos corporais, ao espetáculo de execuções capitais (que até 1938 ainda são visíveis em Paris defronte a prisão de La Santé), com pressões hostis muito fortes com respeito às formas de crueldade exercidas sobre os animais (tourada, caça com galgos e a cavalo, briga de galos[7]). Paralelamente, registra-se uma intensificação da violência exercida na guerra: é dado um grande salto com a guerra de 1914-1918, outro com o sistema de campos de concentração nazistas e a Segunda Guerra Mundial, para culminar com as guerras tecnológicas atuais. Reforça-se a cisão entre as duas zonas de experiência, civil e guerreira, expondo a instigações contraditórias. Por isso, torna-se mais problemática a passagem de uma zona de experiência à outra – o processo pelo qual as pessoas se mobilizam para a violência guerreira e, inversamente, aquele pelo qual elas se desmobilizam e operam uma volta à tranqüilidade e a uma vida civil. Observa-se, no século XX, após a guerra de 1914-1918, mas, sobretudo, com a de 1939-1945, e depois com a do Vietnã, uma ansiedade coletiva quanto a saber se os ex-combatentes podem voltar a ser homens civis. Essa inquietude vem acompanhada de uma tendência a estigmatizar as falhas na volta à ordem interior, e a aplicar a esses grupos as categorias da psicopatologia, desde a nosografia do traumatismo neurológico do tempo de Charcot até a síndrome de Rambo.

A Violência Circunscrita

Observa-se o emprego de dispositivos para proteger e fixar a civilidade da vida civil. Estratégias coletivas são formadas, e depois reforçadas, para evitar a supressão da inibição da violência e a passagem de uma situação controlada para a explosão brutal. Encontramos exemplos disso na história dos esportes e na do uso de drogas e de substâncias dopantes ao longo do século XX. Com relação a isso, duas táticas (políticas) se opõem.

Uma política "radical" visa a proibir integralmente todas as práticas ou todos os usos cujo prolongamento poderia levar à destruição

---

7. M. Pinçon, M. Pinçon-Charlot, *La Chasse à courre: Ses rites e ses enjeux*, Paris, Payot, 1993; K. Thomas, *Man and the Natural World: Changing Attitudes in England. 1500-1800*, Harmondsworth, Penguin, 1983; trad. franc., *Dans le jardin de la nature: La mutation des sensibilités en Angleterre à l'époque moderne (1500-1800)*, Paris, Gallimard, 1985.

física das pessoas. Os possíveis excessos são "antecipados" bastante estritamente. Dentro dessa ótica, é conveniente proibir o boxe, porque algumas lutas provocam a morte de um concorrente, e deve-se generalizar a proibição de todo espetáculo que acabe em morte (tourada, caçada, briga de galos etc.), que cultivaria o prazer de ver o assassinato de um ser vivo. Do mesmo modo, já que o consumo de álcool leva à intoxicação e é contabilizado, do ponto de vista nacional, por um insuportável número de óbitos, é conveniente proibir inteiramente o uso e o comércio desse produto, e far-se-á o mesmo com relação às drogas. Essas políticas de proibição marcam o século XX: por exemplo, a condenação do álcool nos Estados Unidos, já no século XIX, e que termina na proibição legal entre 1919 e 1933[8]; ou, na França, a proibição do uso de estupefacientes, que vai se especificando com o tempo e acaba sendo aplicada ao esporte, depois de uma lei de 1º de junho de 1965 (são então proibidas anfetamina, estricnina, atropina, cocaína etc., substâncias de uso corrente no esporte há muito tempo). Notemos que todas as formas atuais de integrismo moral, da *deep ecology* à imposição de condutas *politically correct*, compreendem a adesão a algumas proibições absolutas desse tipo.

Uma política de contenção, que se preocupa em separar muito bem o uso controlado e a deriva para uma perda de controle, está atenta a vigiar todos os pontos em que essa passagem pode ocorrer e insiste em todas as técnicas que permitam retomar o autocontrole. Na prática das atividades esportivas, isso dará lugar a tentativas repetidas de distinguir muito bem o gesto correto daquele que não o é, para transcrevê-lo na regra e integrá-lo à arbitragem, donde um contínuo crescimento da regulamentação do jogo durante o século XX, e isso conduzirá à codificação, no treinamento físico, de uma fase obrigatória, a "volta à calma", espécie de processo guiado de recuperação dos reflexos inibitórios que tornam o homem pacífico, nas relações de todos os dias, uma vez saído das disputas esportivas. No uso das drogas, isso levará a separar as substâncias segundo os efeitos de dependência que induzem, e a perscrutar com precisão os processos de escalada e de abstinência.

Quando se vê a importância, a amplitude e a virulência das discussões sobre os efeitos destrutivos da violência esportiva ou sobre os do álcool e das drogas, pode-se pensar que a sensibilidade à violência, a repulsa a seu uso e ao espetáculo do sangue derramado, ou à saúde "estragada", só fazem se fortalecer, mesmo que os episódios de violência neste século mostrem que o conjunto pode distender-se de repente. Quanto a isso, uma interpretação do século XX numa ótica eliasiana não pode deixar de lembrar o caráter reversível do processo de civiliza-

---

8. J. Gusfield, *Symbolic Crusade: Status Politics and the American Temperance Movement*, Urbana, Chicago, London, University of Illinois Press, 1963.

ção. Não pode economizar uma análise do Estado fascista, e, especialmente, dos sistemas políticos que organizaram a eliminação física de seus próprios membros (campos de extermínio alemães para os alemães, expurgos soviéticos), porque é patente então que se observam formas de Estado que não dirigem a violência e não a monopolizam, como fazem os Estados de direito das democracias parlamentares.

A Resolução de uma Velha Aporia

Entrando na perspectiva de Elias, aceita-se como resolvido um velho problema que por muito tempo pareceu insolúvel: como reduzir a violência sem exercer violência para conter sua expressão? A noção de monopólio da violência legítima resume todo um conjunto de processos que retêm a violência dentro de limites precisos, que fixam sua fonte legítima, que especificam as condições de seu emprego, que autorizam executantes aprovados para exercê-la e que regulam as reações a ela entre a população excluída do direito de exercer toda e qualquer forma de violência. Três pontos do sistema descrito são problemáticos, e examinei aqui, de maneira mais especial, os dois primeiros.

Como caracterizar sociologicamente a instância central de controle da violência sem cair numa concepção reificada do Estado, que lhe imputa uma espécie de personalidade e lhe atribui uma função de vigília da sociedade civil? E que análise fazer das situações ambíguas no tocante à vontade do Estado de monopolizar a violência ou de deixá-la ser exercida nas relações sociais para servir-se dela? Como caracterizar as disposições dos grupos, tais como os militares, que executam ao mesmo tempo o trabalho de violência e o controle da violência, reprimida por meio da violência: como escapar ao estereótipo do *habitus* fascista das forças que garantem a ordem? Esboçamos uma resposta a esse ponto. Como se exprime o gosto pela violência na vida comum dentro de uma configuração como essa, em particular, que *status* é conferido à violência que se volta contra quem a expressa quando toda e qualquer forma de exercício da violência para com os outros é contida e reprimida com eficiência?

Evoquei o segundo ponto, com a questão da caracterização do grupo agente do controle da violência física (os militares), e gostaria de evocar o primeiro, com a questão da instância central que monopoliza o exercício legítimo dessa violência.

O Monopólio Afrouxado

Cada vez que o Estado tolera milícias, ligas, corpos de voluntários em seu território, ou a instalação de colonos em territórios externos relativamente menos controlados por ele (como nos impérios coloniais da Grã-Bretanha e da França), ou, ainda, quando um governo de *status* provisório num país ocupado mantém um exército de libertação, é levado a estimular mais fortemente a educação para a violência da sociedade civil. Esses tipos de Estado devem, por sua vez, estabelecer um monopólio da força: mas por razões diversas, conforme os casos de figura aqui reunidos, não podem constituí-lo sob a forma de um exército clássico. Ora, é numa situação desse tipo, a da Inglaterra imperial no final do século XIX, que o esporte e o escotismo são engendrados: em outras palavras, para que, numa sociedade civilizada, se forme um encrave como o esporte, em que a norma de rejeição e de repulsa à violência é relaxada, é preciso que, durante o impulso de civilização, um setor das relações sociais tenha sido tratado à parte, sob um regime especial, ficando, de certo modo, fora das interdependências próprias da sociedade civil.

Aliás, nas situações desse tipo, a estrutura das relações de poder não é mais tão unívoca, e a tensão para a monopolização é contrabalançada por uma política de disseminação da capacidade de violência entre a população civil, mobilizada como força de resistência, de dissidência ou força colonial "civilizadora". A estrutura das relações de poder torna-se, de certo modo, ternária, com o Estado, uma força civilizadora delegada (sejam os resistentes ao opressor ou os colonos num país conquistado) e uma população civil a pacificar. Nessas circunstâncias, que o século XX vê surgir por diversas vezes, a prática das atividades físicas torna-se uma prática política e o gosto pela violência volta a ser positivo. A partir de então, as artes marciais e a caçada ocupam uma posição central, porque esses esportes manifestam de um modo simbólico a capacidade de dominar o outro ou de abatê-lo. Nas colônias inglesas do final do século XIX, os esportes são difundidos e praticados[9] sistematicamente e, em troca, as forças políticas que se opõem aos ingleses radicam também sua preparação numa educação do corpo esportivo ou ginástica. Acontece assim com os movimentos que se insurgem em Bengala contra a colonização britânica no final do século XIX, e se agrupam sob a forma de pequenos grupos colocados sob a autoridade e o ensinamento moral de um mestre, praticando ao mesmo tempo a ginástica e as artes marciais. No Líbano dos anos 40, as milícias cristãs de Pierre Gemayel também têm por modelo de organização o movimento esportivo olímpico.

A configuração é mais ambígua ainda quando a situação de ocupação ou de colonização não é reconhecida francamente, como na Irlanda do Norte hoje, onde, em torno da prática do esporte, e do apoio a equipes esportivas, desenvolve-se uma excitação que pode servir de suporte a manifestações políticas violentas[10].

9. J. A. Mangan, *The Games Ethic and Imperialism: Aspects of the Diffusion of an Idea*, Viking, 1985.
10. J. Sugden & A. Bairner, *Sport, Sectarianism and Society in a Divided Ireland*, Leicester, London, New York, Leicester University Press, 1993.

CONCLUSÃO

O gosto pela violência numa sociedade civilizada corresponde a um feixe de atitudes extenso e cuja interpretação vai de encontro ao caráter profundamente ambivalente do dispositivo no qual a violência é cultivada, compartimentada e circunscrita. Os tipos de violência permitidos em nossa sociedade mudaram. Não assistimos mais às execuções capitais, mas o espetáculo de assassinatos, de violências e de cenas detalhadas de destruição física em "filmes policiais" ou "filmes de terror" é apreciado por uma grande parte da população, entre os quais os jovens: o caráter fictício desses espetáculos é muito bem marcado, e uma separação em gêneros protege do significado mais cru daquilo que nos é mostrado. A diminuição de assistência nos espetáculos esportivos apresentados nos estádios e o aumento de audiência na televisão contribuem também para estabelecer uma distância e para empurrar a visão da batalha esportiva para a ficção, isto é, para um mundo que não se pode tocar materialmente.

No plano da violência física e do mundo dos esportes, Eric Dunning, que assinou com Norbert Elias a obra *Quest for Excitement*[11], mostrou como a expressão dessa violência se mantém no período contemporâneo, mudando de modo de fazer: mais controlada, apoiando-se em técnicas que fazem com que todas as partes do corpo concorram de modo eficiente para o resultado motor[12], desenvolvida de maneira racional como finalidade, como instrumento que visa a eficiência para ganhar, e desenvolvida com menos freqüência sob o efeito do arrebatamento e do furor, a violência é canalizada sob a forma de contínua pressão física; ademais, é sustentada pelo espírito de rivalidade, uma mentalidade competitiva cultivada sistematicamente[13]. A violência é escondida com mais freqüência, ou, ainda, é mantida à distância por meio de instrumentações: é vista como tolerável quando colocada ao longe, na ficção ou no mundo estrangeiro (ou no laboratório), campos aos quais não temos o sentimento de pertencer, que não formam conosco uma humanidade comum.

Quando o processo de civilização está adiantado, a violência também pode ser voltada contra si mesmo, sob a forma do coerção autoministrada, disciplina, sacrifício, exposição ao risco. Um bom exemplo é dado pelo esporte de alta competição. Desde os anos 20 e 30,

---

11. N. Elias & E. Dunning, *Quest for Excitement: Sport and Leisure in the Civilizing Process*, Oxford, Basil Blackwell, 1986; trad. franc.: *La Fièvre du sport: Sociologie des loisirs et du sport*, Paris, Fayard, 1994.
12. G. Vigarello, *Une histoire culturelle du sport: Techniques d'hier... et d'aujourd'hui,* Paris, R. Laffont–revista *EPS*, 1988.
13. N. Elias & E. Dunning, *Quest for Excitement: Sport and Leisure in the Civilizing Process*, op. cit.

quando normas de segurança estão em vias de propagação, vê-se surgir o esforço extremo, a busca da façanha até o esgotamento, o acidente, e, paralelamente, desenvolve-se o *dopping* regular. Trabalhos de cientistas encaram o estado fisiológico do esportista como uma espécie de doença provocada de maneira experimental num indivíduo sadio: como nas experiências com animais, estas pressupõem, em homens civilizados que tomam consciência delas, uma dessensibilização pelo ser vivo que serve de cobaia[14]. De certo modo, como sugere Haberman, é o que acontece ao campeão, que vai ser separado pouco a pouco do comum dos mortais. As práticas de *dopping* desenvolver-se-ão de forma oculta, não sendo o refluxo a erradicação estrita. Nos anos 60 e 70, trabalhos de pesquisa aplicada à fisiologia do esporte tornam-se secretos (cita-se o caso de teses na Alemanha ocidental, das quais uma parte não é acessível a consultas, como se fossem relatórios de pesquisa industrial; ou ainda o exemplo do Instituto de Pesquisas para a Cultura Física e o Esporte na Alemanha oriental, cujos seiscentos membros não teriam existência oficial[15]).

Para concluir, a violência é dobrada, canalizada, finalizada, interrogada em seu significado, e assume hoje uma dupla dimensão, física e simbólica[16], que a torna diferente da violência física bruta dos tempos passados, lhe confere uma estrutura sofisticada, uma duplicidade, totalmente característica do atual impulso de civilização. O processo de civilização transforma a violência, impondo com maior eficiência ainda as normas sobre as quais ele se apóia, não ocorrendo isso sem tensões extremas, sem uma violência na maneira de impor a ordem pacificada das nações civilizadas. Essa situação é paradoxal, e permanece por continuar sua análise política, empreitada para a qual Elias é certamente um daqueles que nos oferecem os instrumentos conceituais mais pertinentes.

---

14. J. Hoberman, *Mortal Engines: The Science of Performance and the Deshumanization of Sport*, New York, The Free Press, 1992.
15. G. Treutlein, in J.-M. Deleplace, G. Treutlein & G. Spitzer (sous la dir. de), *Le Sport et l'éducation physique en France et en Allemagne*, atas do Simpósio Franco-Alemão de História do Esporte e da Educação Física, Montpellier, setembro de 1992, Paris, AFRAPS, 1994.
16. P. Bourdieu, "Programme pour une sociologie du sport" (CEMEA, 1980; Congrès ICSS, 1983), in *Choses dites*, Paris, Minuit, 1987, pp. 203-216.

4. Pensar com Elias

JOHAN GOUDSBLOM

Quando escolhi dar a essa contribuição o título de "Pensar com Elias", acreditei estar adotando um título correto, porque é o que faço como sociólogo há mais de quarenta anos, desde minha primeira leitura do livro *O Processo de Civilização*, no meu primeiro ano de estudante. Parto do princípio de que todos vocês conhecem esse livro. Por isso, não acho necessário apresentá-lo. Em compensação, não tenho certeza de que tenham tido a possibilidade de ler esse texto na íntegra. Pelo menos no que diz respeito à edição francesa, de onde estão ausentes inúmeras partes. Assim, o volume I não contém nem o prefácio original da primeira edição alemã publicada em 1939, nem a nova introdução à segunda edição alemã de 1969. Essas omissões são lamentáveis, na medida em que esses dois textos contêm proposições pragmáticas e teóricas importantes. Além do mais, é interessante notar uma ligeira mudança de tom, e o fato de terem sido enfatizado elementos diferentes. No prefácio à edição de 1939, o tom é ao mesmo tempo confiante e modesto; o autor colocava como primeiro objetivo a melhoria da compreensão do processo de civilização na Europa ocidental: "Meu objetivo não era tanto, escreve ele, construir uma teoria geral da civilização do momento, mas, antes, reencontrar a percepção perdida desse processo, dentro de uma esfera bem delimitada"[1]. Assim, procurava chegar a uma certa compreensão de suas causas, e em definitivo a "reunir perspectivas teóricas tais como as tenho encontrado em minhas pesquisas". A fim de responder progressivamente às inúmeras questões que surgiram ao longo de suas pesquisas, Elias havia antecipado a

---

1. N. Elias, *The Civilizing Process*, vol. I, *The History of Manners*, trad. E. Jephcott, New York, Urizen Books, 1982, pp. XVI-XVII.

necessidade de reunir os esforços de pesquisadores pertencentes a diferentes disciplinas.

A introdução à edição de 1969 parece mais ambiciosa, mas traz as marcas de uma certa desventura. Elias colocava suas pesquisas dentro do quadro sociológico, e lastimou que os sociólogos tenham sido incapazes de tomá-las pelo que eram: o "estabelecimento de uma teoria baseada num trabalho não dogmático e empírico dos processos sociais em geral e do desenvolvimento social em particular" (1978, p. 224). Essas citações do prefácio e da introdução podem servir de indício para duas diferentes grades de leitura possíveis e para a avaliação do livro. A primeira grade consiste em considerar essas pesquisas como um estudo da sociogênese de determinados aspectos da civilização européia ocidental, concentrando-se principalmente na "curta viagem da era medieval para a era moderna" (1978, p. 62). A outra consiste em concentrar-se na "teoria geral dos processos sociais". Não é necessário especificar que as duas abordagens podem ser combinadas. Entretanto, existe, sem sombra de dúvida, uma certa tensão entre elas. Essa tensão resulta do fato de que não coincidem exatamente os períodos cobertos pelas três partes maiores que compõem o livro. A primeira parte, chamada *History of Manners* (*A Civilização dos Costumes*), cobre o período que vai, aproximadamente, de 1300 a 1800, concentrando-se nos séculos XVI e XVII. A segunda parte, sobre a formação do Estado, abarca um período mais longo que começa já no século VIII e vai até os séculos XVI e XVII. As conclusões, na terceira parte, *Towards a Theory of Civilization*, conduzem-nos ao século XX e ampliam o espectro da Europa ocidental no mundo em geral.

Com referência ao deslocamento do olhar de Norbert Elias, podemos notar uma mudança em sua orientação intelectual. Elias continuava prudente em suas referências às autoridades acadêmicas[2]. Penso, porém, que podemos identificar, nas três partes desse livro, respectivamente as perspectivas do historiador Johan Huizinga, do sociólogo Max Weber, do psicanalista Sigmund Freud. Como assinalei anteriormente, *O Processo de Civilização* apresenta uma "síntese" das perspectivas em grande parte divergentes representadas por esses autores e suas disciplinas. Claro, uma síntese como essa é muito diferente de uma resenha completa e confiável das idéias nas quais ela se baseia; inevitavelmente, ela vai *além* de Johan Huizinga, de Max Weber e de Sigmund Freud. Na medida em que pretende ser uma teoria geral dos processos sociais, está particularmente distante do universo de Johan

---

2. "Zum Hintergrund der Zivilisationstheorie von Norbert Elias: Das Verhältnis zu Huizinga, Weber und Freud", *in* P. Gleichmann (ed.), *Macht und Zivilisation: Materialen zu Norbert Elias Zivilisationstheorie 2.*, Frankfurt, Suhrkamp, 1984, pp. 129-147.

Huizinga. Ao aplicar idéias psicanalíticas, afasta-se de Weber, e, em sua consistência sociológica, vai além de Freud.

Ao longo dos anos, eu mesmo fui cada vez mais atraído pela promessa de uma teoria global dos processos sociais, que incluiria os processos de civilização em geral. Como Elias, em seus últimos trabalhos, também tive a tendência a ampliar o espectro de minhas próprias pesquisas a fim de que as conclusões coincidissem com uma imagem mais ampla do desenvolvimento global da humanidade. Isso implica reconsiderar a noção de "processo de civilização". Utilizo agora esse termo enquanto equivalente "dinâmico" do conceito de "cultura" tal como é utilizado nas ciências sociais, particularmente em antropologia, com conotações mais "estáticas". Ou, para falar de outro modo, a noção de "processo de civilização" em Elias pode acrescentar uma dimensão histórica ou, mais precisamente, uma dimensão sociogenética e psicogenética à noção mais comum de *Patterns of Culture,* como a entende Ruth Benedict. Assim, os processos de civilização são considerados uma característica universal das sociedades humanas. Onde quer que vivam, desde que pessoas morem juntas, formam "unidades de sobrevivência". Adquirem competências que lhes permitem sobreviver, particularmente, nos nichos onde se encontram. Aprender as manhas da sobrevivência e transmiti-las à geração seguinte, eis do que se trata quando se fala em processo de civilização. Trata-se da formação dos regimes de comportamento que as pessoas impõem às outras e a si mesmas, regimes que lhes permitem, de uma certa maneira, fazer frente aos problemas que encontram em sua vida e que são transmitidos uns aos outros. No curso do processo de transmissão, esses regimes podem sofrer mudanças maiores ou menores.

Assim, podemos comparar os processos de civilização a uma corrente. A continuidade é, do mesmo modo que a mudança, uma parte do fluxo desses processos. É importante notar que aquilo que vemos como continuidade é também um processo: um processo de reforço permanente das maneiras de fazer as coisas; uma repetição contínua do repertório de manhas de sobrevivência que foram assimiladas uma primeira vez e transmitidas às novas gerações. Nas rotinas da vida de todos os dias, e mais ainda quando enfrentam novas situações, as pessoas estão continuamente testando novas formas de comportamento. Quando falamos de mudanças de comportamento, talvez possamos, com as precauções que é conveniente tomar com a evolução biológica, fazer referência a "mutações"[3]. No processo de seleção natural, a grande maioria das mutações não se adaptam e desaparecem rapidamente. É provável que fenômeno semelhante ocorra na sociedade humana. Entre as novas maneiras de resolver os problemas da vida social que foram experimentadas, é

---

3. "The Civilizing Process and the Domestication of Fire", *Journal of History,* 3: 1-2, 1992.

impossível enumerar quantas foram ignoradas ou suprimidas e, portanto, não puderam perdurar. Contudo, novas formas de comportamento revelam-se às vezes um sucesso, e sobrevivem. Se as condições em que surgiram pela primeira vez continuam a prevalecer. Durante muito tempo, tais mutações podem espalhar-se e multiplicar-se, podem ter um "sucesso" tal que continuam a sobreviver mesmo quando deixaram de existir as condições em que surgiram. O desafio que enfrentamos agora é remontar às origens dessas "mutações" maiores, ver em que grupos elas foram adotadas e por quê.

Na versão original de seu livro, Elias observa que as mudanças de comportamento entre os estratos seculares superiores estavam ligadas às modificações do poder. Podemos perceber uma mesma conexão entre mudanças de comportamento e mudanças de poder através da história humana em cada cultura e cada sociedade conhecida. Podemos reencontrá-la em episódios de curtíssima duração, tais como as poucas horas das famosas experiências sociopsicológicas conduzidas por Stanley Milgran. Podemos também identificá-la nas mudanças de comportamento e de poder imagináveis, de prazo mais longo, na sociedade humana; as mudanças que fizeram com que o equilíbrio do poder entre animais e humanos se rompesse em favor desses últimos. Tomemos, por exemplo, o caso do chimpanzé. Em sua estrutura biogenética (particularmente em seu DNA), o chimpanzé tem, no universo animal, como correspondente relativo mais próximo não o gorila nem o orangotango, mas o homem. No entanto, nos zoológicos, os chimpanzés são confinados atrás das grades entre outros animais, ao passo que os visitantes humanos podem movimentar-se livremente do outro lado das grades. Essa estranha condição, que assimilamos desde a infância como uma aquisição, representa a etapa atual no processo a longo prazo ao qual acabo de fazer referência, a saber, as diferenças crescentes de comportamento e de poder entre os humanos e os animais. Numa época, há algumas centenas de milhares de gerações, os ancestrais dos atuais chimpanzés e os ancestrais do *Homo Sapiens* deviam levar vidas muito semelhantes, sem grande diferença de poder. Nenhuma das duas espécies era capaz de controlar o fogo, não cozinhava seu alimento, não usava roupa, não construía abrigo duradouro, não elaborava ferramenta sofisticada etc. Depois, quando nossos primeiros ancestrais mudaram seus modos de vida, adquiriram competências de sobrevivência por meios graças aos quais puderam deter um poder maior em comparação com os outros primatas e com os outros grandes mamíferos. Esse processo de diferenciação crescente de comportamento e de poder está sempre em ação. Continua aberta a questão: a saber, em que medida houve uma coevolução na qual as mudanças biológicas acompanharam os processos de mudança sociocultural? Pode ser que a capacidade genética de aprender tenha aumentado durante a evolução humana. Contudo, mesmo que tenha aumentado o potencial de assimilação de competências, que faz dos homens seres superiores aos outros primatas, as competências existentes devem, por sua vez, ser reaprendidas por cada nova geração.

Isso é um dos aspectos do contexto mais amplo no qual o processo de civilização humano deve ser encarado. No meu livro *Fire and Civilization*[4], tentei demonstrar como, na primeira fase, aprender a manter um fogo constituía uma nova "mutação" sociocultural; mutação que constituiu uma parte da herança humana até hoje, mesmo que a maioria das pessoas não disponham atualmente das competências pirotécnicas de que seus ancestrais dispunham. Em nosso mundo contemporâneo, a manipulação do fogo tornou-se uma atividade muito especializada. A especialização é um aspecto de uma outra tendência maior que se tornou cada vez mais importante ao longo das quatrocentas últimas gerações. Desde a emergência da agricultura e o aumento do rebanho, aumentaram as diferenças de comportamento e de poder entre as sociedades humanas e dentro delas.

A emergência da agricultura indicou uma nova maneira de viver, diferente da vida dos homens anteriores. Criou novos "nichos" que trazem novos problemas, que necessitam de novas soluções, de novos "regimes", de novas "mutações" socioculturais[5]. Quando a cultura da terra se intensificou, as populações agrícolas se diferenciaram das populações precedentes, ao mesmo tempo em comportamento e em poder. O equilíbrio real do poder entre agricultores e caçadores pode variar de um caso para outro, conforme a natureza dos confrontos e dos recursos implicados. Entretanto, a longo prazo, as sociedades agrícolas superaram todas as sociedades não agrícolas. Não existem mais grupos puramente caçadores. O crescimento das populações agrícolas não lhes deixou lugar.

Paralelamente à diferenciação crescente de comportamento e de poder dentro das sociedades humanas, uma diferenciação de comportamento e de poder ocorreu naquelas sociedades em que a agricultura se intensificou. Enquanto a maioria dominante da população continuou a lavrar a terra, à imagem dos camponeses, algumas minorias se tornaram progressivamente especializadas em diferentes setores, como os sacerdotes, os guerreiros, os artesãos. A classificação em categorias – camponeses, artesãos, sacerdotes e guerreiros – permanece, é claro, muito esquemática. No entanto, para compreender os processos de civilização nas sociedades agrícolas, é importante ligar esses processos à configuração global das classes sociais. O próprio Elias insistia nesse ponto em *The Civilizing Process*: se um espaço social parti-

---

4. J. Goudsblom, *Fire and Civilization*, London, Allen Lane, 1992.
5. "Ecological Regimes and the Rise of Organised Religion", *in* J. Gpudsblom, E. L. Jones & S. Mennell (ed.), *Human History and Social Process*, Exeter, University Press, 1989.

cular como a corte real na França se tornou o "berço" de novas formas particulares de "boas maneiras", isso deveria ser entendido em termos de posição da corte no conjunto da sociedade.

Mais uma vez, fez-se sentir a conexão entre mudanças de comportamento e de poder. Os aumentos de poder permitiram novas formas de comportamento, mas cedo ou tarde as novas formas de comportamento também se tornaram uma condição da manutenção das relações de poder e dos privilégios recém-estabelecidos. Isso é verdade no que diz respeito aos humanos em suas relações com os outros animais, e aos grupos humanos que dispunham de mais poder em suas relações com aqueles que o tinham menos. Certas competências e técnicas deram a determinados grupos uma vantagem sobre os outros. Essas formas de conduta não eram "melhores" no sentido moral absoluto do termo, mas eram suscetíveis de ser consideradas como melhores, pelo menos por aqueles a quem os equilíbrios de poder eram favoráveis, isto é, pelos proprietários de terra, pelos "aristocratas", pelos "nobres", que ocupavam posições elevadas nos castelos e a cavalo, e que podiam lá de cima comandar e olhar as castas "inferiores".

Dentro das classes dirigentes das sociedades agrícolas, surgiu a idéia de que essas últimas eram as únicas a deter um direito exclusivo sobre a "cultura" ou sobre a "civilização". Emergiu durante o processo de diferenciação crescente de comportamento e de poder no interior das sociedades, no momento em que, durante a longa fase anterior, enraizou-se a idéia de que os seres humanos em geral são diferentes e superiores aos outros animais, porque são os únicos a deter a "cultura". Nas sociedades agrícolas altamente diferenciadas ("avançadas"), as classes dirigentes não estavam mais envolvidas diretamente na produção alimentar. Os nichos nos quais viviam eram, antes de tudo, situações "sociais"; situações que necessitavam das competências nas relações humanas: bajular, intrigar, comandar. O processo de civilização seguiu o modelo geral da diferenciação social, a maioria da população continuou a viver para a luta sem fim da produção alimentar. Ampliando a superfície cultivável de seus campos e cuidando do seu rebanho, ela sofreu diretamente a pressão do "regime ecológico" sob o qual vivia. As minorias dominantes, ao contrário, não fizeram diretamente a experiência das pressões ecológicas. Na medida em que estavam sempre envolvidas na produção de alimento e de matéria-prima, deixaram a gestão efetiva de seus bens para fiscais e intendentes, que não cogitavam de cultivar o solo e de proceder, eles mesmos, às colheitas. Criou-se assim um círculo vicioso: o trabalho físico da terra (nas minas e nos barcos) era visto com pouca estima, e acontecia o mesmo com quem fazia esse trabalho. Por outro lado, mãos limpas e roupas imaculadas eram consideradas sinais de grande valor na medida em que constituíam a marca da não-implicação na luta material pela vida.

Foi pelo mundo social no qual as pessoas viviam que Elias se interessou em *O Processo de Civilização*. Os guerreiros tornaram-se cortesãos, e nessa transição também mudaram suas maneiras. Continuaram a formar um "estrato elevado secular" liberto de todo e qualquer trabalho manual. No processo de "cortesação", tornaram-se obcecados quase que exclusivamente pelos ritos das relações sociais. Dominando esses ritos, foram capazes de perceber-se a si mesmos como pertencentes ao que consideravam "pessoas da nossa condição". Se, por acaso, alguém deixava de satisfazer os critérios que esses ritos exigiam, sentia vergonha de si mesmo. "Ver alguém fracassar, alguém que se supunha dominar esses ritos, ou, melhor, conhecê-los, era motivo de constrangimento." Onde as pressões ecológicas se fizeram sentir menos, as pessoas se submeteram umas às outras a regimes exclusivamente "sociais". Assim, numa palavra, os regimes dominantes da primeira, da segunda e da terceira ordem foram, respectivamente: a ética, a etiqueta, a economia.

Retrospectivamente, podemos distinguir essas diferentes linhas dentro do processo de civilização europeu. Está claro que elas evoluíram juntas, eram distintas mas não separadas. Faziam parte de uma unidade e da mesma configuração social que estabeleceu ao mesmo tempo suas características distintas e suas características comuns. O fato de reconsiderar o processo europeu de civilização sob esse ângulo não implica uma crítica aos trabalhos de Norbert Elias. Continuamos a pensar em cima da linha desses trabalhos; mas tentamos trabalhar mais adiante, além do livro original. Assim, somos capazes de distinguir mais claramente o espectro real do projeto original do autor. As tarefas que nos esperam, como já observava Elias em seu prefácio à primeira edição, são inúmeras. De um lado, podemos estabelecer uma imagem mais detalhada do processo de civilização na Europa ocidental: como se operou esse processo nos diferentes países, zonas e classes sociais. Do outro, podemos traçar um grande plano no qual se insere o episódio da Europa ocidental em cinco ou seis séculos. Esses dois objetivos representam um desafio para a pesquisa e nos convidam a continuar a "pensar com Elias".

POLÍTICA NA PERSPECTIVA

Peru: da Oligarquia Econômica à Militar
  Arnaldo Pedroso D'horta (D029)
Entre o Passado e o Futuro
  Hannah Arendt (D064)
Crises da República
  Hannah Arendt (D085)
O Sistema Político Brasileiro
  Celso Lafer (D118)
Poder e Legitimidade
  José Eduardo Faria (D148)
O Brasil e a Crise Mundial
  Celso Lafer (D188)
Do Anti-Sionismo ao Anti-Semitismo
  Léon Poliakov (D208)
Eu Não Disse?
  Mauro Chaves (D300)
Sociedade, Mudança e Política
  Hélio Jaguaribe (E038)
Desenvolvimento Político
  Hélio Jaguaribe (E039)
Crises e Alternativas da América Latina
  Hélio Jaguaribe (E040)
Os Direitos Humanos como Tema Global
  José Augusto Lindgren Alves (E144)

Norbert Elias: A Política e a História
  Alain Garrigou e Bernard Lacroix (Org.) (E167)
O Legado de Violações dos Direitos Humanos
  Luis Roniger e Mário Sznajder (E208)
Os Direitos Humanos na Pós-modernidade
  José Augusto Lindgren Alves (E212)
A Esquerda Difícil: em torno do paradigma e do destino das revoluções do século XX e alguns outros temas
  Ruy Fausto (E239)
Introdução às Linguagens Totalitárias
  Jean-Pierre Faye (E261)
A Politização dos Direitos Humanos
  Benoni Belli (E270)
Outro Dia: Intervenções, Entrevistas, Outros Tempos
  Ruy Fausto (E273)
A Identidade Internacional do Brasil e a Política Externa Brasileira
  Celso Lafer (Lsc)
Joaquim Nabuco
  Paula Beiguelman (Lsc)

Impresso nas oficinas
da Cherma Indústria da Arte Gráfica
em abril de 2010